부자들의 성공심리학

부자들의 성공심리학

이정규 지음

HCbooks

머리말

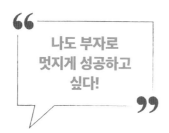

> 나도 부자로
> 멋지게 성공하고
> 싶다!

이 책은 오늘날 사회적으로나 경제적으로 멋지게 성공하고 '조만 장자'의 부를 거머쥔 슈퍼리치들이 어떻게 '부'와 '성공'을 동시에 이룰 수 있었는가를 탐구한 책이다. 그들의 개인적 능력과 심리적 특성, 그리고 그들을 둘러싼 환경과 비즈니스 세계를 분석하여 부와 성공의 요인을 탐구하여 제시하였다.

슈퍼리치들의 부의 세계와 성공의 요인을 잘 적용한다면 우리도 부자가 될 수 있는 좋은 길라잡이가 될 것이다. 그래야만 우리가 함께 잘사는 사회로 발전하며, 질적인 상향 평준화가 이루어질 수 있다.

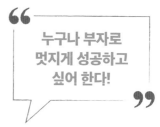

> 누구나 부자로
> 멋지게 성공하고
> 싶어 한다!

하지만, 성공한 부자들에 대해 나와는 다른 세계에 사는 사람들의 먼 얘기로 느끼는 사람들이 의외로 많다. 부자로 멋지게 성공하고 싶은 마음은 있으나, 그저 부러움과 질투의 대상으로 삼을 뿐 생각만 복잡해지고 인터넷과 유튜브만 뒤적거리다 포기하는

해 버리곤 하는 것이다.

　지금도 매일 46억 원을 번다는 투자의 전설 워런 버핏은 94세의 나이에도 하루 5시간 이상 책과 신문을 보면서 정보력을 갖추고 부의 흐름을 예측한다. 그의 투자 결정이 실시간으로 글로벌 주식시장에 막강한 영향을 미치는 것은 많은 사람이 그의 정보력과 통찰력을 신뢰하기 때문이다.

　〈포브스〉의 슈퍼리치 1위를 가장 오래 했던 빌 게이츠는 어떤가? 그는 지금도 매년 몇 회씩 1주일을 '생각 주간'으로 정해 다양한 분야의 책 40여 권을 싸 들고 오두막집에 혼자 들어간다. 조용히 책을 보면서 메모하고 생각을 정리하여, 최고의 전문가들과 밤샘 토론하기를 즐긴다.

　부자가 되려면 부의 흐름과 부자에 대해 알기 위해 시간과 노력을 투자해야 한다. 자신을 투자해야 성공할 수 있다. 세상에 공짜는 없다. 부자가 되고 싶은 꿈만 있고, 부자와 부의 세계에 대해 제대로 알기 위해 시간도 노력도 투자하지 않으면서, 그저 부자는 나와 다른 세계의 사람들이라고…, 그냥 이렇게 소시민으로 만족하며 살면 된다고 자기합리화한들 뭐가 달라지겠는가?

　그래서 저자는 슈퍼리치들과 부의 세계를 제대로 알아보고 싶었다. 《부자들의 성공심리학》은 두 가지 이유로 연구를 시작했다.

　첫째, 한국영재교육학회장을 지낸 저자는 교육심리학자로 주로 사회적, 경제적, 학문적으로 탁월한 성과를 나타낸 영재들에 관해 연구했다. 영재는 학문 분야뿐 아니라 사회의 다양한 분야에서 출현한다. 그리고 잠재적인 영재성을 지닌 영재 아동뿐 아니라, 성인이 되어 탁월한 성과로 성공한 사람도 영재다. 그러기에 저자는 사회적으로나 경제적으로 멋지게 성공한 슈퍼리치에 관해 연구하고 잘 정리해서, 사람들에게 부자로 성공할 수 있는 마음과 행동 전략을 구체적으로 소개하고 싶었다.

둘째, 2002년 노벨경제학상 수상자는 심리학자 대니얼 카너먼이다. 그는 지금까지 경제활동의 주체인 정부, 기업, 시장을 움직이는 것은 인간이며, "인간의 이성은 합리적이다."라는 전제하에 연구된 경제이론이나 의사결정이 얼마나 편향되고 잘못될 수 있는지 깨달았다. 그래서 상식을 깨는 다양한 심리학 실험을 통해 인간(특히 CEO나 정치지도자)이 얼마나 직감을 따르고 비합리적인 오류를 범하여, 경제공황과 금융위기, 국가나 기업이 파탄에 이르게 되는지를 밝힌 '조망이론'으로 노벨경제학상을 수상했다. 나아가 경제학에 심리학적 통찰을 더하여 '행동경제학'이라는 새로운 분야를 개척했다. 저자는 이 점에 착안하여 영재 연구자의 관점에서 슈퍼리치라는 경제적으로 성공한 영재들에 관해 연구하였다.

이 책은 경제이론서가 아니다. 따라서 돈을 많이 버는 부자가 되기 위한 복잡한 금융 지식, 변동성과 수익성의 복잡한 주식 차트, 다양한 금융 포트폴리오 구성과 운영, 부동산이나 비트코인 투자비법 등을 소개하는 책이 아니다. 또한 슈퍼리치의 인생을 단순히 전개한 위인전도 아니며, 열심히 살면 성공할 수 있다는 막연한 희망 고문의 동기부여 책도 아니다.

이 책은 심리학 관점에서 오늘날 부와 성공을 동시에 거머쥔 슈퍼리치들이 어떻게 성공했는가를 개인적 능력과 특성, 그를 둘러싼 비즈니스와 다양한 환경을 문헌과 함께 사례를 분석한 책이다. 탐구된 그들의 부와 성공 요인을 제시하여, 우리도 부자로 성공할 수 있는 마음가짐과 행동 전략서이다.

이 책은 크게 세 부분으로 구성되어 있다. 제1부는 부자로 멋지게 성공하고 싶다면, 슈퍼리치라는 거인의 어깨에 올라타 부자의 세상을 더 높게 더 멀리 보자는 것이다. 거인의 어깨에 올라타기 위한 좋은 방법으로, 먼저 세계적인 경제유력지 〈포브스 Forbes〉가 검증한 슈퍼리치들의 세계를 전체적으로 살펴보는 것이다. 인생과 비즈니스 세계에서 성공과 실패의 시행착오를 여러 번 거치면서 단단해진 조만장자의 슈퍼리치로 검증받은 성공한 그들의 세계를 알아보는 것이다.

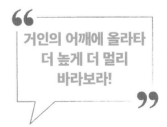

> 거인의 어깨에 올라타
> 더 높게 더 멀리
> 바라보라!

학창 시절에 공부를 더 잘하고 싶은 마음에 반에서 1등 하는 친구의 공부 방법, 생활 방식 등을 눈여겨보고 나도 좋은 성적을 낼 수 있지 않을까, 하는 기대로 따라 해 본 적이 있을 것이다. 수영, 테니스, 골프 등 운동을 시작할 때도 마찬가지다. 처음 배울 때는 기초 동작을 굳은살이 박이도록 연습한다. 유튜브나 책을 통해 멋진 프로 선수나 코치를 롤 모델로 삼아, 그의 운동 모습을 관찰하고 이미지 트레이닝 하며 열심히 운동을 배웠던 것 또한 관찰 학습의 원리다.

우리는 세계적인 슈퍼리치들을 분석한 데이터를 살펴봄으로써, 현재와 미래의 부의 흐름과 비즈니스 트렌드를 파악할 수 있다. 이들은 어떤 능력과 특성이 있었는지, 어떤 사업 분야부터 시작하였고 성공하였는지, 어떤 목표와 계획이 있었는지, 연령대별로 어떻게 부를 이루었는지 등에 관한 데이터를 통해, 우리도 부자와 부의 세계로 한 걸음 들어갈 수 있다.

나아가 우리나라 부자들의 세계도 탐구하였다. 이를 위해 〈포브스〉의 한국의 50명의 슈퍼리치, 그리고 KB와 하나은행이 분석한 〈한국의 부자 보고서〉들을 살펴보았다. 우리나라의 고유한 사회구조 안에서 슈퍼리치로 성공한 사람들의 세계, 부의 포트폴리오의 구성과 운영, 동산과 부동산 투자, 부자들의 미래 계획 등 다양한 데이터를 살펴보았다. 이는 한국 사회에서 우리가 어떻게 부자로 성공할 수 있을까에 대한 부의 나침반이 될 것이다.

제2부에서는 〈포브스〉의 슈퍼리치 중에서도 최상위 계층의 슈퍼리치에 관한 인물 탐구와 그들의 비즈니스 세계를 개별적으로 탐구한다.

① 슈퍼리치 1위를 가장 많이 한 컴퓨터의 황제, 빌 게이츠

② 상상을 현실로 만드는 앙트레프레너, 일론 머스크

③ 무조건 최저가 인터넷 서점에서 우주로 향한 꿈의 실천, 제프 베조스

④ 매일 46억 원을 번 투자의 귀재 워런 버핏

⑤ 스마트 세상을 개척한 창의적인 완벽주의자 스티브 잡스

⑥ 대학 페이스북에서 55억 사용자 메타까지 마크 저커버그

⑦ 용맹 과감한 도박사, 일본 사장들이 닮고 싶어 하는 최고의 부자 손정의

⑧ 못난이 흙수저 출신으로 거듭된 실패 끝에 성공한 디지털 혁신가 마윈

　슈퍼리치들에 관한 문헌과 사례분석을 통해 탐구한 결과, 그들은 다른 먼 세계의 사람일 것이라는 통념을 깨는 결과들이 많았다. 그들은 우리와 다르게 부유한 집에서 태어난 금수저 출신에 물려받은 재산도 많아서 부의 특권을 누리는 사람들이라고 생각하는 경우가 많다.

　그러나 우리에게는 '넘사벽'일 것 같은 세계적인 슈퍼리치들을 실제 조사해 보니, 과반수 이상은 일반적인 우리보다 훨씬 불우한 어린 시절에 흙수저 출신이 많았다. 더욱이 2023, 2024년에는 세계적으로 흙수저 출신에 자수성가형 슈퍼리치들이 더욱 증가하고 있다는 사실이다. 자수성가형 여성 슈퍼리치도 새로 등장하였다.

　학창 시절에 반항적인 문제아, 학폭 피해자도 있었다. 이런 사람들이 어떻게 오늘의 조만장자의 부를 보유한 슈퍼리치가 될 수 있었을까? 애플의 스티브 잡스는 돈이 없어 1학기 만에 대학을 자퇴하고, 친구 기숙사에 얹혀살았다. 테슬라의 일론 머스크는 혼자서 17살에 남아공에서 캐나다로, 다시 미국에 진출했다. 미국에서 대학 졸업을 앞두고 하루 1달러로 한 달을 살아 보기도 했다. 그는 10번을 창업하여 2024년 슈퍼리치 1위가 되었다.

아마존의 제프 베조스는 100만$의 부사장직을 박차고 나가, 무릎이 까질 정도로 직접 책 배송 박스에 테이프를 붙여가며 살았던 초창기 시절이 있었다. 게다가 스티브 잡스, 마윈은 창업 초기에는 지금까지 세상에 나타나지 않았던 자신만의 창의적인 아이디어로 설립한 회사의 경영권을 이사진과 투자자, 경쟁자에게 힘없이 뺏기는 상황을 겪는 등 그냥 모든 걸 포기하고 싶고 죽고 싶을 만큼 안타까운 여러 실패의 과정을 겪었다.

그들의 대학 생활을 조사해 보면 오늘날에 성공한 그들의 비즈니스 분야와는 다른 전공도 많았다. 그러나 그들은 이마저도 성공의 좋은 경험으로 융합시켰다. 그들은 지금까지 생각지도 못했던, 기존 세상에는 나타나지 않은 새로운 컴퓨터, 인터넷, SW, 전자상거래, 스마트폰, 전기자동차, 우주선 등에 파괴적 혁신가로 승부수를 걸었다. 이제는 전 세계 사람들에게 없어서는 안 될 대체 불가능한 사업으로 성공시킨 슈퍼리치들의 부는 눈덩이처럼 불어났다.

제3부는, 2부에서 다룬 슈퍼리치들의 능력과 특성, 그들의 비즈니스와 환경 등에 대하여 탐구한 결과를 제시하였다. 그들의 '부'와 '성공'의 5가지 성공의 요인은 ①목표와 계획, ②모험과 도전, ③파괴적 혁신, ④자기 관리와 역량 계발, ⑤인생 멘토와 파트너로, 이를 우리가 어떻게 잘 적용하여 부의 세계로 들어갈 수 있는가를 제시하였다.

부자로 성공하고 싶다면, 부자들의 세상과 부의 흐름, 비즈니스 트렌드를 읽을 수 있는 통찰력과 예측력, 실패를 박차고 일어나는 회복탄력성이 좋아야 한다. 이 책은 '부자'로 멋지게 '성공'하고 싶은 여러분에게, 성공할 수 있도록 부의 통찰력과 회복탄력성을 높여줄 것이다.

나아가 부와 부자들에 대해 머릿속으로만 아는 것에서 그치는 것이 아니라, 현재와 미래의 부의 패러다임에 대한 통찰력을 갖추고 부자로 성공할 수 있다는 강한 의지와 독한 행동력으로 나설 수 있는 심리행동 전략 지침서가 될 것이다.

삶이 힘들고 어려울 때, 그냥 포기하고 싶을 때, 누군가의 위로와 격려가 필요할 때, 억울해서 세상이 원망스러울 때, 그래도 다시 마음을 다잡고 결심을 굳히고 싶을 때, 이 책은 든든한 당신의 심리적 지원군이 될 것이다.

책이 나오기까지 아낌없이 도와주시고 격려해 주신 힘찬 출판사의 오종운 대표님과 편집자님께 깊이 감사드린다. 그리고 마지막 원고를 넘기기까지 매번 최신의 데이터로 업데이트하고, 독자의 관점에서 조언을 아끼지 않은 한국영재교육학회 이사이신 이수진 선생님께도 고마운 마음을 표한다. 북한산이 보이는 연구실에서 '부자들의 성공심리학'을 연구하고 책을 저술할 수 있도록 배려해 주신 서경대 김범준 총장님과 노무종 교수님께도 깊은 감사를 드린다.

부자들의 성공심리학

목차

제3부 | 슈퍼리치의 5가지 성공 요인 따라잡기

부자들의 성공심리학

제1부

거인의 어깨에
올라타라

1

거인의 어깨에 올라타 부자의 세상을 더 높게 더 멀리 바라보라

어느 선생님이 학생에게 질문을 받았다.

"선생님은 장래 희망이 뭐예요?"

그 선생님은 잠시 고민하다가

"잘나가는 할머니"라고 말했고,

교실은 웃음바다가 되었다.

"선생님은 이다음에 멋진 스포츠카를 타고

건강하게 여행 다닐 거야."

학생들은 "오~" 하며 박수를 보냈다.

여러분의 장래 희망은 무엇인가요?

혹시 부자로 멋지게 성공하고 싶으신가요?

부자로 멋지게 성공하고 싶다면 이미 성공한 부자의 어깨에 올라타 그들의 어깨 위에서 세상을 더 높게 더 멀리 바라보는 것이 좋다. 억만장자, 조만장자인 슈퍼리치 거인을 롤 모델로 삼아 그들의 마음가짐과 행동양식을 살펴보고 나에게 잘 맞게 벤치마킹해 보는 것은 부자가 되는 지름길 중의 하나다.

그러나 부자로 성공한 그들이 부럽긴 하지만, 그저 부자란 나와 다른 세계의 사람 같기에 그들에 대해 별로 알고 싶지도 않고, 그들처럼 강한 마음가짐과 독한 행동을 실천하는 것도 귀찮게 생각된다면 여기서 책을 덮고 낮잠 한숨 더 자는 것이 오히려 건강에 좋을지 모른다.

〈포브스 Forbes〉는 매년 3월 슈퍼리치의 순위를 발표한다. 슈퍼리치들은 경제적으로나 사회적으로 탁월한 성과를 검증받은 영재라고 할 수 있다. 그들은 기존 세상의 질서에는 없었던 혁신적이고 창의적인 아이디어에 승부수를 걸어 비즈니스 현실에서 구현했다. 새로운 질서와 시장을 개척하였고, 그 결과로 엄청난 부[돈]를 가졌다.

그들은 앞으로도 더욱 뜨거워지고 미래의 부가 집중될 인공지능, 로봇, 인간안보, 모빌리티 등의 분야에서 3차 산업혁명에서 이룬 인터넷의 성공 신화를 4차 산업혁명인 지능 정보화시대에서도 새로운 비즈니스와 연결하면서 부가 눈덩이처럼 커지고 있다.

나아가 슈퍼리치들이 창출한 새로운 질서의 경제적 부는 사회적으로나 정치적으로도 막강한 영향력을 미치고 있다. 2024년 12월 말에 〈블룸버그통신〉이 발표한 세계 500대 슈퍼리치의 순자산은

9조 8천억$(한화 1경 4,400조 원)이다. 이는 세계은행 자료 기준 독일, 일본, 호주의 국내총생산(GDP)을 합친 규모와 비슷한 수준이다.

2024년 〈포브스〉와 〈블룸버그통신〉에서 공동으로 1위를 차지한 일론 머스크는 트럼프 2기 정권의 핵심 실세로 미국의 정치와 경제를 넘어 전 세계 시장과 산업구조에도 중대한 영향을 미치고 있다. 한편, 인공지능 핵심 칩을 개발한 젠슨 황의 엔비디아 시총은 우리나라와 대만의 전체 시총을 합한 것보다 많다. 그의 GPU는 메타와 같은 빅테크에서 나오는 대로 사들이고 있다. 젠슨 황의 말 한마디는 한국과 대만의 반도체 산업에도 실시간으로 영향을 주고, 미국과 중국의 칩 전쟁에 이은 안보 전쟁에까지 영향을 준다.

이뿐만이 아니다. 불과 얼마 전까지 중국 제1의 슈퍼리치가 되어 〈포브스〉의 표지를 장식했던 알리바바의 마윈은 한때 중국 정부의 미움을 받아 일본으로 도피했었다. 그러나 최근 중국 정부는 장기 침체한 경기가 회복할 기미를 보이지 않자 마윈을 구원투수로 다시 요청하였다. 그는 "남들이 불평할 때, 노력하는 사람만이 기회를 잡고 변화를 주도할 수 있다."라고 하였다.

일본 최고의 부자인 손정의의 사회적, 경제적 영향력은 어떠한 가? 그는 19살 때 세운 인생 50년 계획을 그대로 실현해서 슈퍼리치가 되었다. 그리고 오래전부터 미래 산업의 핵심은 인공지능이라고 예측하였다. 2024년에는 오픈AI의 샘 올트먼과 함께 인공지능 칩 설계의 고도화와 점점 증가하고 있는 글로벌 데이터센터, 그리고 클라우딩 컴퓨팅을 대체할 최첨단 디바이스 개발에 막대한 자금을 투자하였다. 그 결과, 버블경제로 지난 30년 동안 침체한 일본 주식시장을 서서히 우상향으로 이끄는 데 큰 역할을 하였다. 2025년 새로운 미국의 대통령이 된 트럼프는 그를 미국으로 초청하기도 하였다.

매일 46억 원을 번 주식투자의 귀재 워런 버핏의 의사결정은 지금도 여전히 세계의 주식시장에 막강한 영향력을 미치고 있다. 그가 최근에 일본과 인도 주식시장에 투자한다는 뉴스는 세계 주식시장에 영향을 미쳤다. 우리나라도 미국 중심의 주식투자에서 인도와 일본 주식시장을 추종하는 ETF가 만들어졌다. 그리고 최근에 그가 현금 유동성 확보를 위해 뱅크오브아메리카와 애플 주식의 반을 정리했다는 뉴스에 애플 주식이 휘청거린 것은, 사람들이 여전히 그의 주식시장에 대한 통찰력과 예측력을 믿기 때문이다.

이 책에서는 〈포브스〉가 매년 발표하는 슈퍼리치, 그중에서도 슈퍼리치 1위를 가장 많이 한 컴퓨터의 황제 빌 게이츠, 상상을 현실로 만드는 앙트레프레너 일론 머스크, 무조건 최저가 인터넷 서점에서 우주로 향한 꿈을 실현한 제프 베조스, 매일 46억 원을 번 투자의 귀재 워런 버핏, 스마트 세상을 개척한 창의적인 완벽주의자 스티브 잡스, 대학 페이스북에서 30억 사용자 메타에 이른 마크 저커버그, 용맹 과감한 도박사로서 일본 사장들이 닮고 싶어 하는 최고의 부자 손정의, 못난이 흙수저 출신으로 거듭된 실패 끝에 성공한 디지털 혁신가 마윈에 대해 알아볼 것이다.

이들과 같은 거인의 어깨 위에 올라타면, 부의 세계를 더 높게 더 멀리 볼 수 있다. 예를 들어, 우리는 학창 시절에 공부를 열심히 해서 좋은 성적을 받고 싶은 마음에 반에서 1등을 하는 친구가 무슨 참고서를 보는지, 하루에 몇 시간 공부하는지, 휴식 시간에는 무얼 하는지, 공부는 도서관에서 하는지 아니면 학원에서 하는지, 심지어 잠은 몇 시간 자는지 등 사소한 것까지 궁금했던 적이 있었을 것이다. "1등의 공부 비법, 생활 방식을 롤 모델로 삼아 따라 해 본다면, 나도 좋은 성적을 낼 수 있지 않을까?" 하는 기대로 따라 해 본 경험이 다들 한두 번은 있을 것이다.

운동을 배울 때도 마찬가지다. 수영, 테니스, 골프를 배울 때도 처음에는 코치가 가르쳐주는 대로 구분 동작에서부터 연속 동작에 이르기까지 시간을 들여 지루함을 참으며 연습에 연습을 거듭한다. 그리고 관련 책도 찾아 보고 유튜브도 보면서 유명 프로들이 경기하는 모습을 롤 모델로 삼아 이미지 트레이닝도 한다.

빨리 시합에 나가 경기력을 향상하고 싶다면 손에 굳은살이 박이게 열심히 따라서 훈련해야 제대로 실력이 늘고 시합도 잘할 수 있다. 골프도 초기에 코치 말대로 시간이 들고 힘들지만 같은 동작을 반복해 가며 제대로 배워야 한다. 그렇지 않으면 10년을 쳐도 잘못된 자세를 바꾸기 힘들고, 필드에서 공이 엉뚱한 데로 날아갈 때마다 후회하게 되는 법이다.

공부나 운동과 마찬가지로, 부자로 멋지게 성공하기 위해서도 같은 원리를 적용하면 좋다. 먼저, 세계적인 슈퍼리치로 검증받은 성공한 부자들의 성공 요인을 잘 파악하고, 롤 모델로 삼아 벤치마킹하는 것이다. 다음으로 성공 요인을 나의 능력과 현 상황에 맞게 잘 적응시키려고 노력하는 것이 부자가 되는 빠른 지름길이다.

여기서 〈포브스〉의 슈퍼리치란 10억$(1조 4천억 원) 이상의 순자산(총자산-총부채)을 보유한 억만, 조만장자다. 저자는 이 책에서 〈포브스〉의 슈퍼리치뿐 아니라 우리나라 부자들의 세계도 살펴보기 때문에 이들을 다 같이 '슈퍼리치'라는 용어로 통일하였다.

부자가 되기 위해서는 직접 또는 간접 학습법이 있다. 먼저, 직접 학습법이란 본인의 투자 성향과 선호도에 따라 금융이든 부동산이든 직접 포트폴리오를 구성하여 현실에서 부딪혀 보면서 운영하는 방법이다. 운영하는 도중에 성공할 수도, 실패할 수도 있는 시행착오를 직접 몸소 겪으면서 배우는 방법이 직접 학습법이다.

그러나 우리가 직접 학습법으로 부자가 되기에는 리스크가 크다. 학창 시절에 겪어봤던 수많은 시험 중 한두 번의 시험 실패라면 해 볼 만하다. 더 열심히 공부해서 다음 시험에서 좋은 성적을 받으면 시험 실패는 극복할 수 있다. 그러나 사업과 투자의 세계는 시험의 세계와 전혀 다른 정글의 세계다. 전 재산을 '영끌'하여 금융이나 사업, 부동산에 일확천금을 노리고 투자하였다가 자칫 러시안룰렛 게임처럼 한방에 파산할 리스크를 각오해야 한다.

반면에 간접 학습법은 그러한 리스크를 줄일 수 있다. 간접 학습법이란 앞서서 여러 시행착오를 거쳐 세상이 알아주는 부자로 멋지게 성공한 사람들과 그들의 비즈니스 세계를 탐구하면서 성공 요인을 배우는 학습법이다. 그들의 성공과 실패의 시행착오를 통해 간접 학습(경험)을 함으로써 내게 예상되는 리스크와 시행착오를 최소로 줄일 수 있다면, 간접 학습법이 직접 학습법보다 더 빠르고 효율적이며 안전하다.

빠르게 변하여 예측하기 어려운 국내외 정치경제와 시장의 변화, 변동률과 수익률의 변화가 잦은 투자 시장, 자주 바뀌는 세법, 예측 불가능한 금리와 환율 변동은 사업가나 투자자들에게 불확실성을 증폭시키고 불안을 키운다. 사람들은 불확실하고 불안할수록 유언비어와 가짜 뉴스에 휘둘리고 편향된 정보를 믿어 잘못된 판단을 한다.

게다가 다양한 주식 차트와 기업 정보, 24시간 눈을 떼지 못하는 암호화폐의 세계, 매매 시기를 예측할 수 없는 널뛰기 부동산 시장 등에 관해 금융 지식이나 비즈니스 세계를 잘 모르는 초보일수록 더욱 필요한 부자 학습법이 간접 학습법이다.

여기서 착각하기 쉬운 게 있다. 대부분 부자가 되고 싶은 초기 창업자들이나 개인 투자자들이 시작할 때는 누구나 열심히만 노력하면 금방 나의 창의적이고 혁신적인 사업 아이디어를 세상이 알아 줄 걸로 착각한다. 그래서 큰돈을 벌어 성공할 것을 기대하고 시작 한다. 물론 시작해야 성공할 수 있고, 시작이 반이라 하지만, 남은 반이 반드시 빛나는 성공이 되는 것은 아니다.

2002년에 심리학자로서 노벨경제학상을 수상한 대니얼 카너먼 은 이러한 심리적 현상을 '근거 없는 낙관주의'라고 불렀다. 불확실 한 상황일수록 인간의 판단, 특히 정치 지도자나 기업의 CEO일수 록 판단의 오류가 더 많고, 잘못된 판단의 결과는 국가와 기업의 파 탄과 큰 손해를 가져온다고 하였다.

그는 창업자들에게 창업의 성공률을 예측해 보라고 질문했다. 대 부분 창업자는 "반드시 성공한다!"라는 기대와 신념으로 가득 찼 다. 그러나 실제로 5년 뒤에 성공한 창업자는 35% 정도로 나머지 65%는 실패했다.

부자가 되는 간접 학습을 통해 예상되는 리스크를 최소화하고 작은 성공의 경험을 축적하고 실패를 예방할 수 있다면 부자로 성 공하는 데 큰 도움이 될 것이다. 심리학의 사회학습이론에 따르면, 고속도로에서 운전할 때 앞서가던 과속 차량이 경찰에 단속되면, 뒤따르던 나는 단속을 피하고자 속도를 줄이게 된다. 이런 학습을, 롤 모델을 통한 '관찰학습'이라고 한다.

문헌과 사례분석을 통해 오늘날 슈퍼리치들의 성공과 엄청난 부 를 거머쥐는 과정을 탐구해 보면, 유복한 가정에서 태어나 많은 자 산을 물려받은 금수저형보다는 불운한 출생 배경에 물려받은 자산 도 없는 흙수저형이 더 많았다는 사실을 알 수 있다. 게다가 최근 에는 적극적이고 공격적인 투자 성향을 지닌 자수성가형으로 창업 한 부자들이 슈퍼리치 대열에 더 많이 진입하고 있는 것으로 밝혀 졌다.

미국 사회에서 칭찬과 박수를 받는 부자는 신분 세습에 의한 가문 덕분에 지위와 특권을 물려받은 금수저형의 재산가보다 흙수저 출신이지만 자수성가로 성공한 부자들이다. 이러한 사회를 특권과 세습을 배격하고 누구나 능력과 성과로 사회적 지위와 보상을 받을 수 있다 하여 '능력주의 사회'라 한다.

한편, 슈퍼리치 중에는 학창 시절에 공부도 잘하고 부모님과 선생님 말씀도 잘 들으며 학교생활도 잘했던 우등생, 모범생도 있다. 반면에 교실에서 문제아, 반항아, 심지어 학폭까지 당한 슈퍼리치들이 우등생이나 모범생보다 더 많다는 것도 밝혀졌다.

그러나 이런 슈퍼리치들에게 특이한 사항이 발견되었다. 학창 시절 문제아로 낙인찍혀 좌절하고 방황하던 그들에게 오늘의 슈퍼리치로 성공할 수 있도록 진심으로 믿어주고 지도해준 선생님과 멘토가 있었다는 사실이다. 이들이 믿고 격려해 주었기에, 실제 지능지수가 낮음에도 불구하고 선생님의 관심과 지지로 8개월 뒤에 측정한 지능지수가 실제로 더 상승했다는 피그말리온 효과처럼 강력한 '심리적 지원군'이 되어 인생을 전환할 수 있었다.

슈퍼리치들의 대학 시절을 잠깐 살펴보자. 애플의 스티브 잡스는 돈이 없어 대학을 1학기만 다니고 자퇴하고, 대학에서 좋아하는 과목을 청강하면서 18개월 동안 친구들 기숙사에 얹혀살았다. 17살에 남아공에서 혼자 이민 와서 돈 한푼 없었던 테슬라의 일론 머스크는 정글에서 장작 패기 등 온갖 아르바이트를 해서 생활비를 벌어야 했다. 그는 대학 졸업을 앞두고 사업에 미리 실패할 경우를 대비하여 하루 1$로 한 달을 살아 보는 '1달러 프로젝트'를 체험해 보았다. 그랬더니, 실패해도 컴퓨터와 하루 1$만 있으면 살 수 있다는 것을 깨닫고 창업을 결심했다.

아마존의 제프 베조스는 아인슈타인 같은 과학자가 되고 싶어 대학 전공을 물리학으로 하였다. 그러나 나보다 더 뛰어난 우등생이 세 명이나 있어서 물리학에서 성공할 가능성이 작다는 것을 깨달았다. 그래서 컴퓨터공학으로 전과하여 우등으로 졸업했다. 빌게이츠와 마크 저커버그, 스티브 잡스는 고연봉 전문 직종이 보장된 명문대학을 과감히 중퇴하고 창업에 뛰어들었다.

30대 초반에 연봉 100만$를 받았던 제프 베조스는 인터넷이 성공할 것이라는 정보를 믿고 부사장직을 던졌다. 그리고 인터넷으로 무엇을 팔면 성공할 수 있을까를 체크리스트에 적어보고 고민했다. 결국 책을 팔기로 하고 무릎이 까질 정도로 책 배송 박스에 테이프를 붙여가며 살았던 초창기 시절이 있었다. 최초의 전자상거래 아마존은 이렇게 시작했다.

슈퍼리치들은 세상에 막 등장한 인터넷을 활용하여 지도, 은행, 검색엔진, 전자상거래 등을 세상에 내놓아 사업화에 성공하였고, 그 결과 엄청난 부를 벌어들였다. 17살에 미국에 혼자 유학 온 손정의는 대학 때 돈을 벌기 위해 매일 5분간 발명 아이디어를 내고, 전자사전을 개발할 정도로 실력자였다. 그러나 그는 일본으로 귀국 후에 SW 개발보다는 미국에서 잘 개발된 SW를 유통하는 소프트뱅크를 창업하여 결국 일본 최고의 부자가 되었다.

많은 슈퍼리치들은 2~30대 초반에 창업하였다. 애플의 스티브 잡스와 알리바바의 마윈은 자신만의 창의적인 아이디어로 어렵게 창업하였다. 하지만 자기가 CEO로 있는 회사의 경영권을 이사진이나 투자자, 경쟁자들에게 힘없이 뺏기고 심지어 CEO에서 해고되었다.

손정의도 창업 초기에 병원에서 시한부 판정을 받았을 때 직원들이 사표를 던지고 빚더미에 앉는 이중, 삼중의 고초를 겪었다. 평범한 우리가 상상할 수 없을 정도로 모든 걸 뺏기고, 큰 병으로 죽을 고비를 넘기며 포기하고 싶을 만큼 억울한 실패의 과정을 겪었다.

그런데 그들은 어떻게 했길래, 이런 실패의 두려움과 고난을 이겨낼 수 있었을까? 어떻게 이겨냈길래 〈포브스〉가 검증한 조만장자의 슈퍼리치로 성공할 수 있었을까? 도대체 그들을 오뚝이처럼 일으켜 세운 힘은 무엇일까?

이미 오래전에 과학의 발전을 이끈 찰스 다윈이 진화론에서 주장하였다. 자연계에서는 끊임없이 경쟁과 도태가 이루어지고 있다는 것을⋯. 그는 〈종의 기원〉에서 "지구상 모든 생명체는 환경 변화에 적응하며 생존경쟁을 벌여왔고 결국 살아남은 종만이 지금까지 이어져 왔다."라고 했고, 이를 적자생존이라고 하였다. 강한 자가 살아남는 것이 아니라 변화된 환경에 잘 적응한 자가 부자로 멋지게 성공할 수 있다.

또 과학이란 이런 것이라고 명쾌한 프레임을 제시하여 과학자들이 좋아하는 토머스 쿤은 그의 책 《과학혁명의 구조》에서 "패러다임의 변화에 적응하는 유기체는 주도권을 장악하게 될 것이며, 그렇지 못한 존재는 도태되고 만다."라고 하였다. 그렇다면 우리는 지금 급변하는 불확실한 부의 패러다임의 전환 시대에 미래의 부의 주도권을 장악할 것인지, 아니면 그냥 도태하고 말 것인가를 결정해야 할 중요한 순간에 있다.

부의 주도권을 장악해야겠다고 결정하였는가? 그렇다면 슈퍼리치들을 통해 현재 사회구조 안에서 비즈니스 트렌드를 파악하고 미래의 비즈니스 수익모델을 예측할 수 있도록, 슈퍼리치들의 인물과 비즈니스 세계를 탐구하는 것이 중요하다. 그들이 어떻게 성공하였는가를 탐구한 결과는 우리가 부자가 되기 위한 롤 모델이자,

마음가짐을 굳게 다지는 성공의 길라잡이가 될 것이다.

    대부분 슈퍼리치는 학창 시절과 창업 초기에 인생의 정신적 멘토(사람, 책)와 평생의 비즈니스 파트너를 만나 그들과 공동 창업하고 평생 동반자로 지냈다. 멘토와 파트너들은 문제를 해결해야 하는 어려움이 닥칠 때마다 이를 함께 극복하는 중요한 힘이 되었다.

    이 책에서 슈퍼리치들에 대한 탐구의 시작은 그들의 유년 시절과 가정환경에서부터 시작하였다. 그들은 우리와 비슷한, 아니 우리보다도 훨씬 더 불우한 가정환경에서 태어나고 자란 어린 시절과 학창 시절이 있었다. 그리고 대학 시절의 진로에 대한 고민과 방황 속에 어떤 계기로 인생의 진로를 선택하고 결정하였다.

    슈퍼리치들이 학창 시절을 거치면서 오늘의 부를 가져올 수 있게 한 인생의 멘토와 파트너를 어떻게 만났고 관계를 유지해 왔는지를 탐구했다. 슈퍼리치에게 멘토와 파트너는 오랫동안 심리적, 사업적 교류를 하면서 성공의 기반을 다지고 난관을 함께 극복할 수 있는 든든한 '심리적 지원군'이 되었다. 우리나라의 기업 CEO들이나 기관장들이 한결같이 이야기하는 공통점이 있다. 회사에 아무리 사람이 많아도, 나와 뜻을 같이할 수 있는 진정한 몇 명만 있으면 성공할 거라는 것이다. 그 소수 몇 명을 심리적 지원군이라 한다.

    또한, 그들의 성공 요인의 공통점 중의 하나는 기존의 안정된 질서를 파괴하고 과감히 혁신했다는 점이다. 지금까지 누구도 생각하지 못했던 새로운 질서에 실패할 위험을 무릅쓰고 모험적으로 누구보다도 먼저 시도했다. 당시 기존 세상에 처음 등장한 컴퓨터, 인터넷, SW, 은행, 전자상거래, 스마트폰, 전기자동차, 민간 우주선, 로봇 등을 어떻게 사업화하였길래, 이제는 사람들에게 없으면 안 될 대체 불가능한 사업으로 성공시킬 수 있었을까? 그들은 세상 누구보다 먼저 고민하고 직원 몇 명으로 창업하여, 결과적으로 오늘날 세계의 막대한 부를 거머쥐었다.

마지막으로, 마크 저커버그, 스티브 잡스, 일론 머스크, 빌 게이츠 등은 슈퍼리치가 된 이후에도 워커홀릭이라 불릴 정도로 주당 100시간 이상(우리나라는 근로기준법상 주 40시간이다)을 치열하게 일하고 있다. 94세의 워런 버핏은 지금도 정보력을 키우기 위해 매일 5시간 이상 책과 신문을 읽고 있다.

워런 버핏뿐 아니라, 슈퍼리치 1위를 제일 많이 한 빌 게이츠는 7살 때 세상의 지식이 담긴 대백과사전을 통째로 암기할 정도로 독서광이었다. 지금도 1년에 몇 번이고 1주일 이상 '생각 주간'을 정해 조용한 오두막집에 혼자 들어가 다양한 분야의 40여 권 이상의 책에 메모를 해가며 읽고 있다.

30억 이상의 사용자를 가진 메타의 마크 저커버그는 어릴 적부터 7개국 이상의 언어를 공부했고, 고등학교 때는 서양고전학에서 우등을 했다. 대학에서는 심리학을 전공하고, 사람들이 의외로 흥미를 갖는 것은 다른 사람에 대한 관심이라는 것을 깨닫고 페이스북을 개발하였다. 그는 스스로 성공의 비결을 "혼자 책을 깊이 읽고 생각하는 시간을 많이 갖는다."라고 하였다.

이처럼 슈퍼리치들에 대한 인물과 비즈니스 탐구를 통해 성공한 이들을 롤 모델로 삼아 이들의 어깨에 올라탄다면, 우리도 부자로 멋지게 성공할 수 있는 방향을 올바로 찾을 수 있다. 부자가 되기 위해서는 무조건 앞으로 달려 나가는 '속도'보다, 어느 방향으로 나아갈 것인가에 대한 올바른 '방향'이 더 중요하기 때문이다.

다음 장에서는 〈포브스〉가 슈퍼리치를 선정하는 목적, 그리고 선정 기준과 절차, 슈퍼리치의 특징에 대해 제대로 알아보자.

부자들의 성공심리학

① 부자로 멋지게 성공하는데 심리학이 어떤 도움이 될까?

☞ 우리가 사는 사회를 구성하고 혁신하는 주체는 인간이며, 경제 주체인 가계, 기업, 정부의 구성원도 인간이다. 심리학의 연구 대상도 '인간'이다. 심리학은 인간의 '마음과 행동'을 과학적인 연구 방법을 통해 이해하고 탐구하는 학문이다. 그리고 심리학은 인간에 대한 탐구에서 그치는 것이 아니라, 인간의 행동을 예측하고 통제할 수 있는지를 연구하는 학문이다.

이 책에서 탐구하고자 하는 연구 대상은 인간 중에서도 경제적으로나 사회적으로 성공한 '부자'에 대해 과학적인 연구 방법(문헌분석, 사례분석 등)을 통해 탐구하는 것이다. 부자란 어떤 인간이며, 심리적 특징이 무엇이며, 그들의 성공 요인을 개인적으로, 집단적으로 탐색하여 찾아내는 것이다. 여기서 단순히 돈만 많은 부자는 제외하였다. 그들이 어떤 경로로 막대한 부를 축적했는지 공식적으로 밝히지 않기 때문이다.

저자는 영재교육 전공자로서 주로 잠재된 영재성을 지닌 아동 영재뿐 아니라, 사회적, 경제적, 학문적으로 성공한 영재들에 관하여 탐구하였다. 한마디로 부자들은 경제적으로, 사회적으로 성공한 성인 영재들이다. 이 책에서는 부자 중에서도 최상위 계층인 〈포브스〉에서 검증한 슈퍼리치들을 대상으로 성공 요인들에 대해 다차원적으로 탐구하였다.

슈퍼리치들의 출생 배경에서부터 어린 시절, 학창 시절인 초중고등학교 시절과 대학 시절을 조사하고, 이들의 멘토와 파트너들, 비즈니스 세계의 창업에서부터 현재에 이르기까지를 다양한 참고문헌과 사례를 심리학적 관점에서 분석하였다. 슈퍼리치들에 대해 더욱 심층적으로 이해하고 탐구하여 밝혀진 5개의 성공 요인(3부에서 자세히 살펴봄)은 우리를 부자로 멋지게 성공하는 길을 알려줄 것이다.

② 관찰학습 observational learning

☞ 인간이 어떻게 새로운 세상이나 지식을 학습하는가에 관한 심리학의 관점은 다양하다. 행동주의 심리학에서의 '학습'이란 자극을 주어 원하는 반응(결과)이 강화되어 학습이 이루어진다. 대표적으로 고전적 조건화 학습(S-R이론)은 이미 오래전에 노벨 생리의학상을 받은 러시아 파블로프의 개의 타액(침) 실험에서 밝혀졌다.

파블로프 실험은 음식이 나오면 침이 자동으로 나오는 생리적 현상을, 종소리에 음식을 조건화시켜 침이 나오도록 학습이 된다는 가설을 증명하기 위해, 침을 측정하는 과학적인 실험 장치를 통해 밝혔다. 이 실험은 나중에 구소련이 공산화되면서 레닌과 스탈린이 인민을 전체 통제하기 위해 인간의 가장 기본적인 의식주를 국가가 통제하는 데 활용되기도 했다.

우리가 운동을 배울 때나 학교나 학원에서 공부할 때도 성적이 오르거나 바람직한 행동을 하는 사람에게 상을 주고(보상에 의한 강화학습), 바람직하지 못한 사람은 벌을 주어 그 행동을 못 하도록(소거) 하는 것이 조건화 학습이다. 지금도 학교나 기업, 군대, 스포츠 분야 등에서 새로운 지식이나 스킬을 배울 때 잘 활용되고 있다.

인간은 이렇게 조건화되어 학습되기도 하지만, 사회적으로 타인을 관찰함으로써 학습이 이루어지는 경우를 관찰학습이라고 한다. 엄마에게 칭찬받은(또는 혼나는) 형을 봄으로써 동생도 엄마가 바라는(또는 바라지 않은) 행동을 자주 하게(또는 줄이거나 안 하게) 되는 학습이 이루어지는 것이다. 또는 폭력적인 비디오나 유튜브를 자주 보는 사람이 자신도 모르게 폭력적인 언행을 그대로 따라 하게 되는 것도 관찰학습이다. 우리가 흔히 말하는 타산지석, 또는 '모델학습'이라고도 한다.

특히, 관찰학습은 ①관심 있는 대상에 대해 주의를 집중하여 ⇒ ② 잘 파악해서 알아보고 ⇒ ③자기도 따라 해 보고 ⇒ ④관심 있는 대상과 동기화하려는 4가지 과정을 통해 학습이 이루어진다. 이 책에서 우리도 부자로 멋지게 성공하기 위해 슈퍼리치를 롤 모델로 삼는 관찰학습법을 적용하였다.

③ 피그말리온 효과 pygmalion effect

☞ 골프공은 골퍼가 생각하는 라인대로 날아간다는 말이 있다. 심리학자들은 인간이 정말 생각하는 대로, 믿는 대로, 기대한 만큼 결과가 달라질까에 대한 가설이 맞는지를 교실에서 실험을 통해 증명해 보고자 했다.

1968년에 하버드대의 로젠탈 교수 연구진은 어느 초등학교에 찾아가 전 학생을 대상으로 지능검사를 진지하게 하였다. 지능검사를 마치고 연구진은 몰래 학급 담임 선생님에게만 어느 학생들이 지능지수가 높다고 알려주었다. 그러나 사실은 실제 지능지수가 높은 아이들을 알려주는 것이 아니라, 그냥 무작위로 20% 학생의 이름을 알려준 것뿐이었다.

연구진이 떠난 후 선생님은 지능지수가 높다고 한 학생들에게 더 많은 기대를 하게 되었다. 잘못해도 실수라고 생각하고 격려를 해주었다.

격려를 받은 학생들도 선생님의 기대에 부응하기 위해 더 많이 노력하게 되었다. 그리고 8개월이 지나 지능검사를 다시 해 보니 무작위로 알려준 20%의 학생들이 다른 학생들에 비해 지능지수가 높아졌고 학업 성적도 같이 높아졌다는 연구 결과를 '피그말리온 효과'라고 하였다.

아름다운 미인을 조각한 '피그말리온'이 자기가 조각한 여인을 진심으로 사랑하게 되었다는 데서 유래한 피그말리온 효과는, 본인이든 타인이든 기대한 만큼, 인정과 격려를 받는 만큼 성장한다는 이론으로 '자기충족적 예언'이라고도 한다.

우리뿐 아니라 슈퍼리치들도 그랬다. 일본 최고의 부자 손정의는 초등학교 시절에 재일한국인(일본인들은 재일한국인을 비하하는 말로 '조센징'이라고 하였다)이란 이유 하나로 일본인 학생들로부터 집단 따돌림을 당해야만 했다. 그때 다카시 선생님만은 손정의의 지적인 능력을 인정해 주고 열심히 공부하라고 격려해 주었다. 자기 능력을 인정해 준 다카시 선생님을 존경하게 된 손정의는 '교사'가 되고 싶었고, 이때부터 열심히 공부할 수 있었다.

스티브 잡스도 초등학교 4학년 때 학교의 문제아였고 그가 선생님 의자에 설치한 폭죽이 터져 징계위원회까지 개최되었다. 그때 담임이었던 힐 선생님은 스티브 잡스가 전통적이며 반복적인 학교 교육과정에 지루해한다는 것을 알고, 그에게 맞춤형 교육을 하기로 하고 스티브 잡스의 지적 수준에 맞는 교재로 공부를 시켰다. 그 결과 고등학교 수준의 수학 문제를 풀게 될 정도가 되었고 5학년으로 월반까지 하였다. 나중에 그는 "힐 선생님 때문에 열심히 공부하였다."라고 말했다.

2

세계적인 슈퍼리치
제대로 알아보기

〈포브스 Forbes〉는 매년 3월이면 세계적인 슈퍼리치 순위를 발표한다. 슈퍼리치 선정 기준은 개인 순자산으로 10억$ 이상(한화 약 1조 4천5백억 원)을 보유한 조만장자의 초고액 부자를 말한다. 〈포브스〉가 슈퍼리치 순위를 발표하는 목적은 다음 3가지다.

첫째, 부자들의 성공 모델을 제시하려는 목적이다. 많은 사람에게 부자들의 성공 모델을 제시함으로써 비즈니스 분야에서 성공하기 위한 롤 모델을 제시하고 성공의 척도를 마련하는 데 도움을 주려는 목적이다.

둘째, 부자로 성공하고 싶은 사람들에게 성공에 대한 자극과 나도 성공할 수 있다는 포부를 제공하려는 목적이다. 성공한 슈퍼리치들을 롤 모델 삼아 부자가 되기 위한 동기의 대상으로 삼을 수 있기 때문이다.

셋째, 시대적 '부'의 동향과 '부자'들의 트렌드를 파악하는 데 도움을 주려는 목적이다. 슈퍼리치의 선정은 시대적 부의 동향과 현재의 비즈니스 트렌드를 파악하고 미래를 예측할 수 있게 한다.

〈포브스〉가 슈퍼리치를 선정하는 기준은 그들의 순자산의 크기, 안정성, 다양성이란 3가지 기준이다. 여기서 순자산이란 총자산에서 총부채를 뺀 자산이다(순자산=총자산-총부채). 총자산은 현금, 예금, 주식, 펀드, 기업의 스톡옵션 및 주식 지분, 지식재산권, 부동산, 요트, 비행기, 예술품 등이 해당한다. 그리고 총부채란 개인 대출 및 기업 대출, 세금 부채 등이다.

첫 번째 선정 기준은 순자산의 크기다. 각 후보의 순자산 크기를 평가하고, 후보군 간에 상대적인 재산 규모를 공개된 데이터와 전문가들의 의견을 바탕으로 순자산을 추산하고 비교하여 선정한다. 이때 가족 재산과 분리하여 개인의 순자산만을 평가한다.

두 번째 선정 기준은 순자산의 안정성이다. 비즈니스에서 성공하기 위해서는 어떤 상황에도 쉽게 흔들리지 않는 안정성이 중요하다. 따라서 오랜 기간 안정적으로 유지하고 있는 순자산에 더 높은 점수를 부여한다. 그리고 재산을 상속받은 부자보다, 어려움을 극복하고 자수성가한 부자일수록 더 높은 가중치를 부여한다.

세 번째 선정 기준은 순자산의 다양성이다. '달걀을 한 바구니에 담지 말라'는 투자의 정석처럼, 다양한 분야에 걸쳐 포트폴리오를 구성하여 운영하는 후보에게 더 높은 점수를 부여한다.

한편, 〈포브스〉는 단순히 현재 재산의 크기만을 선정 기준으로 삼는 게 아니라, 오랫동안 안정되게 다양한 자산의 포트폴리오를 구성·운영하면서, 자수성가한 부자일수록 더 큰 가중치를 부여하여 슈퍼리치의 순위를 정한다. 이런 선정 기준에 따라 3단계 선정 절차를 거쳐 최종 순위를 발표한다.

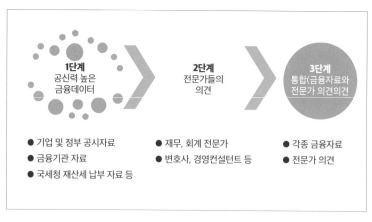

1단계
공신력 높은
금융데이터

2단계
전문가들의
의견

3단계
통합(금융자료와
전문가 의견의견

● 기업 및 정부 공시자료
● 금융기관 자료
● 국세청 재산세 납부 자료 등

● 재무, 회계 전문가
● 변호사, 경영컨설턴트 등

● 각종 금융자료
● 전문가 의견

〈포브스〉의 슈퍼리치 3단계 선정 절차

첫 번째 단계로, 후보들의 기업과 정부 공시자료, 금융기관 자료, 국세청 재산세 납부 자료 등의 공신력 높은 금융 데이터를 통해 재산과 사업을 평가한다.

두 번째 단계로, 재무 전문가, 회계사, 변호사, 경영컨설턴트 등 전문가들의 의견을 바탕으로 평가한다.

마지막 단계로, 각종 금융 데이터와 전문가에 의해 추산된 순자산을 통합하여, 매년 3월 10일에 주가와 환율 변동을 적용하여 최종 순위를 발표한다.

〈포브스〉가 세계적인 슈퍼리치들의 순위를 발표하는 세 번째 목적이 시대적 '부'의 동향과 '부자'들의 트렌드를 파악하는 것이다. 이런 목적에서 〈포브스〉가 미국 내 억만장자를 처음 발표한 1983년부터 약 20년 단위로 2003년, 2023년의 슈퍼리치 순위를 살펴보면 흥미로운 시대적 부의 흐름을 알게 되고 미래를 예측하는 데 도움이 된다.

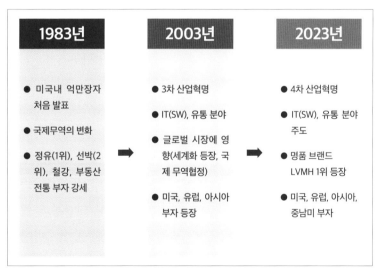

1983년
- 미국내 억만장자 처음 발표
- 국제무역의 변화
- 정유(1위), 선박(2위), 철강, 부동산 전통 부자 강세

2003년
- 3차 산업혁명
- IT(SW), 유통 분야
- 글로벌 시장에 영향(세계화 등장, 국제 무역협정)
- 미국, 유럽, 아시아 부자 등장

2023년
- 4차 산업혁명
- IT(SW), 유통 분야 주도
- 명품 브랜드 LVMH 1위 등장
- 미국, 유럽, 아시아, 중남미 부자

〈포브스〉가 선정한 슈퍼리치 순위를 20년 단위로 살펴본 시대적 부의 흐름

1983년은 그동안 열강이 지배했던 중남미와 아프리카에서 원유와 자원이 풍부한 나라들이 탈식민지화하면서 신생 국가들이 독립하던 시대다. 당시 1순위는 석유 재벌 폴 게티 회장과 그 아들이었다. 그들은 제2차 세계대전이 끝나자마자 기술과 자본이 부족했던 사우디아라비아, 쿠웨이트 등에서 독점으로 유전 개발권을 따냈다. 석유, 부동산, 호텔 사업에 성공하여 엄청난 돈을 벌었다. 이들은 "성공을 위한 공식은 일찍 일어나고, 열심히 일하고, 석유를 뿌리는 것이다."라고 얘기할 정도였다.

　이어서 선박왕 다니엘 루트비히 회장, 월마트의 창업자 샘 월튼 회장의 순으로 정유, 선박, 유통, 철강과 부동산 등의 전통 부자들이 강세였다. 이런 전통 부자를 '올드 머니 old money'라고도 한다. 〈포브스〉가 미국에 이어 세계적인 슈퍼리치들의 순위를 발표한 것은 1987년이었고, 당시에는 20명 정도였다.

　2003년은 제3차 산업혁명의 시대로 컴퓨터와 IT 시대가 열렸다. 〈포브스〉의 슈퍼리치 상위 10위에는 15년 연속 1위를 차지한 빌 게이츠와 마이크로소프트의 공동창업주인 폴 앨런과 스티브 발머가 4위와 10위를 차지할 정도로 IT 분야가 지배적이었다.

　2위는 투자의 귀재라는 워런 버핏으로 그의 93세 생일 때 계산해 보니, 투자를 시작한 날로부터 지금까지 매일 46억을 벌었다. 3위는 미국의 스트리트 몰, 백화점 등의 물류 유통시스템을 배워서 독일에서 알디 슈퍼마켓 체인을 성공시킨 알브레히트 형제다. 7위부터 11위는 월마트 가족들이다. 이 시대는 IT와 유통의 시대였다.

　이어서 '세계화'라는 자유무역 기치 아래 국제무역협정이 체결되면서 글로벌 시장이 발전하였다. 슈퍼리치들도 유럽, 아시아에서도 등장하기 시작했다. 김영삼 정권도 세계화를 기치로 삼았고, 우리나라의 슈퍼리치도 세계 무대에 등장했다. 이건희 삼성그룹 회장과 신격호 롯데그룹 회장이 슈퍼리치 순위에서 각각 123위와 177위였다.

2023년은 4차 산업혁명의 시대다. 40년 만에 순자산 10억$ 이상을 보유한 전 세계의 슈퍼리치는 20명에서 2,640명으로 많이 증가하였다. 우리나라 슈퍼리치도 2003년 2명에서 20년 만에 51명으로 증가하였다.

2023년의 1위는 LVMH의 베르나르 아르노로 처음으로 프랑스인이 등장하였다. 그는 디오르, 펜디, 불가리, 지방시 등의 명품 패션부터 뷰티, 보석, 시계, 주류, 유통 분야로 특권층에 한정된 명품을 일반 대중들도 널리 쓸 수 있도록 사업을 확장했다. 10위 안에는 테슬라의 일론 머스크, 아마존의 제프 베조스, 오라클의 래리 엘리슨, 마이크로소프트의 빌 게이츠, 메타의 마크 저커버그 등 여전히 IT 분야가 지배적이었다.

위와 같이 20년 주기로 〈포브스〉의 슈퍼리치의 순위를 살펴보면 당시의 국제 정세와 경제구조, 새로운 산업의 등장과 기존 산업의 침몰에 대해 파악할 수 있다. 앞으로 다가올 다음 시대는 또 어떤 분야에서 새로운 슈퍼리치가 등장할지는 예측하기 어렵다.

2024년에 〈포브스〉는 세계적인 슈퍼리치가 2,781명이라고 발표하였다. 전년 대비 141명이 증가하였다. 증가한 이유는 주로 AI 기술 발전, 빅테크 주식시장의 호황 덕분이었다. 특히 뉴욕 증시에서 강세를 기록한 7종목을 '매그니피센트 magnificent 7'이라고 부른다. 7종목은 마이크로소프트, 애플, 엔비디아, 테슬라, 알파벳, 메타, 아마존이다. 이 회사의 CEO들이 상위 10위권 안에 다 들어 있다. 또 상위 10위의 슈퍼리치 중에 9명은 미국인이다.

1위는 테슬라와 스페이스X의 CEO인 일론 머스크로, 2024년 한해 동안 순자산이 2,030억$ 증가했다. 증가한 이유는 트럼프 2기 정권의 출범에서 일론 머스크가 핵심 실세로 부상하였고, 미국에서 일론 머스크의 인기는 테멘(테슬라+아멘)이라 할 정도로 높으며, 테슬라의 주가 상승이 순위에 영향을 미쳤다. 4위를 한 마크 저커버그는 SNS의 막대한 광고비 수익으로 메타 주식이 급상승하면서 그의 순자산도 증가하였다.

〈포브스〉의 2024년 세계 슈퍼리치 순위

출처: https://www.forbes.com/sites/chasewithorn/2024

다음으로 여성 슈퍼리치에 대해 살펴보자. 〈포브스〉는 세계적으로 여성 슈퍼리치는 2023년 337명에서 369명으로 32명이 증가했다고 발표하였다. 전체 슈퍼리치 중에 여성 비율은 13.3%다. 이중 3/4은 재산을 물려받은 여성이며, 1/4에 해당하는 100명이 자수성가한 여성 슈퍼리치다. 자수성가한 여성 슈퍼리치가 3년 만에 처음으로 여성 슈퍼리치 탑 10에 등장하였다. 최근 4년 연속 세계 가장 부유한 여성은 995억$로 로레알 L'ORÉAL(랑콤, 메이블린 등 세계적인 명품 화장품 브랜드를 보유한 로레알) 상속녀인 프랑수아즈 베탕쿠르 메이예이다.

슈퍼리치의 국가별 분포는 글로벌 경제 변화와 각국의 산업 특성을 잘 반영한다. 1위는 미국 813명으로 순자산이 5.7조$로 작년 대비 1.2조$가 증가하였다. 세계 슈퍼리치 자산 중에 40%가 미국이 차지하고 있다. 무엇보다 2023년에 비해 109명이 새로이 슈퍼리치 대열에 진입했다는 사실이다.

2위는 중국으로 2023년 495명에서 406명으로 89명이 오히려 감소하였다. 슈퍼리치들의 순자산은 1.3조$로 작년 대비 감소하였다. 이는 장기적인 중국 경제 침체가 슈퍼리치의 수와 순자산 감소의 원인이 되었다.

이어서 3위는 인도로 2023년 169명에서 200명으로 31명이 증가하였다. 인도의 슈퍼리치는 산업 제품 분야에서 142명, 제약 산업이 136명, 그리고 테크, 소매, 부동산 분야에서 많이 나타났다.

국가별 분포를 보면 세계 경제의 변화와 부의 집중 현상을 잘 보여준다. 특히 미국과 중국이 전체 슈퍼리치의 절반 이상을 차지하여 두 나라의 경제력이 여전히 강력함을 보여준다. 이어서 인도도 슈퍼리치가 빠르게 증가하고, 기술과 통신, 제조업 분야에서 성장이 두드러졌다. 인도의 슈퍼리치 증가는 인도 경제의 급속한 성장과 부의 집중, 경제 양극화를 보여주고 있고 앞으로도 더욱 슈퍼리치가 증가할 것으로 예측된다.

　슈퍼리치들이 보유하고 있는 기업의 브랜드는 우리가 많이 보았던 세계적인 브랜드다. 우리에게 자주 노출되어 익숙해진 브랜드는 다른 생소한 브랜드보다 친숙하게 우리에게 다가오고 브랜드를 믿고 쉽게 구매하게 된다. 마치 TV나 영화에서 이미지 좋은 배우나 탤런트를 처음 어느 장소에서 만났을 때, 오래된 친한 친구를 만난 듯한 느낌을 갖는 것과 같다. 이를 '에펠탑 효과'라고 한다.

　슈퍼리치들의 비즈니스 분야를 살펴보면, 1위는 금융 및 투자 분야로 159명이 있다. 2위는 미디어 및 엔터테인먼트 분야로 105명이 있다. 3위가 테크와 소프트웨어, 서비스 분야로 92명이었다. 최근에는 테크놀로지 분야의 성장이 두드러져 인공지능, 사이버보안, 핀테크, 로봇공학 등의 분야에서 새로운 슈퍼리치 대열에 진입하였다.

　연령대별 슈퍼리치들의 포트폴리오 구성과 운영도 달랐다. 불확실성에 대비한 현금 유동성은 연령대가 높을수록 높았다. 젊은 슈퍼리치들은 혁신적인 테크, 전자상거래, 소셜 미디어와 스타트업에 더 많이 투자하는 경향이다. 나이가 들수록 다각화된 포트폴리오를 구성하며, 안정적인 수익을 추구하는 경향이 있다. 모든 연령대에서 부동산, 주식, 사모펀드 등 다양한 자산군에 투자하고 있다.

　이 장에서는 〈포브스〉가 왜 슈퍼리치들의 순위를 선정하여 발표하는지에 대한 선정 목적과 선정 기준, 선정 절차와 다양한 통계자료들을 살펴보면서 슈퍼리치들의 세계에 대해 알아보았다. 다음 장

에서는 세계적인 슈퍼리치들에 이어 우리나라 슈퍼리치들의 세계
를 알아본다.

부자들의 성공심리학

① 동기 motivation

☞ 심리학에서는 사람들이 ①어떤 일의 목표를 향해 행동을 시작하도록 만들고, ②목표에 더욱 주의를 집중하도록 만들어서 달성하도록 하며, ③목표 달성 후 다음 목표를 향해 나아가도록 하는 추진 동력을 동기라고 한다. 동기는 우리가 사는 여러 장면에서 나타난다. 교실에서 공부하고자 하는 동기는 학습 동기, 일을 성취하도록 만드는 성취동기, 사람들과 친하게 잘 지내고자 하는 친화동기 등 다양한 장면에서 동기가 나타난다.

여기서 직장생활을 하는데 동서양의 동기에도 차이가 있다는 연구가 있다. 나보다는 조직과 집단을 더 우선시하는 동양에서는 직장에서 다른 사람들과 친밀하게 잘 지내려는 '친화동기'가 높아야 한다. 그래야만 다른 사람의 도움을 잘 받을 수 있고 일의 성과도 높아지는 '성취동기'도 같이 높아진다. 반면, 개인주의 성향이 높은 서양에서는 사람들 간에 좋은 관계 유지를 하고자 시간을 들여 노력하는 '친화동기'가 오히려 일할 시간을 빼앗기 때문에 '성취동기'에 안 좋은 영향을 준다는 연구 결과도 있다.

한편, 어떤 일을 하는 그 자체가 즐거워서, 또는 관심과 흥미가 많아서, 새로운 일(지식)을 하는 게 좋아서, 누가 뭐라고 하든 내가 좋아서 하는 동기를 내 안에서 이루어지는 동기라고 하여 '내적 동기'라 한다. 반면, 내가 원해서가 아니라 다른 사람의 인정과 칭찬, 금전적 보상, 승진하고 보너스를 받고 싶어서 하는 동기를 외부로부터 주어진 동기라 하여 '외적 동기'라 한다.

과거에는 내적 동기가 높은 사람은 외적 동기가 낮고, 외적 동기가 높은 사람은 내적 동기가 낮다는 연구들이 많았다. 심리학자인 데시와 라이안 Deci & Ryan은 학교가 끝난 후에 운동장에서 신나게 땀 흘리며 축구하고 있는 아이들을 보았다. 이때까지만 해도 아이들은 누가 뭐라든 그저 축구하는 그 자체가 즐거운 '내적 동기'에 충만했었다. 그런데 심리학자가 아이들을 불러서 축구 잘한다고 칭찬하면서 각자 10달러의 용돈을 주었다. 그다음 주에는 5달러씩을 몇 차례 주었다. 그렇게 몇 주가 지나자, 아이들은 축구는 설렁설렁 뒷전이고 용돈을 주는 할아버지 심리학자가 오는 쪽만 바라보았다. 이때 나타난 심리학자가 오늘은 돈이 없다면서 1달러를 주자, 아이들은 투덜거리며 축구공을 버리고 집으로 가버리고 말았다.

그 이후로는 운동장에서 신나게 떠들며 축구하는 아이들의 모습을 볼 수 없었다. 이 연구는 사람들이 돈과 같은 외적 동기에 물들기 시작하면 내적 동기가 사라지고 만다는 유명한 심리학 연구다. 마치, '하던 일도 멍석 깔아주면 안 한다'라는 속담과 같다. 또 마음 잡고 공부하려고 방에 들어가려고 하는데, 엄마가 "들어가서 공부해!"라고 말하면 공부할 마음이 싹 가시는 것과 비슷한 현상이다.

그러나, 최근 하버드 경영대학원의 심리학자 애머바일 교수는 다른 연구를 하였다. 그녀의 연구에 따르면, 내적 동기와 외적 동기가 단순히 서로 반대로 작용하는 것이 아니라는 것이다. 사람에 따라서는 ①내적 동기가 높은 사람, ②외적 동기가 높은 사람,

③내외적 동기가 다 높은 사람, ④내외적 동기가 다 낮은 사람의 4가지 동기 유형으로 구분할 수 있다고 하였다.

그리고 외적 동기가 반드시 내적 동기에 악영향을 주는 것도 아니라고 하였다. 예를 들어, 내적 동기가 충만한 사람이 좋아서 하는 공부나 일의 성과가 좋았다. 그러다 보니, 그 결과로 인정과 칭찬, 보너스나 승진이 따랐다. 이런 경우는 내적 동기에 외적 동기가 시너지 효과로 작용하는 좋은 동기라고 하였다.

② 에펠탑 효과 Eiffel Tower Effect

☞ 슈퍼에서 물건을 살 때 우리는 비슷한 상품이 많이 진열되어 있으면 광고에 자주 보았던 상품을 나도 모르게 신뢰하여 사게 된다. 식당에서 TV나 영화에서 자주 보았던 유명한 배우를 만났을 때, 그 배우는 나를 처음 본 것이지만, 나는 그 배우가 친하게 느껴지는 현상을 말한다. 그래서 선거철이면 후보들이 매일 좋아 보이는 인상으로 고개 숙이며 악수하고 돌아다니는 것이다. 고개 숙이며 악수하고 웃으며 명함을 건네는 후보가 나도 모르게 친숙하게 느껴져 막상 투표소에서 그 후보에게 표를 던지는 경우도 이에 해당한다.

파리에 처음 에펠탑이 지어질 때만 해도 파리 시민들과 예술가들은 혐오스러운 철골구조라고 항의했다. 파리시청은 20년 뒤에 철거할 계획이라고 시민들을 달래면서 완성했다. 그리고 에펠탑이 완성되는 2년이 넘는 과정을 좋던 싫든 자주 지켜본 시민들은 결국 에펠탑을 좋아하게 되었다. 물론 20년 뒤 철거계획은 사라졌다.

이처럼 노출 빈도를 높이면 호감도가 높아진다는 '노출효과'도 있다. 그래서 기업들이 비용이 많이 들더라도 노출 빈도를 높이기 위해 TV나 SNS 등에서 광고를 계속하는 것이고, 선거철만 되면 그동안 안 보이던 후보들이 좋아 보이는 인상으로 악수와 명함을 자주 건네는 것이다.

3

우리나라 슈퍼리치
제대로 알아보기

2장에서 세계적인 슈퍼리치에 대해 알아보았다. 여기서는 좀 더 현실적으로 우리나라 슈퍼리치의 세계에 대해 알아보기 위해 〈포브스〉와 2023년과 2024년의 KB금융지주 경영연구소의 〈한국 부자 보고서〉, 하나은행 하나금융경영연구소의 〈대한민국 웰스 리포트〉를 살펴보기로 했다.

〈포브스〉는 우리나라 경제발전과 슈퍼리치에 영향을 주는 4가지 요인을 제시했다. 4가지 요인은 국가와 기업경제뿐 아니라, 개개인에게도 매우 유용하게 사업과 투자 상황을 체크할 수 있는 요인이다.

첫 번째 요인은 국내외 정치·경제 상황이다.

트럼프 제2기 정권의 출범, 국제금융 위기, 인플레이션 지속, 실업률 증가로 인한 미국 연방준비제도(연준)의 금리 결정의 불확실성 등이 미국 경제뿐 아니라 우리나라 경제에도 직접적인 타격을 준다. 예를 들면, 오늘 밤 미국 주식시장의 S&P500, NASDAQ, Dow Jones의 지수 변동은 바로 내일 우리 주식시장에 직접적인 영향을 미친다. 게다가 2024년 11월 한국은행은 "서학개미의 투자는 갈수록 증가하여 1조$로, 외국인의 국내 증시 투자금보다 많아졌다."라고 발표했다.

우리나라 정치 상황은 논외로 하더라도, 경제는 고물가 우려가 가시지 않은 가운데 주택담보대출 고공행진과 내수 위축, 부동산 프로젝트 파이낸싱(PF)에 따른 금융 리스크 등의 요인이 맞물려 있는 상황이다. 이러한 불확실성으로 경제성장률을 낮추고 10여 차례 넘게 금리 인상을 계속 동결하는 등의 영향을 주고 있다.

다양한 보고서에 따르면, 우리나라 슈퍼리치들은 정치, 경제 상황의 불확실성을 실감하여 상황을 관망하고 있다고 하였다. 그리고 현금 유동성을 확보하고 안정된 자산에 투자하려는 경향이 높다고 하였다.

두 번째 요인은 글로벌 시장의 변동성이다.

세계적으로 전쟁의 포화가 멈추질 않는다. 동유럽의 러시아-우크라이나 전쟁, 중동의 이스라엘-팔레스타인 분쟁, 아시아의 중국-대만의 전쟁 위협설 등의 위험이 남아있다. 중국의 시진핑은 기회가 될 때마다 "대만은 한 나라이며, 평화통일을 원하지만, 언제든 무력을 행사할 수 있다."라고 공언한다. 이 전쟁으로 피해를 가장 많이 보는 나라 중 하나가 우리나라다. 이로 인한 식량과 에너지, 희소 자원 선점을 위한 각국 간의 치열한 경쟁으로 천연가스 가격 폭등, 중국-일본-호주 등의 희토류 자원전쟁이 수출 의존 경제인 우리나라 경제에 직접적인 악영향을 주고 있는 것도 사실이다. 요소수 하나만 보더라도, 얼마 전 중국이 한국에 수출을 제한하니까 정부가 공군기로 호주까지 날아가 수입해서 위기를 극복하기도 했다.

세 번째 요인은 국내외 산업 구조의 변화다.

정유, 유통, 부동산 등 전통적인 부자들인 '올드 머니'의 세계에서 2003년도부터 2023년도까지 20년간 〈포브스〉의 세계 슈퍼리치 상위 10위권은 IT 기업들이 지배했다. 전통 부자들에 비해 새롭게 떠오르는 신흥 부자들을 '뉴 머니'라고 부른다. 더욱이 2024년부터 MS, Apple, META 등 빅테크 기업들이 AI 중심으로 빠르게 전환하고 있다. AI의 핵심 GPU를 개발하는 엔비디아가 미국 나스닥 시총 1, 2위였던 MS와 Apple을 누르고 1위를 차지하기도 했다.

우리나라도 빠르게 IT와 반도체, 바이오, 자동차 등이 전체 산업을 이끄는 구조로 변했다. 한국증권거래소에 상장되어 거래되는 모든 주식을 대상으로 산출해 전체 장세의 흐름을 나타내는 지수인

KOSPI 지수를 연도별로 비교해 봐도 우리나라의 산업 구조의 변화를 실감할 수 있다.

1995년도만 해도 시가총액 1위는 한국전력, 2위가 삼성전자, 3위가 포항제철이었다. 그러나 2000년부터 지금까지 삼성전자가 1위를 차지하고 있다. 2000년도에는 삼성전자 12.71%, SK텔레콤이 12%, 한국통신공사가 11.12%로 Top 3가 서로 비슷한 비중이었다.

2024년에는 삼성전자 22.8%, SK하이닉스 6.12%, LG에너지솔루션 3.97%, 삼성바이오로직스 2.6%, 삼성전자우 2.55%의 순으로 Top 5가 전체 KOSPI의 38%를 차지하는 산업 구조로 변했다. 앞으로 또 어떻게 산업 구조가 바뀔지는 미래의 성장 가치를 예측하여 투자하려는 주식 투자자들에게는 지켜봐야 하는 산업 구조의 변화다.

네 번째 요인은 우리나라 금융 정책의 변화다.

우리나라는 정권이 바뀌고 장관이 바뀔 때마다 금융 관련 정책이 너무 자주 바뀐다. 세제 정책, 부동산 정책, 금리 정책 등은 거의 분기마다 바뀌어서 금융 전문가, 세무사, 부동산 중개인조차도 헷갈린다고 할 정도다.

오늘을 살면서 미래 변화를 잘 예측하고 대응하기 위해서는 위의 4가지 영향 요인을 잘 살펴보아야 한다. 기업뿐만이 아니다. 개인의 경제활동에도 4가지 요인이 직접적인 영향을 준다.

예를 들어, 여러분이 동학이든 서학이든 오늘 주식을 매도, 매수하고자 할 때 각종 기업 공시와 뉴스, 다양한 출처의 정보(찌라시, 유투브 등)들을 찾아볼 것이다. 그리고 해당 종목을 매도매수하는 외국인이나 기관, 개인의 동향, 20일 평균선, RSI 보조지수 등 자신이 신뢰할 만한 다양한 보조지수, 코스피와 코스닥 지수, 미국

NASDAQ이나 S&P500, 다우존스 산업평균지수의 주가 동향, 심지어 금리의 영향으로 인한 주식, 채권, 은행 이율 등을 분석하고 종합하여 주식 투자를 결정할 것이다.

한편, 급등하고 있는 주식 종목에 대해 오히려 투자 심리를 역이용하여 매수와 매도를 결정하기도 하는 등 우리는 4가지 영향 요인을 종합하고 사람들의 투자 심리까지 더하여 자기 돈을 어떻게 투자할지를 결정한다.

그런데 여기서 생각해 볼 대목이 있다. 하나는 〈포브스〉의 4가지 영향 요인을 살펴보면, 4가지 요인이 각기 독립적으로 작용하는 것이 아니라 상호 유기적으로 연결되어 있고, 국제적으로 하이퍼 링크 사회로 더욱 심화하고 있다는 점이다.

또 하나는 우리가 사는 시대는 경제위기고 과도기라고 한다는 점이다. 저자도 지금 생각해 보면 대통령이 몇 번이나 바뀌었지만, 초등학교 때부터 지금까지 귀에 못이 박히도록 들어왔던 뉴스는 '지금 우리나라는 경제위기 상황'이라는 것과 '과도기'라는 말이다.

보수 정권이든 진보 정권이든 매번 뉴스에 나온 정치가들은 '지금은 과도기이고, 어려운 위기 상황을 잘 극복하면 우리도 선진국처럼 잘살게 될 것'이라고 하였다. 얼마 전 뉴스에서도 기재부 장관과 한국은행 총재가 나와 "국제적으로 아직 금융위기이고, 미국 연준의 지속적인 금리 동결과 환율 약세에서 우리나라 시장을 방어하기 위해서는 우리나라 금리도 동결해야 한다." 이어서 "지난 7년간 국민소득이 3만 달러의 덫에 빠져있지만, 이 상황을 잘 극복하면 우리도 곧 4만 달러의 경제 선진국 대열에 들어간다."라고 하였다.

사람들은 뉴스를 통해 세상이 돌아가는 소식을 전해 듣는다. 물론 뉴스의 특성상 세상의 긍정적인 모습보다는 '부정성의 편향과 확대'를 통해 기사화하는 부분이 더 많다. 그래야 사람들에게 더 많은 관심과 주의를 끌고 언론 매체의 브랜드 가치가 올라가기 때문이다. 브랜드 가치는 광고 수익과 직결된다.

뉴스는 사람들에게 소식을 알림으로써 큰 사건을 예방하고 닥쳐올 위험을 견제하는 '워치 독 watch dog'의 역할도 있다. 그러나 돌이켜보면 우리나라는 여러 이유로 매년 물가는 올랐고 기업과 서민경제는 늘 어려웠다. 그리고 사람 말고는 딱히 내세울 만한 자원이 없고 수출 의존도가 높을 수밖에 없는 경제 상황은 늘 위기 상황과 과도기였다. 그러나 우리는 정치 수준과 경제 상황이야 어떻든 매번 위기 상황을 잘 이겨내면서 경제를 발전시킨 민족이라고 생각한다.

국민소득이라고 불리는 우리나라 1인당 GDP(나라에서 생산된 모든 최종 재화와 서비스의 총가치를 해당 국가의 인구수로 나눈 값)만 봐도 그렇다. 우리나라는 1970년도부터 경제 통계를 작성하였다. 1964년의 GDP의 추정치는 107$로 다른 나라로부터 원조받았던 아시아 최빈국 중의 하나였다.

60년이 지난 2024년 IMF의 〈세계 경제 전망〉에 따르면, 1인당 GDP는 36,132$로 2023년의 35,563$보다 1.6% 증가하였다. 우리나라는 일본의 1인당 GDP 32,859$, 대만의 33,234$보다 약간 높은 수준으로 동아시아 국가 중에서는 최고다. 북한은 여전히 공식적 발표를 하고 있지 않으나 1,265$로 추정하며, 우리나라의 1/30 수준이다.

우리 경제는 한강의 기적, 아시아의 네 마리 용, 원조받았던 나라에서 원조하는 나라로 불릴 정도로 성장했다. 1960년대 땅콩밭밖에 없었던 여의도를 오늘날 스카이라인의 불야성으로 발전시킨 성장 저력이 충분한 나라라고 생각한다.

2024년 세계적인 브랜드 조사기관인 인터브랜드 발표를 살펴보면, 애플 - 마이크로소프트 - 아마존 - 구글에 이어 삼성전자가 5위임을 알 수 있다. 다음으로 토요타 - 코카콜라 - 벤츠의 순으로 나타났다. Top 5위 안에 드는 기업 4개는 미국 기업이고, 유일하게 한국의 삼성전자가 진입하였다.

〈포브스〉는 위의 4가지 요인으로 분석해 본 한국의 경제 상황과 슈퍼리치들의 특징을 다음과 같이 밝혔다.

"한국의 기준 코스피 지수는 AI에 대한 투자자의 열광과 정부가 민간 부문과 함께 한국을 글로벌 칩 생산 허브로 만들려는 4,700억 $ 규모의 계획에 힘입어 2024년에 반등했다."

코스피가 11% 상승하면서 한국에서 가장 부유한 50명의 총 순자산은 2023년 1,060억\$에서 2024년에 1,150억\$로 증가했다.

슈퍼리치 50명 중에 상위 10명의 순위는 다음과 같다.

2024 포브스 선정 한국 자산가 순위 (단위: 달러)

순위	이름	직책	자산 (단위: 달러)
1	이재용	삼성전자 회장	115억
2	김병주	MBK파트너스 회장	97억
3	서정진	셀트리온 명예회장	75억
4	조정호	메리츠금융지주 회장	62억
5	정몽구	현대자동차그룹 명예회장	46억
6	김범수	카카오 의장	45억
7	홍라희	전 리움미술관장	44억
8	곽동신	한미반도체 부회장	39억
9	권혁빈	스마일게이트 최고비장 제시 책임자	35억
10	정의선	현대차그룹 회장	34억

출처: https://www.forbes.com/sites/johnkang/2024/04/17/koreas-50-richest-2024).

〈포브스〉는 한국의 슈퍼리치 50위 순위를 발표하면서 다음과 같은 특징이 있다고 했다. 이러한 특징은 한국의 오늘과 내일의 산업 구조의 변화를 시사하고 있다.

첫째, 삼성전자, 카카오, 네이버, 스마일게이트 등 IT산업의 성장과 함께 IT 기업들의 기업 가치가 상승하였다. AI 관련 사업의 슈퍼리치가 상위 10위권 중의 4명을 차지했다.

둘째, 한국 경제의 산업 구조 변화가 반영되면서 4명이 새로운 슈퍼리치 대열에 진입했다. 새로 진입한 4명의 기업인 중 3명이 모두 AI 붐으로 칩 장비 제조업체 기업들이다. 또한 반도체 수요 급증에 따라 화학 관련 기업이 슈퍼리치의 순위에 진입하였다.

셋째, 셀트리온, 삼성바이오, SK바이오팜, 알테오젠 등의 바이오 기업인들의 순위도 상승하였다. 이는 과기부가 '첨단 바이오 이니셔티브'를 계획하여 바이오산업을 제2의 반도체 산업으로 지원한 것도 영향이 있다. 즉, 앞으로 한국에서 유망한 사업은 AI, 바이오와 관련된 사업이다.

지금까지 〈포브스〉가 발표한 우리나라 슈퍼리치에 대해 알아보았다. 다음에는 10여 년 전부터 KB금융지주 경영연구소와 하나은행 하나금융경영연구소가 우리나라 부자들에 관해 조사하여 발표한 내용으로, 우리나라 부자의 세계에 대해 좀 더 자세히 알아보자.

은행권의 경영연구소들이 한국의 부자 보고서를 발표하는 목적은, 첫째, 우리나라 부자들이 어떻게 자산을 축적하고 관리하는지에 관해 부의 축적과 유지 전략에 대한 영감을 얻을 수 있다. 그리고 경제적 성공에 이르는 다양한 경로가 있음을 보여주는 것이다.

둘째, 우리 사회의 부의 분포와 순환에 대한 건전한 논의, 특히 젊은 세대에게 경제적 성공을 위해 필요한 지식과 교훈을 제공함을 목적으로 한다고 밝혔다. 2024년 KB와 하나은행은 발간의 목적을 다음과 같이 밝혔다.

> 부자를 꿈꾸는 이들은
> 부자의 돈에 대한 철학과 성공적인 자산관리 전략을 배움으로써
> 부를 축적할 기회를 더 많이 잡고자 한다.
> 이와 같은 맥락에서 KB금융그룹은 많은 이들이 궁금해하는
> 한국 부자의 '부 축적' 방식에 주목하고
> 이들의 사고방식과 전략적 접근방식을 살펴봄으로써
> 돈의 흐름과 부의 작동 원리에 대한 이해를 돕고자
> 본 보고서를 발간하게 되었다.
> **—KB 금융**

> 고물가, 고금리, 저성장 고착화와 지정학적 갈등 발생,
> 그리고 미국의 보호무역주의 강화로
> 경제 환경의 불확실성에 대한 대비가
> 어느 때보다 중요한 시기가 되었다.
> 이렇듯 변동성이 높아져 더욱 어려워진 투자 환경에서
> 부자들의 자산관리 방법에 대해 살펴보는 것은 큰 의미가 있다.
> 부자들의 '부와 행복'에 대한 고민을 함께
> 들여다보며 진정한 돈의 가치를 되새겨보고자 했다.
> **—하나은행**

정통한 은행권의 두 경영연구소는 조사의 대상과 방식, 용어의 차이가 있으나 주요 내용을 잘 살펴보면 우리나라 부자들의 세계에 대해 알 수 있다. 부자의 용어에 대해 국민은행은 자산가, 고자산가, 초고자산가로 구분하였고, 하나은행은 대중부자, 부자, 슈퍼리치로 구분하였다.

KB금융 경영연구소	자산가	금융자산 10억~100억 미만 41만 6천 명 (91.2%)
	고자산가	금융자산 100억~300억 미만 3만 2천 명 (6.9%)
	초고자산가	금융자산 300억 이상 9천 명 (1.9%)

하나금융 경영연구소	대중부자	금융자산 1억 이상 10억 이하
	부자	금융자산 10억 이상
	슈퍼리치	총자산 300억 이상 또는 금융자산 100억 이상

〈포브스〉는 우리나라 슈퍼리치 50명 중에 새로운 4명이 슈퍼리치 대열에 진입하였다고 하였다. KB의 2023년, 2024년의 〈한국 부자 보고서〉에서도 우리나라 부자의 수가 증가 추세라고 하였다. 어려운 글로벌 경제위기와 양적 확대로 인한 인플레이션의 증가, 국지 전쟁 등의 국내·외 정치, 경제위기 상황에서도 우리나라의 경제성장 동력이 잘 가동하고 있다는 의미다.

그리고 우리나라 부자들은 금융자산과 부동산 자산을 포함한 총자산이 100억은 되어야 부자라고 생각했다. 또 본인은 '스스로 부자라고 생각하는지?'에 대한 응답에서 2023년에는 39.5%이었으나, 2024년에는 52.8%로 증가하였다.

한국 부자는 2024년 46만 1천 명으로
전년 대비 5천명 늘며 완만한 증가 추세

한국 부자 수		한국 부자의 총금융자산	
(단위: 천명)		(단위: 조원)	

※전년 말 기준 산정

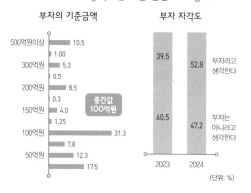

'부자'라면 '총자산 100억 원'은 있어야 한다고 생각,
스스로 부자라고 생각하는 비율 전년 대비 증가

부자의 기준금액   부자 자각도

(단위: %)

한국의 부자 수와 부자 자각도

출처 :KB 2024 한국 부자 보고서

    부자들이 자산을 축적하는 원천으로는 사업소득이 32.8%, 부
동산 투자가 26.3%로 높은 비중을 차지했다. 한편, 상속 증여는
18.3%, 근로소득은 8.5%, 였다. 그리고 부자들은 서울 45.3% 〉 경
기 22.1% 〉 부산 6.3% 〉 대구 4.2% 순으로 분포되어 있으며, 71.4%
가 서울과 수도권에 집중되어 있다.

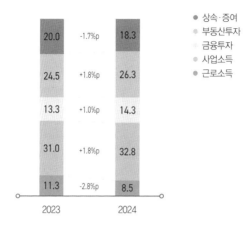

	2023		2024
상속·증여	20.0	-1.7%p	18.3
부동산투자	24.5	+1.8%p	26.3
금융투자	13.3	+1.0%p	14.3
사업소득	31.0	+1.8%p	32.8
근로소득	11.3	-2.8%p	8.5

한국 부자가 꼽은 부의 원천 (단위: %)
출처 : KB 2024 한국 부자 보고서

부자들은 부동산 자산 55.4% 〉 금융자산 38.9%로 부동산 자산의 비중이 높았다. 법인명의 부동산이 26.4% 증가했다.

여기서 눈여겨볼 만한 점은 2024년도 〈한국 부자 보고서〉에서 다루지 않았으나, 2023년도 〈한국 부자 보고서〉에서 부자의 유형을 금수저형과 자수성가형 부자로 구분했다는 점이다.

근로와 사업소득이 부의 원천인 자수성가형은 2011년 32.3%→2023년 42.3%로 증가하였고, 주로 60대이며 사업체를 운영하는 적극 투자형이 많았다.

한편, 상속 증여가 부의 원천인 금수저형은 2011년 13.7%→2023년 20%로 증가하였다. 안정 추구형의 사무근로직이 많았다.

한국의 부자들은 부를 운영하기 위해 더 많은 공부와 관리를 하고 있는 것으로 밝혀졌다. 부자의 62.8%는 스스로 "금융투자 지식수준이 높다."라고 생각했고, 60.8%는 "부동산 투자 지식수준이 높다."라고 평가했다. 자산이 많을수록 더 많이 공부하고, 더 높은 자신감을 보였다.

한국 부자 가구의 자산 구성비 추이

출처 : KB 2024 한국 부자 보고서

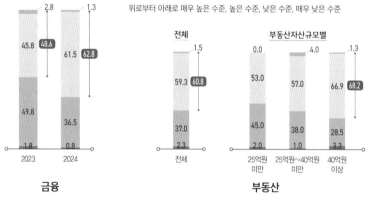

금융·부동산 투자의 지식 수준 (단위: %)

출처 : KB 2024 한국 부자 보고서

　다음으로 하나은행의 2023년, 2024년 〈대한민국 웰스 리포트〉에서는 가구 기준 금융자산 100억 원 이상 또는 총자산 300억 원 이상을 보유한 자를 '슈퍼리치'로 하였다. 직업은 기업경영자가 가장 많았고, 의료, 법조계, 기업체 임원 등 고연봉 전문 직종, 그리고 부동산 임대업자가 많았다. 2023년 리포트에 따르면, 우리나라 상류층의 조건에 대해 이들은 보유 자산 규모를 제외하면 중요한 것은 직업 및 사회적 지위라고 생각하였다.

흥미 있는 통계자료 중에 정신분석 심리학의 성격유형인 MBTI를 살펴보면, 이들의 많은 수가 ESTJ(지도자형, 경영자형)이다. ESTJ의 특징은 자기 관리가 철저하고 가족과 조직에 대한 책임감이 높으며, 현실적이고 사회질서를 중시하면서 강한 추진력과 실천력이 있는 반면에 주위에 다소 냉담한 경향을 보이기도 한다.

부자들의 성향에 대하여 2024년 리포트에 의하면, 자신을 '목표 지향적'이고, '믿음직'한 편이라고 여기는 경향이 높았다. 그리고 타인의 평가를 의식하기보다 이성적으로 상황을 직시하고 자신을 신뢰하며 목표를 추구하는 삶의 태도가 부, 그리고 삶의 만족과 더 높은 상관이 있음이 확인되었다.

부자들은 "돈이란 살아가는 데 불편하지 않을 도구, 나뿐만 아니라 내 가족이 대를 이어 편안할 수 있는 중요한 수단"이라고 하였다. 부자의 10명 중 9명이 행복과 편안함을 유지하는 도구와 긍정적 측면을 이야기하였다. 부자들이 돈에 대해 더 긍정적으로 생각하면서, 더 많은 책임감을 느낀다고도 했다.

"나에게 돈이란 OO이다" (단위 : %)

		일반 대중	부자	
	편안함	21.6	38.5	긍정여유
	자유	8.8	12.9	
보다절실	가장 중요한 것	5.3	1.5	
	삶의 전부	5.0	2.4	
	살아가는 원동력	1.7	0.6	
부정적불평등	필요악	2.1	1.6	
	고통과 구속, 골치덩이	1.8	0.5	
	항상 부족한 것	1.4	0.0	

출처: 하나은행 대한민국 웰스 리포트

2024년 〈대한민국 웰스 리포트〉에서 일반 대중은 전반적인 삶의 만족도 조사에서 34.9%가 만족한다고 하였으나, 부자들은 69.8%로 약 2배 정도 더 만족한다고 응답하였다.

그렇다면 정말 횡단면적 관점에서 경제력과 삶의 만족도가 비례할까? 답은 'YES!'다. 일반 대중의 34.9%가 삶에 만족한다고 응답했으나 부자는 그보다 2배 높은 69.8%가 만족한다고 응답했다.

'일반 대중-부자'의 전반적 삶의 만족도

약 2배 차이

일반 대중 **34.9%**

부자 **69.8%**

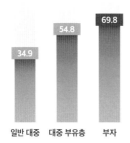

출처: 하나은행 대한민국 웰스 리포트

특히, 〈대한민국 웰스 리포트〉에서는 일상을 보내는 하루 습관, 시간을 대하는 자세가 인생을 바꿀 수도 있을 텐데, 특별한 부자의 루틴에 관한 흥미로운 조사를 했다. 이 조사 결과를 빌어 부자가 되고 싶은 나는 지금 어떻게 살고 있는지를 비교하면 부자의 길로 가는 데 도움이 될 것이다.

먼저, 현직에 있는 부자들은 일하느라 바빴다. 잠을 줄여서라도 자신에게 집중할 수 있는 시간을 만들기 위해 노력했다. 건강은 평소에 챙기려고 노력하는 편이었다. 아침 식사, 건강보조식품을 챙기고, 따로 시간을 내지 못하더라도 걷기와 산책 등은 빼놓지 않으려 노력했다.

부자는 본격적 하루를 시작하기 전에 뉴스 보기로 세상의 이슈를 챙겼다. 또 아침 운동과 산책으로 심신을 깨우며, 스케줄링을 통해 하루를 계획했다. 또 일반 대중이 연예나 스포츠에 관심이 많다면, 부자는 경제 뉴스를 챙긴다.

부자-일반 대중 오전 루틴 (단위 : %)

출처: 하나은행 대한민국 웰스 리포트

다음으로, 독서는 취미가 아니라 하루의 루틴이었다. 아는 만큼 보인다고 하듯이 부자들은 아무리 바빠도 독서, 신문 읽기를 게을리하지 않았다. 그들은 쉬는 듯, 일상인 듯 특별하지 않은 습관을 통해 건강과 마음을 챙기고 세상을 보는 안목을 키우고 있었다. 한 달에 한 권꼴로 일반 대중보다 책을 더 많이 읽었다.

금융자산 100억 원 이상의 슈퍼리치들은 연간 20권을 읽어, 일반 부자보다도 2배 더 높은 독서력을 보였다. 경제력과 독서량은 비례한다는 것이 밝혀진 것이다. 부자들이 읽는 책은 인문·사회 분야의 책을 가장 선호해 교양과 지적 욕구를 충족한다고 하였다. 스티브 잡스, 빌 게이츠, 워런 버핏, 마크 저커버그, 일론 머스크, 손정의도 마찬가지다. 책에 대한 예찬은 세계적인 슈퍼리치들의 공통점이다.

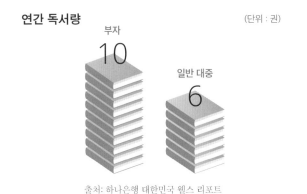

연간 독서량 (단위 : 권)

부자
10

일반 대중
6

출처: 하나은행 대한민국 웰스 리포트

이처럼 바쁘지만, 건강과 경제 뉴스, 독서로 자기 관리를 철저히 하는 우리나라 부자들의 미래 투자계획에 대해 알아보자.

KB 〈한국 부자 보고서〉는 "부자들은 불확실성 시대에 금융투자 계획은 현상 유지를 하고, 주식과 예·적금에 대해서는 자금 추가와 회수계획이 공존했다."라고 하였다.

하나은행의 〈대한민국 웰스 리포트〉도 "올해 경기 전망은 부정적 시각이 우세하나, 지난 조사 대비 긍정 의견이 회복하였다. 포트폴리오는 큰 변화 없이 시장을 관망하며 예금 등 저축 상품 활용으로 안정 추구, 부동산 회복을 기대하며 투자할 것"이라고 하였다.

두 연구소가 제시한 '우리나라의 미래 경기 전망과 투자계획'은 우리에게도 시사하는 바가 크다. 불확실성에 대해 사람들은 상반된 투자 방식과 심리가 존재한다. 현금을 더 확보하고 안전한 자산 운용을 하고자 하는 사람들과 이럴 때일수록 저평가된 미래 성장 가치가 있는 곳에 투자를 공격적으로 해야 한다는 사람들이다.

워런 버핏은 2024년도 말에 미래의 불확실성에 대비하여 기존의 뱅크오브아메리카(BOA)와 애플 등의 주식을 정리하여 현금 유동성을 더 확보하였다. 물론 현재 미국의 주식시장, 특히 나스닥의 빅테크 주식의 호황에 대해 지나치게 과열되었다는 전망과 미래 성장 가치가 충분해서 더 투자해야 한다는 의견으로 분분하다. 워런 버핏은 새 판을 짠다고 하였다. 그의 통찰력과 예측력으로 앞으로 어떤 투자의 새 판을 짜느냐의 결정은 글로벌 주식시장과 우리나라 주식시장에도 많은 영향을 미칠 것이다.

지금까지 〈포브스〉, KB, 하나은행의 슈퍼리치 선정 목적과 기준을 다양한 통계자료를 근거로 전체적인 개요를 살펴보았다.

학창 시절부터 합리적이고 현명한 경제활동과 '부(돈)'에 관한 공부가 필요하다. 우리나라는 예로부터 사농공상이라는 신분 차별이 있었다. 그래서 성공의 길은 선비로서 과거 공부하여 장원급제로 벼슬하고 집안을 일으키는 '입신양명'의 길을 최고의 가치로 삼아왔다. 그러다가 1910~1945년까지 35년간에 걸친 일제강점기에는 온 산과 들이 헐벗었고 나라가 힘이 없어 일본에 다 뺏겨야 했다. 그것도 모자라 1950~1953년 남북 간의 치열한 동족상잔의 전쟁은 그나마 남아있던 인구와 국토, 재산을 쑥대밭으로 만들어버렸고, 원조받는 아시아 최빈국으로 전락하고 말았다.

당시 이런 상황에서 우리네 부모님들은 가진 것 하나 없는 최빈국에서 고생했지만, 자식만큼은 고생시키고 싶지 않았다. 우리나라에서 성공을 위한 유일한 수단은 '교육'이었다. 누구든지 신분과 지역의 차별 없이 죽어라 공부해서 원하는 대학에 진학하고 졸업하면 대기업에 취직하여 돈을 벌고 성공할 수 있는 시대였다.

대학은 학문이 빛나는 '상아탑'이 아니라 소(농사를 지으려면 소는 필수였다)를 팔아서라도 반드시 거쳐야 하는 '우골탑(牛骨塔)'이었다. 산과 들은 헐벗어 가뭄과 홍수에 시달렸고, 부존자원이 없는 우리나라가 할 수 있는 것은 자식 농사인 '교육'밖에 없었다. 우리네 부모들은 돈을 벌기 위해 중동의 모래바람, 독일의 탄가루를 마다하지 않았고, 젊은 여성들은 이역만리 간호사로 떠났다. 그리하여 우리나라는 아시아 최빈국에서 개발도상국이 되었고, 이제는 선진국과 어깨를 나란히 하는 나라로 발전하였다.

이제는 경제 현상을 이해하고, 합리적이고 현명한 경제활동과 투자를 할 수 있는 '돈' 공부도 학교에서 가르쳐야 한다. 그러나 여전히 초중고 시절에 이르기까지 오로지 명문대학을 위해 공부하고, 직장(특히, 공무원이나 대기업과 같은 안정된 직장)에 취업하기 위한 스펙을 쌓는 공부를 하였다. 정작 우리 학생들에게 현실적으로 필요한 경제와 금융에 관한 공부는 뒷전이었던 게 사실이다.

오히려 우리 부모님들은 좋은 대학만 가면 모든 게 다 해결된다고 가르쳤다. 취직도 결혼도 다 해결된다고 하였다. 오히려 '돈'을 얘기하면 학생이 '돈'을 밝힌다고 혼이 날 정도로 돈 공부는 멀리했다. 학교에서도 "돈보다 명예가 중요하다.", "청렴결백해야 한다."라고 배웠다. 그러다 보니 돈을 좇는 사람은 세속적이고 천박한 사람으로 비추어지고, 도덕적으로 살려면 돈과 무관해야 살아야 한다는 이상적인 논리를 펼쳤다.

그러나 어디 사회에 나오면 그런가? '유전무죄, 무전유죄'에 탄식하며 돈을 벌기 위해 고군분투하고 있지 않은가? 한편으로는 부자를 부러워하면서, 한편으로는 부자를 부도덕한 사람으로 몰아세운다. 게다가 정치인들은 경제의 양극화현상을 부추기고, 부자들을 나쁜 사람으로 낙인찍어 정치적 표몰이로 이용하고 있는 안타까운 현실이 지금도 반복되고 있다.

〈포브스〉에서도 세습된 금수저형보다는 가난을 딛고 자수성가한 부자들에게 더 높은 가중치를 부여하고 있지 않은가? 사회가 부자가 되기 위해 애쓴 사람의 노력을 인정해야 한다. 부자도 사회에 공헌하는 노블레스 오블리주를 기꺼이 실천해야 부자로 존중받는다.

초등학교 사회 시간에 경제 개념으로 간단히 언급하는 '돈'이 아니라, 중고등학교 때 수학적으로만 접근하는 경제 과목이 아니라, '돈'의 가치에 대해 제대로 배워야 한다. 그래야 올바른 경제활동으로 떳떳하게 돈을 벌고, 돈의 귀함을 알아 올바르고 합리적으로 소비하고, 현명하게 투자하여 부를 증식시키고, 사회에도 공헌할 수 있다.

이런 점에서 우리나라 슈퍼리치들의 포트폴리오 구성과 운영을 관심 있게 살펴볼 필요가 있다. 〈포브스〉가 분석하였듯이 최근 국제적인 금융위기와 지속적인 인플레이션 지속과 실업률의 증가로 인해 우리나라의 경제 상황(주식 상황)은 불확실성이 커지는 상황이라고 지적하였다.

돈은 지극히 현실적으로 움직인다. 불확실성이 커지는 경제 상황 속에서 슈퍼리치들은 부동산의 비중을 55%→48%로 줄이고, 금융자산의 비중은 40%→50%로 확대하였다. 그리고 금융자산을 들여다보면, 주식비용은 낮추고 현금과 예금의 비중을 높였다. 즉 정치·경제 상황과 주식시장의 불확실성으로 오히려 현금 유동성을 더 확보해 미래를 대비하는 전략이라고 볼 수 있다.

흔히 주식시장에는 강세장과 약세장이 주기를 반복한다고 한다. 약세장이나 급락장이 왔을 때, 정작 주식 투자를 할 절호의 기회가 왔는데, 현금이 없어 투자 기회를 놓칠 때가 많다. 투자자들이 전부 주식에 몰빵하지 말고, 10~20% 정도의 현금을 확보해 두었다가 기회를 잘 활용해야 한다는 것이 주식 투자의 정석이다. 달리 말하면, 현실 세계에서는 많은 사람이 현금 유동성 확보를 잘하지 못해 실패 확률이 높다는 이야기이다.

여기서 우리는 부자들이 불확실할수록 현금 유동성을 더 많이 확보하려는 심리를 진화심리학의 접근-회피전략에서 이해할 수 있다. 진화심리학은 '생존'과 '번식'을 본질로 한다. 그러기에 인류는 오랜 진화의 과정에서 아무리 배가 고프더라도 독버섯 등을 덥석 먹고 한 방에 죽는 것보다(접근전략), 차라리 당장은 배가 고프더라도 독버섯을 안 먹고 다음을 기약하는 게 훨씬 안전하다는 것이 인간 DNA에 학습되어 있다(회피전략).

이러한 접근-회피전략의 관점에서 살펴보면, 우리나라 부자들의 특징을 이해할 수 있다. 먼저, 오랫동안 농업 사회였던 우리나라 부자들은 다른 나라 부자들과 달리 부동산에 투자하는 비중이 여전히 높고, 자산의 안정과 보존을 더 중시한다는 것을 알 수 있다. 이는 '창업(創業)'보다는 '수성(守成)'을 더 중시하는 문화이기 때문이다. 미국의 슈퍼리치들이 흙수저 출신에 창업한 자수성가형 self-made-man이 많은 것과 비교해 여전히 우리나라 부자들은 부동산이 안정적인 자산으로 작용하고 있다는 사실이다.

다음으로, 전통적으로 우리나라 부자들은 '남보란 듯이 잘 사는 것'을 부자의 기준으로 삼는다. 자신의 가치보다는 남들과 다 함께 살아야 하는 집단 중심의 농업 사회, 집단주의 사회에서 살아온 DNA가 있기 때문이다. 최근 부자들의 보고서에서 살펴본 것처럼 자신의 노후와 취미 생활을 자산 운용의 1순위로 꼽는 것을 보면 벌써 부자의 세계가 바뀌고 있음을 알 수 있다.

다음으로 〈포브스〉가 인정한 세계 최고 슈퍼리치 8명에 대하여, 출생 배경과 학창 시절, 특히 인생과 사업의 갈림길에 선 대학 시절을 살펴볼 것이다. 그리고 비즈니스 성패를 함께한 멘토와 파트너들, 어떻게 성공하게 되었고 실패했을 때 극복하는 힘이 무엇인지 등에 대해 알아본다.

부자들의 성공심리학

①정신분석심리학에서 나온 MBTI 유형

☞ 요즘 드라마나 광고, 일상생활에서 흔히 듣는 말이 MBTI 유형에 관한 이야기다. MBTI는 사람의 성격적인 특성을 16가지 성격유형으로 구분하여 특징지었다. 어떤 사람들의 말과 행동을 보고 "너는 본래 'T'라서 (또는 F라서) 그래."라는 말을 종종 한다.

인간의 심리를 과학적이고 체계적으로 분석해 보고 이해하고자 하는 심리학이 정신분석학이다. 정신분석학의 3대 거장은 프로이트, 융, 아들러이다. 그중에서 융은 1921년 〈심리 유형〉에서 인간은 직관, 사고, 상황에 따라 자신의 정신적 에너지가 어디로 향하고 있는지에 따라 성격유형을 구분하였다. 정신적 에너지가 나의 내부로 향하면 '내향적(I)', 외부로 향하고 있으면 '외향적(E)'으로 하였다.

또 인식할 때 감각(S)과 직관(N) 중에 어느 쪽을 더 많이 사용하는지, 합리적인 판단을 할 때 사고(T)와 감정(F) 중 어느 쪽을 더 많이 사용하는지에 따라 인지적 기능을 구분했다. 그리고 실생활에서 판단(J)과 인식(P) 중에서 어떤 쪽을 더 많이 사용하는지를 구분하였다.

이러한 융의 성격유형 구분을 근거로 1940년대부터 심리학자인 마이어스 Myers와 브릭스 Briggs가 자기 보고식 성격유형검사를 만든 것이 MBTI 검사다. 공식적으로는 1962년에 MBTI 매뉴얼이 완성, 출판되어 계속 개선되고 있다.

우리나라에서는 최근 드라마나 영화에서 사람을 T 또는 F 유형이란 용어를 사용하면서 유행처럼 번지게 되었다. MBTI는 자신과 타인의 말과 행동, 심리를 이해하고 대인관계를 개선하는 데 도움이 되는 16가지 성격유형이라 할 수 있다.

여기서 주의할 점은 MBTI가 절대적인 것은 아니라는 것이다. 성격은 장기적으로 잘 변하지 않는 안정성이 있지만, 때로는 상황과 과제, 상호 관계에 따라 변할 수 있기 때문이다. 16가지로 모든 사람을 확연히 구분하는 것도 위험하다. 많은 심리검사와 마찬가지로 자칫 주홍 글씨처럼 '낙인'이 될 수 있기 때문이다. MBTI를 맹신하지는 말고, 자기와 사람들에 대한 관찰과 이해, 성장, 관계 개선의 도구로 활용하는 것이 좋다.

② 접근-회피전략

☞ 유발 하라리의 〈사피엔스〉에 따르면, 45억 년 전에 지구가 형성되었다. 지구의 역사에서 인류는 약 30만 년 전에 아프리카에서 호모 사피엔스가 진화했다. 그리고 불과 1만 2천 년 전에서야 농업 혁명이 일어나 인류가 정착하면서 4대 문명을 발전시켜 나갔다.

그렇게 인류는 다른 동물들에 비해 약하고 배고픈 존재로 수렵 채집을 하면서 수백만 년을 살았다. 인류의 생존과 번식에 관심을 두고 연구하는 진화심리학의 관점에서 설명해 보면, 이렇게 수백만 년을 살아온 생존본능이 인류 진화의 DNA에 학습이 되어있다. 오랜 인류의 진화 과정에서 아무리 배가 고프더라도 독버섯 등을 덥석 먹고 한 방에 죽는 것보다(접근전략), 차라리 당장은 배가 고프더라도 안 먹고 다음을 기약하는 게 훨씬 안전하고 더 낫다는 것이 인간 DNA에 학습된 것이다(회피전략).

오늘날의 과학기술문명, 경제발전, 의료 발전 등의 혜택을 본 것은 200년 전인 1차 산업혁명 이후의 인류다. 300만 년의 춥고 배고프고 약한 인류는 일단 안전하게 비축하려는 습성이 남아있었다. 예를 들어, 오랫동안 인류가 겪어온 영양부족도 문제지만, 현대 인류의 영양과다도 문제. 영양과다임에도 불구하고 여전히 인간의 DNA는 에너지로 쓰고 남은 지방을 체지방이나 내장지방으로까지 비축하려는 본성이 남아있다. 그래서 현대인에게 만병의 원인이 되는 대사증후군이 신체를 위협하는 상황이 된 것이다.

교육심리학의 관점에서는, 미국 컬럼비아 대학 심리학자인 토리 히긴스는 이 책의 1장에서 다루었던 인간의 동기를 접근과 회피로 구분하였다. '접근 동기'란 무언가 좋은 것을 얻기 위해 열심히 하는 것이다. 그러나 '회피 동기'란 좋지 않은 것으로부터 회피하기 위해 행동하는 것이다.

나보다는 집단이 더 중요시되는 동양의 집단주의 사회에서 "모난 돌이 정 맞는다.", "날카로운 송곳은 잘린다.", "잘해봐야 본전이다.", "사람 많은 곳을 선택하라." 등은 도전적이고 적극적인 접근 전략보다는, 차라리 나서지 말고 회피하는 게 더 유리하다는 것이 회피전략이다.

제2부

슈퍼리치의 세계로
들어서라

1

슈퍼리치 1위를 가장 많이 한 컴퓨터 황제,
빌 게이츠

1982년 〈포브스〉가 슈퍼리치 순위를 발표한 이후 1위를 가장 많이 한 사람은 빌 게이츠이다. 빌 게이츠는 〈포브스〉에서 슈퍼리치 1위를 18년이나 한 마이크로소프트 창업주이다. 1975년에 마이크로소프트를 창업한 이래, 2008년에 사회공헌활동에 전념하기 위하여 33년간 이끌던 마이크로소프트 사의 경영에서 손을 떼고 공식 은퇴하였다.

최근에는 〈포브스〉에서 비록 1위를 못 했지만, 알고 보면 그는 많은 순자산을 워런 버핏과 함께 사회공헌활동으로 기부하였기에, 만약 기부금까지 포함한다면 1위로 추산될 정도의 슈퍼리치다.

지금도 지구상에 많은 사람은 그가 만든 MS-Windows의 운영체제 컴퓨터로 Word를 치며 PPT를 만들고 Excel로 작업을 하고 인터넷을 서핑한다. 게다가 마이크로소프트사는 2023년에 생성형 초거대인공지능인 오픈 AI에 과감하게 수조 원을 투자하여 최대 주주로 생성형 AI 세계를 주도하고, 2024년 6월에는 시가총액 세계 1위의 기업이 되었다. 2025년 1월의 주식 현황은 아래 챠트와 같다.

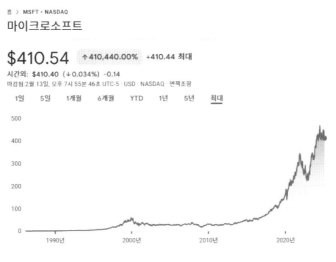

출처: https://www.google.com/finance/quote/MSFT:NASDAQ?

먼저, 빌 게이츠가 오늘의 슈퍼리치가 되기까지 그의 유년 시절과 학창 시절, 대학 시절에 대해 알아본다. 그리고 창업하여 세계 1위의 컴퓨터 황제가 되기까지 어떤 커리어 경로를 거쳐 준비하고 실력을 쌓아왔는지를 탐구할 것이다. 나아가 슈퍼리치로 성공하기까지 개인적 능력과 특성뿐 아니라 그를 둘러싼 사회 환경과의 상호작용, 든든한 심리적 지원군이 된 멘토와 파트너들을 통해 성공의 요인을 탐구할 것이다.

여기서 중요한 포인트가 있다. 빌 게이츠뿐 아니라 다음 장에서도 계속 알아볼 워런 버핏, 스티브 잡스, 제프 베조스, 일론 머스크, 마크 저커버그, 손정의, 마윈 등 슈퍼리치들에 대해 살펴볼 때마다 "만약 나라면 이런 상황, 이런 기로에서 어떤 의사결정과 행동을 하였을까?"를 한번 생각해 보기를 추천한다.

그리고 나는 이 나이에 무엇을 하였을까? 내가 만약 이들처럼 성공(또는 실패)했을 때 어떤 방식으로 대처했을까에 대해 생각해 보면서 책을 읽는다면 당신은 부자의 성공 길에 이미 들어설 준비가 끝난 것이다!

지금 내 주위에 진정한 멘토나 파트너는 누구일까? 내가 잘될 때는 주변에 술친구도 멘토도 사업하자는 파트너들이 알아서 모여든다. 그러나 내가 상황이 어려워지거나 실패하면 진짜 옥석이 가려진다. 옥과 같은 존재가 진정한 멘토이거나 파트너다.

나아가 앞으로 내가 하고자 하는 커리어, 창업이나 투자, 인간관계 등에 현재 내가 하는 커리어나 선택이 앞으로 어떤 영향을 미칠 것인가를 곰곰이 생각해 보자. 책장을 잠시 멈추고, 때론 노트나 컴퓨터에 적어 보면서 나와 주위를 성찰하고, 계획하고 실행하는 부(富)의 메타인지 활동이 나의 성장과 발전에 크게 도움이 될 것이다.

알고 보면 슈퍼리치도 우리와 전혀 다른 세계의 사람이 아니었다. 막대한 부를 보유하기까지 초중고등학교와 대학 때 철저한 준비와 노력이 있었고, 누구보다 처참한 배신과 실패의 시행착오를 겪고 죽을 고비도 있었다. 그러나 심리적 지원군이 된 멘토나 파트너들이 있었기에 좌절하지 않고 다시 일어나 성공하여 오늘의 슈퍼리치가 된 것이다.

슈퍼리치가 많은 미국의 정치·경제적 사회풍토는 우리나라와 다를 수 있다. 그러나 우리나라도 산업군이 변화하여 성장동력 넘치고, 2024년에 전체 50명 중 4명의 새로운 슈퍼리치들이 등장하고 있는 성장동력이 넘치는 나라다. 어떤 이슈가 생기면 인터넷에서 활발하게 달구어지고 논쟁도 되지만, 어쨌든 최적화된 좋은 해답을 효율적으로 빠르게 찾아가려는 나라다.

게다가 다른 나라들에 비해 IT와 인프라가 잘 갖추어진 나라다. 최근 유럽, 중국, 일본, 동남아 등 해외여행을 다녀온 사람이면 우리나라가 얼마나 IT와 교통망 등이 잘 발달하였고 치안이 안전한 나라인지를 실감하게 된다. 최근 저자가 만나 본 이웃 나라 일본 지식인들은 우리나라를 부러워하고 있다. 한국은 지속 가능한 발전으로 활발하고 가능성이 높은 나라라는 것이다.

1980~1990년대에 미국도 일본을 부러워했다. 세계를 달리던 일본의 물산들은 떼돈을 벌었고, 미국 본토의 건물과 회사들을 사들였다. 그러나 G2를 달리던 일본이 30년이 넘게 버블경제에 침체하다 보니, 이제 일본 기업이나 청년들이 치열한 창업과 기업 정신이 사라졌다는 것이다. 게다가 정치나 사회발전에 관한 관심도 없어져 무기력해졌지만, 한국은 여전히 활기찬 성장동력이 넘쳐나는 나라라고 부럽다고 한다.

빌 게이츠의 어릴 적 별명은 싱글벙글 '해피 보이'였다. 그가 인생의 롤 모델은 부모님이라고 할 정도로, 부모님은 열정적이고 치열하게 살았다. 두 분 모두 사회공헌활동에도 적극 참여하였다. 빌 게이츠는 이런 부모님을 보고 배우며 자랐다.

아버지는 제2차 세계대전 참전용사로 워싱턴주 시애틀의 변호사였다. 워싱턴주 변호사협회 회장까지 지냈으며, 말수가 적고 이성적이며 논리적인 사람이었다. 아버지는 어머니와 함께 글로벌 자선재단 이사로도 활동하면서 사회공헌활동에 적극 참여하였다. 아버지는 빌 게이츠에게 "재산은 너에게 남겨줄 유산이 아니며, 사회로 전부 환원할 것"이라고 늘 말하였고 실제로 환원하였다. 빌 게이츠가 워런 버핏과 함께 미국 사회에서 기부왕으로 불리는 것도 이러한 아버지가 있었기 때문이다.

은행가의 딸인 어머니는 공부와 스포츠를 좋아했던 교사였다. 자녀 교육에도 헌신적이었고 사교적이며 애정도 많았다. 자녀들에게 가정과 사회 규율을 지키도록 했으며, 방 정리, 식사 시간 지키기, 식사 예법, 연필 물어뜯지 않기, 대화법 등 소셜 스킬 social skill을 가르치면서 음악과 스포츠 교육도 하였다.

어머니는 방 안에 문을 잠그고 들어가 하루 종일 책 읽기를 좋아하는 빌 게이츠를 위해 과학 관련 책을 많이 사주었다. 어머니가 7살 때 사준 백과사전을 처음부터 끝까지 몇 번이고 암기할 정도로 읽었다. 빌 게이츠가 문을 잠그고 들어가면 부모님도 독서를 방해하지 않기로 약속했다. 부모님들도 주중에는 TV를 보지 않고 주말에만 보았다. 퇴근해서 집에 와서도 거실에서 자연스레 독서를 즐겼고, 빌 게이츠는 이런 부모님의 모습을 자연스레 보고 자랐다.

하지만 빌 게이츠도 반항기가 많은 질풍노도의 사춘기 시절이 있었다. 11살의 빌 게이츠는 어머니의 엄하고 규율적인 양육 태도에 반항하고 자주 말싸움을 하였다. 그런 어느 날 저녁 식사 시간에 사건이 터졌다. 어머니가 식사 시간을 지키지 않고 식탁예절이 불량한 빌 게이츠를 야단쳤다. 그동안 법률가로 말이 없던 아버지는 아내와 빌 게이츠 간의 말싸움에서 중재인의 역할을 하였지만, 이 날만큼은 단단히 화가 나 식탁에서 빌 게이츠에게 물컵을 던지는 사건이 발생한 것이다.

그 사건 이후로 빌 게이츠의 반항기는 더 심해졌다. 하루 종일 방 안에서 나오지 않고 과학책과 위인전에 빠져들었다(그는 지금도 우주 SF영화인 스타트랙에 열광한다). 할 수 없이 부모님들은 빌 게이츠를 데리고 가족 상담을 함께 받았다. 처음에 빌 게이츠는 상담가에게 "나는 부모님과 전쟁 중"이라고 할 정도로 잔뜩 화가 나 있었다.

그러다가 가족 관계를 건강하게 회복시켜 주는 가족 상담이 회를 거듭할수록 부모님은 아이의 독립적인 자율성을 인정하게 되었다. 그리고 일방적으로 앞에서 가르치려는 훈육의 입장에서, 옆으로 물러나 조언자의 역할로 바뀌었다. 빌 게이츠도 잘못을 뉘우치고 한층 성숙하게 된 계기가 되었다. 사회공헌활동에 적극 참여하는 부모님을 보면서, "내가 세계적인 문제와 관련해서 해야 할 것이 무엇인가?"에 대해 눈을 뜨게 되었고, 이에 대한 고민으로 관련 책을 많이 읽었다.

1968년 중2가 된 빌 게이츠는 잊지 못할 인생 멘토와 파트너를 만났다. 레이크사이드 중등학교(중고등학교를 합한 학교) 시절, 제2차 세계대전에서 해군 조종사로 참전했던 수학 선생님 빌 두걸이 빌 게이츠를 컴퓨터 세계로 안내한 멘토였다. 만약 그가 없었더라면 오늘날의 컴퓨터 황제 빌게이츠는 만들어지지 않았을 것이다. 빌 두걸은 "경험 없이 책으로만 공부하는 것은 충분하지 않다. 대학에 가려면 컴퓨터를 알아야 한다."라고 강조하였다.

레이크 사이드 중등학교 시절에 학교 복도 끝에 마련된 컴퓨터 동아리에서 폴 앨런을 처음 만나 컴퓨터 독학을 하였고, 이들이 마이크로소프트를 창업하였다. 당시의 폴 앨런(왼쪽)과 빌 게이츠(오른쪽)

당시는 주변 대학에도 컴퓨터가 없던 시절이었다. 일찍이 컴퓨터의 시대가 올 것을 예측한 빌 두걸 선생님은 비싼 컴퓨터를 살 수가 없었다. 그래서 학부모회를 계속 설득하였고, 결국 임차로 컴퓨터 단말기를 설치하는 데 성공하였다.

컴퓨터 수업은 정규 교육과정이 아니었기에 복도 구석에 컴퓨터 동아리방을 만들었다. 이때 동아리방으로 모여든 학생이 빌 게이츠, 폴 앨런, 켄트 에번스다. 그리고 그들은 평생 잊지 못할 인생 파트너가 되었다. 이들은 학교에서 우등생이었고, 빌 게이츠는 수학 1등으로 수학경시대회에서 이름을 날리고 있었던 시절이었다.

독학으로 컴퓨터에 미쳐있던 중학생들은 멀리 컴퓨터가 있는 워싱턴대학교 컴퓨터공학과 실험실에 몰래 들어가 밤샘하며 컴퓨터를 공부했다. 나중에 교수에게 들키고 말았으나 컴퓨터 실력을 인정받아 대학원생의 조교를 한다는 조건으로 자유롭게 최신의 컴퓨터를 공부할 수 있었다. 심지어 아무도 가르쳐주지 않은 컴퓨터를 더 파헤쳐 보기 위해 콤팩 compaq 회사에 몰래 들어가 쓰레기통까지 뒤져가면서 소스코드를 찾아냈다.

3명의 중학생은 꿈을 꾸었다. 빌 게이츠 부모님이 읽고 있던 경영 전문지 〈포춘〉을 함께 읽으며 "포춘 500대 기업을 운영하는 건 어떤 기분일까? 우리도 언젠가 기업주가 되었으면 좋겠다."라는 꿈을 꾸었다. 결국 이 꿈은 현재 시가총액 세계 1~2위의 기업으로 만들었다.

14살 때 빌 게이츠는 틱택토 게임, 달착륙 게임 등 SW를 개발하는 재미에 빠졌다. 그러다가 진짜 실력 발휘를 할 기회가 생겼다. 레이크사이드 남학교와 여학교가 한 학교로 합병이 되면서 그동안 선생님들이 일일이 손으로 짰던 수업 시간표가 대혼란을 겪게 된 것이다. 어찌할 바를 몰랐던 선생님은 컴퓨터를 잘 아는 이들에게 수업 시간표를 SW로 만들어 달라고 부탁했다. 그들은 개학을 앞두고 밤샘해 가면서 복잡한 수업 시간표 SW를 개발하는 데 성공하였다. 이때 빌 게이츠는 자기 반의 학생들을 모두 여학생으로 배치하는 장난을 쳤다.

이렇게 수업 시간표 SW 개발이 성공하자, 주변에 다른 많은 학교에서도 개발을 요청하여 그들은 컴퓨터 영재로 소문나기 시작했다. 심지어 도시의 지하철공사에서도 교통 데이터 시스템 개발을 요청했고, 수력발전소에서도 전기 개발 SW를 요청하였다. 재미있는 에피소드로, 막상 수력발전소에 그들이 도착하자 깜짝 놀란 발전소 임원들은 "아니, 애들이잖아!"라며 놀랐다고 한다.

그러나 운이 나쁘게도 이들 3인방 중에 사업가 기질이 강했던 켄트 에번스는 졸업 직전에 등반 사고로 사망하였다. 나중에 폴 앨런만 빌 게이츠와 함께 마이크로소프트를 창업하였다. 빌 게이츠는 지금도 켄트 에번스의 전화번호를 외울 정도로 좋은 친구였다고 회상했다.

빌 게이츠는 중등학교 시절에 각종 수학경시대회에서 1등을 하였을 뿐 아니라, 컴퓨터를 무섭게 독학하여 자유롭게 SW를 개발할 실력을 이미 갖추었다. 그는 "레이크사이드가 없었더라면, 마이크로소프트도 없었을 것"이라고 말할 정도로 중등학교 시절은 그에게 특별할 수밖에 없었다.

그의 열정과 완벽주의는 숙제할 때도 나타났다. 그날 숙제는 무슨 일이 있더라도 선생님이 정해진 분량보다, 자신이 세운 목표에 맞게 완벽하게 수행하려는 학습 습관이 있었다. 예를 들어 5장 정도의 숙제지만, 본인 마음에 들어야 했기에 30장이 넘는 논문 형식으로 제출할 정도였다. 이런 완벽주의는 지금까지도 일을 처리하는 습관이 되었다. 물론 그의 열정적이고 완벽주의 기질 때문에 회사에서 다른 사람들이 해 놓은 일이 마음에 들지 않아 큰 소리로 욕하거나 야단을 치는 경우도 많았다.

1973년 빌 게이츠는 워싱턴 변호사협회 회장인 아버지의 뜻을 따라 하버드 대학교 법학과에 장학생으로 입학하였다(SAT 1600 만점에 1590점). 그러나 전공 수업을 자주 빼먹고 응용수학과의 수업을 더 많이 들었다. 이후에 응용수학으로 전공을 바꾸었다. 그의 2007년 하버드대학교 졸업식 축하 연설을 들어보면, 그의 대학 생활을 알 수 있다.

"저에게 하버드는 매우 놀라운 경험이었습니다. 학교생활은 정말 흥미로웠습니다. 저는 늘 수강 신청하지도 않은 수업 교실에 앉아 있곤 했습니다.
그리고 기숙사 생활은 아주 멋졌습니다. 늘 제 방에는 늦은 밤까지 토론하기 위해 많은 사람이 모였습니다. 여학생들이 많았고 남학생들은 과학-수학을 좋아하는 이과생들이었습니다. 이러한 조합은 최고의 가능성을 제공하였으나 이곳에서 저는 가능성을 높이는 것만으로는 성공을 보장하지 못한다는 슬픈 교훈을 배웠습니다.
무엇보다도 하버드에 대해 기억하는 것은, 아주 많은 에너지와 지성의 한가운데 있을 수 있다는 것입니다. 이것은 흥분되고, 겁을 주고, 때로는 의욕을 꺾지만 늘 매력적이었습니다. 물론 하버드를 일찍 떠나기는 했지만, 하버드에서의 생활, 우정, 아이디어들은 저를 바꾸어 놓았고, 그것은 놀라운 특권이었습니다."

1974년 빌 게이츠와 폴 앨런은 베이식 운영프로그램을 짜기 위해 매일 밤샘을 하였고, 그냥 책상이나 바닥에 엎드려 잠들기 일쑤였다. 어떤 날은 하루 종일 아무도 만나지도, 먹지도 않고 작업에만 몰두하여 결국 5주 만에 완성하고야 말았다. 당시 폴 앨런은 하이웰이라는 컴퓨터 회사 프로그래머로 잘 나가고 있었는데, 퇴근 후에는 빌 게이츠와 함께 밤새도록 프로그램을 만들었다.

"하늘은 스스로 돕는 자를 돕는다."라고 했듯이, 준비된 자에게 기회가 찾아오는 법이다. 당시에 정부와 기업 위주의 컴퓨터를 만들어 오던 IBM이 개인용 컴퓨터 PC의 시대가 올 것을 예측했다. 운이 좋게도 IBM은 빌 게이츠와 폴 앨런에게 운영체제 개발 용역을 의뢰한 것이다.

마이크로소프트는 전 세계에 판매되는 IBM PC의 운영체계인 MS-DOS를 개발하였고, IBM PC에 끼워파는 방식으로 엄청난 돈을 벌었다. 이를 계기로 1975년 20살의 나이에 빌 게이츠는 하버드를 중퇴하고 폴 앨런과 함께 드디어 마이크로컴퓨터와 소프트웨어를 합친 이름의 '마이크로소프트사'를 창업하였다.

IBM을 비롯한 많은 컴퓨터 회사가 여전히 눈에 보이고 손으로 만질 수 있는 하드웨어에 주목하고 있었다. 하지만 하드웨어 시장은 이미 레드 오션이었다. 이때 빌 게이츠와 폴 앨런은 당시 일반 사람에게 개념조차 생소했던 소프트웨어의 중요성과 상품성에 눈

컴퓨터 회사들이 하드웨어 경쟁에 치열할 때(red ocean), 소프트 웨어 개발(blue ocean)로 부자가 된 폴 앨런(좌)과 빌 게이츠(우). 이들은 MS를 창업하여 오늘날 미국 시총 1위의 기업으로 만들었다.

을 떴다. 그들은 SW를 개발하여 막대한 수익 창출에 성공한 것이다. 세계적으로 블루 오션인 소프트웨어를 개척한 것이다.

이제는 우리나라 정부나 기업들도 세계 시장에서 막대한 수익을 창출하려면 빠른 모방자 fast follower가 아니라, 앞서나가는 혁신가 first mover가 되어야 한다. 그러나 여전히 정부나 대기업일수록 수익보다는 안전을 더 중요시하는 경향이 있다. 새로운 정책사업을 하고자 할 때, 안정적인 보직과 승진을 생각하여야 하는 공무원들은 늘 선진국(특히, 미국과 일본)의 성공 사례를 보고서의 앞부분에 넣곤 한다. 실패하면 본인의 자리가 위협받기 때문이다.

공룡화된 대기업일수록 CEO들은 세계를 주도할 파괴적인 혁신가인 앙트레프레너 entrepreneur와 창의적인 혁신 사업이 중요하다고 강조한다. 그러나 많은 임원과 샐러리맨들은 생각이 다르다. 리스크를 감수하기보다는 이미 성공한 사업을 모방하거나 아예 인수하려고 한다. 그리고 조금 변형시켜 사업하는 것이 오히려 리스크를 줄이고, 자리를 지키는데 더 안전하다고 생각하는 경향이 많다. 최근 공무원들도 정책사업에 대한 책임을 회피하기 위해 파일명에 '과수원', '국수원'이라고 기록한다. 과장이나 국장이 수정하도록 지시했다는 책임 회피의 의미다. 그러니 누가 책임을 지고 새롭고 혁신적인 국민을 위한 정책사업을 펼치겠는가? 기존 사업에 이름만 바꾸고, 심지어 멋진 영어식 표현으로 바꾼 정책사업 계획서가 결국 일회성, 전시성, 퍼주기식, 예산 중복 투자 등의 욕을 먹는 것이다.

하지만 이렇게 되면 안전할 수 있고 눈앞의 작은 이익은 취할 수 있지만, 늘 혁신가의 뒤를 따라가게 된다. 이제 정부와 기업도 실패도 감수할 수 있는 혁신적인 조직문화를 만들고, 공룡화된 거대한 수직형 조직보다는 혁신을 빠르게 실현할 수 있는 소규모의 수평형 팀 조직으로 변해야 성공한다.

부모님은 빌 게이츠가 창업할 당시 "유산은 사회로 모두 환원한다."라는 원칙이 있었기에 경제적 지원을 하지 않았다. 대신에 계획을 함께 검토해 주는 등 든든한 심리적 지원군이 되어주었다. 사실 부모님은 빌 게이츠가 창업의 어려움을 깨닫고 금방 하버드로 되돌아올 것으로 예상했다고 한다.

지금의 빌 게이츠는 상냥하고 미소 가득한 모습으로 비치지만, 마이크로소프트를 창업할 당시에는 승부욕과 과업 목표 지향형으로 열정이 뜨거운 청년이었다. 그러한 승부욕과 열정이 있었기에 창업 이후 7년간 휴가도 주말도 없이 일에만 몰두할 수 있었고, 소파에서 자면서 밤샘도 많았지만, 열정 하나로 버텼다.

폴 앨런은 회고록에서 "나는 아이디어맨 역할을, 빌 게이츠는 아이디어를 실현하는 액션 맨 역할을 맡아왔다. 나와 게이츠는 세상에 보기 드문 최고의 명콤비였다."라고 회고했다. 물론 둘이 일하는 중에는 갈등과 의견 차이도 컸다. 심지어 폴 앨런은 "돈밖에 모르는 냉혈한"이라고 빌 게이츠를 비난했다.

게다가 빌 게이츠는 일에만 너무 몰두해 아내와 이혼 위기가 있을 정도로 워커 홀릭이었다. 직원들의 자동차 번호를 모두 외운 빌 게이츠는 누가 주말에도 나와서 일하는지를 확인하고 다닐 정도였다고 하니, 한편으론 참 불편한 상사였다.

또한 빌 게이츠 본인이 인간관계를 중요시하는 관계지향적인 CEO가 아니라, 완벽주의 성향과 과업지향적인 워커 홀릭이었다. 그러다 보니 회사에서 일을 제대로 하지 못하는 직원들에게는 큰 소리를 지르는 일이 많았다. 그래서 사람들은 그를 '독설가', '악랄한 돈부자', 'SW 마피아', '익스플로러 악질 끼워팔기' 등으로 부르기도 했다.

그렇지만 빌 게이츠와 함께 잘 버텨낸 직원들은 모두 부자가 되었다. 2000년도 〈포브스〉 슈퍼리치 순위에는 40살이 된 빌 게이츠가 1위, 그리고 공동 창업자인 폴 앨런이 4위, 스티브 발머가 10위를 차지할 만큼 마이크로소프트사를 성장시켰다. 1990년에 MS Windows를 개발하면서 다시 한번 돈방석에 앉게 된 그는 "저희는 돈 좀 벌었다고 경쟁자들처럼 비행기를 사서 노는 게 아니라, 거의 모든 일을 회사에 처박혀서 프로그램만 개발했습니다."라고 하였다. 여기서 그는 새로운 문제해결을 위해 다방면의 책을 읽었고, 전문가들과 함께 회의하면서 브레인스토밍으로 밤샘 토론을 즐겼다. 밤샘 토론 후에는 혼자 남아 노트나 벽면에 아이디어를 더욱 정교화하는 작업으로 마무리하는 일 습관이 있었다.

1995년 35살인 빌 게이츠는 〈포브스〉 슈퍼리치의 대열에 올랐다. "돈으로 살 수 없는 것은 시간뿐이다."라고 말할 정도로 바빴던 시점에 그는 인생의 새로운 멘토이자 최고의 파트너를 운명적으로 만났다. 그리고 지금까지 그 관계를 30년 넘게 유지하고 있다.

빌 게이츠의 어머니가 워싱턴포스트지 발행인과의 모임에서 빌 게이츠를 오라고 했고, 바빴던 그는 15분만 시간을 내겠다며 헬리콥터로 날아갔다. 이때 이 모임에 초대받은 전설적인 투자의 귀재 워런 버핏도 형식상 얼굴만 내비치고 떠나려 하다가 이 둘의 운명적인 첫 만남이 이루어진 것이다.

워런 버핏은 첫 만남에서 "만약 당신이 IBM을 설립했다고 한다면, 어떻게 다르게 운영할 것이오?"라고 물었다. 빌 게이츠는 "새로운 세상이 올 테니 인텔과 마이크로소프트 주식을 사라."라고 권유했다. 이후 두 사람은 운명적 파트너가 되었다.

이들의 첫 만남은 '올드 머니 old meony'와 '뉴 머니 new

meony'의 만남이었다. 올드 머니란 미국 사회에서 전통적으로 금융과 제조업, 정유, 부동산 등의 분야에서 오랜 세월을 거쳐 부를 축적한 사람들이다. 이들은 사회적으로 존중받고 명예를 지키며 문화 예술 분야의 뮤지엄을 짓고, 부의 사회 환원에 앞장서서 노블레스 오블리주 noblesse oblige를 실천하는 전통 부자를 말한다.

반면에 뉴 머니란 비교적 짧은 기간에 사업이나 투자로 엄청난 부를 벌어들인 사람들이다. 아직 사회적으로 존중과 명예를 받기에는 기간이 짧고 사회공헌도 별로 없는 일명 '신흥 부자'를 의미한다. 사람들이 돈을 많이 벌게 되면 원하는 게 생긴다. 그건 바로 사회적 지위와 명예다. 사람들로부터 명예와 존중받기를 원하는 것이다. 그래서 예술 문화 분야에도 기부하려 하고, 올드 머니처럼 사회공헌 재단도 만들고 전통적인 레트로 문화에 들어가고 싶어 한다.

빌 게이츠가 지금은 미국 사회에서 사회적 존중과 명예, 사회 공헌의 기부왕으로 올드 머니가 되었지만, 초창기에는 그저 돈을 많이 번 졸부로 인정받았다. 한번은 빌 게이츠가 역사와 전통이 있는 올드 머니들이 다니는 골프클럽에 입회하려 했다가 번번이 거절당했다. 당시에는 돈만 많은 뉴 머니로 취급받았기 때문이다.

이는 앞서 다루었던 〈포브스〉의 슈퍼리치 선정 기준 3가지 중에서 2번째 기준에 해당한다. 슈퍼리치 순위 선정에서는 오랜 기간 부를 잘 유지해 온 올드 머니일수록 가중치가 주어진다. 즉, 미국 사회에서 슈퍼리치가 막대한 돈을 벌 수 있었던 이유는 그가 속한 사회가 있기에 돈을 벌 수 있었다는 것이다.

따라서 슈퍼리치가 사회에서 번 돈은 자녀에게 유산으로 고스란히 물려주기보다는 당연히 사회에 환원해야 한다는 것이 '노블레스 오블리주(높은 사회적 신분에 상응하는 도덕적 의무)'의 가치관이다. 빌 게이츠는 본인이 죽으면 "자녀 3명에게 재산의 1/1000만 주고, 나머지 전 재산은 사회에 환원하겠다."라고 발표하였다.

2008년에 빌 게이츠는 33년간 일했던 마이크로소프트를 공식 은퇴했다. 그리고 그의 아내와 함께 설립한 '빌 앤드 멀린다 게이츠 자선재단'에서 전염병, 에너지, 공교육, 기후변화 등에 관한 후원과 기부를 실천하고 있다. 워런 버핏과는 30여 년이 넘게 이어진 우정으로 두 사람은 세계 기부왕 1, 2위를 하고 있다. 나아가 이 두 사람은 '부자세'를 입법화해서 부자들이 사회에 돈을 환원해야 한다고 목소리를 낼 정도로 뜻을 같이하는 최고의 파트너가 되었다. 지금도 이들은 운명공동체처럼 자주 만나 햄버거와 콜라로 소박한 점심을 함께하면서 사회 공헌에 앞장서고 있다.

사실 이 부분은 우리나라 슈퍼리치들에게도 시사하는 바가 크다. 2023년 하나금융연구소의 보고서에 따르면 우리나라 슈퍼리치들이 1년에 기부하는 금액은 연평균 947만 원이라고 했다. 그리고 슈퍼리치들이 미래에 쓸 돈의 계획에 대해서도 여전히 우리나라 부

빌 게이츠 최고의 멘토이자 파트너인 워런 버핏은 30년 넘게 함께 하고 있다.

자들은 벌어들인 돈은 자녀에게 유산으로 물려주거나, 가족의 안락한 삶과 자신의 건강과 노후에 쓰겠다고 하는 의견이 90%를 차지했다. 사회에 환원하는 기부금은 아주 작은 형식적인 액수에 불과하다는 사실은 아직 우리나라 부자들이 사회적으로 존중을 받지 못하는 이유다.

2024년 12월 기준, 미국 주식 시총 1위 기업 마이크로소프트사로 성장시킨 빌 게이츠도 사업을 하면서 수많은 난관에 부딪혔다. 심지어 'SW 마피아'라는 혹평을 듣기도 하고, 미국과 유럽 등에서 익스플로러 끼워팔기로 '반독점법' 위반 등의 소송에 휩싸이기도 하였다. 이때는 그도 사람인지라 포기하고 싶은 마음이 든다고 고백하였다.

> "아무도 하지 않았던 비즈니스를 한다는 것은 위험하며, 다른 사람이나 회사의 질투와 시기에 휩싸이고, 좌절하거나 다 포기하고 싶은 마음이 든다."

그러나 그럴 때마다 빌 게이츠만의 고난 극복법이 있다. 그가 자주 쓰는 고난 극복법은 '단순 객관화' 방법이다. 복잡하고 다양하게 얽혀버린 실패 상황 속에서 마음속에서 일어나는 분노와 배신감, 실패에 대한 좌절감과 두려움 등에 대한 주관적인 감정과 시간의 낭비를 줄이기 위해서 일단 상황을 단순화하는 것이다. 불필요한 주관적인 감정을 최대한 배제하고 한 걸음 물러서서 자기 자신과 상황을 타인이 보듯이 객관화하여 단순하게 바라보는 것이다.

빌 게이츠는 애써 감정을 배제하려고 노력하고, 한 걸음 물러나 상황을 객관적으로 최대한 심플하게 시각화하게 되면 문제 해결법이 보인다고 한다. 그가 활용하는 시각화의 방법은 막연히 여기저기 떠오르는 생각을 어떤 기준을 잡아서 생각의 지도를 그려나가는 '마인드맵 mind map' 기법을 활용한다.

일기를 쓰는 것도 나를 객관화하는 좋은 방법이다. 바쁜 일상에서 주관적인 감정과 직관적인 판단으로 행동하였던 어떤 일이나 관계를 저녁에 일기를 펼치고 한 걸음 물러서서 차분하게 적어 본다. 논리적으로 기-승-전-결의 형식에 따라 일기를 쓰다 보면 그때 내가 그런 말과 행동을 왜 하였을까, 그때 내가 어떤 감정이 들었는지, 그래서 결과가 어떻게 나타났는지를 객관적인 관점에서 이성적으로 성찰할 수 있게 된다.

빌 게이츠의 성공 요인 중 또 하나는 지적 호기심과 독서력이다. 그는 1년에도 몇 차례씩 1주일 정도 '생각 주간'을 갖는 것으로 유명하다. 어릴 때도 하루 종일 방문을 잠그고 어머니가 사주신 백과사전과 과학책, 위인전을 비롯한 다양한 책들을 읽곤 하였다.

나의 휴식과 도피처는
독서와 지식 공간

하버드 졸업장보다 더 소중한 것은
독서하는 습관이다.
오늘의 나를 있게 한 것은
우리 마을 도서관이었다.

어린 시절 형성된 좋은 독서 습관은 지금도 변함없이 유지하고 있다. 여기서 중요한 포인트는 단지 책을 읽는 차원으로 그치는 것이 아니다. 그는 독서 중 틈틈이 노트에 자필로 메모해 가면서 책을 읽는다는 점을 눈여겨봐야 한다. 심리학에서 "기록은 기억을 지배한다."라고 한다. 독서하면서 순간 스쳐 지나가는 머릿속의 좋은 생각의 날개 flight of idea를 놓치지 않으려면 메모하는 것이 중요하다.

여기서 컴퓨터의 황제가 컴퓨터에 메모를 키보드로 입력하지 않고 손 글씨로 노트에 메모를 작성한다는 점도 중요한 포인트다. 책을 읽으면서, 생각하고 기존의 다른 기억들과 연계시켜 가면서 새로운 지식을 쌓아가고 또 노트에 기록하면 훨씬 더 많은 정보를 체계화하고 오랫동안 유지하는 데 많은 도움이 된다. 이를 인지심리학에서는 이중 부호화 이론 dual encoding이라고 한다.

또 하나 손 글씨로 메모를 작성하는 것이 중요하다. 우리가 머릿속으로만 기억하는 것에서 그치는 것이 아니라 손 근육도 함께 기억하는 '근육 기억 muscle memory'이 기억력을 잘 유지하는 데 도움이 된다. 마치, 한 번도 자전거를 타지 않은 사람은 자전거를 못 타지만, 어릴 적 넘어지면서 배웠던 자전거는 어른이 되어도 쉽게 자전거를 탈 수 있는 것과 같은 현상이다.

그리고 책의 글자를 읽으면서 행간의 의미를 읽어 내려가는 동안 뇌 안에서는 각기 다른 곳에 있었던 오래전에 잊힌 개념과 새로운 내용과 다시 연합되는 '원격 연합 remote association'이 활발히 이루어진다. 독서는 게임과 달리 뇌의 많은 부분이 동시에 잘 활성화되는 전뇌 활동이라는 것은 f-MRI 실험을 통해 이미 증명이 되었다. 게임은 뇌의 일부 영역과 자율신경계를 과잉 흥분시킨다.

빌 게이츠의 지금도 계속하고 있는 '생각 주간', 어느 한 분야에 편

향되지 않고 다양한 분야의 최신 트렌드의 책을 읽는 지적 호기심과
독서력은 오늘의 슈퍼리치가 되는 좋은 지적 토양이 된 것이다.

부자들의 성공심리학

① 메타인지 meta cognition

☞ 심리학에서 말하는 '인지'란 인간의 정신 과정을 다루며 인지심리학 또는 인지과학이라 할 정도로 최근에 연구가 활발한 개념이다. 인지는 인간이 주변 환경으로부터 정보를 받아들이고, 처리하고, 생성하고, 조정하는 정신적인 모든 과정을 말한다.

최근에는 인지를 뛰어넘어서 교육이나 마케팅, 광고 등에서 '메타인지'란 용어를 널리 쓰고 있다. 메타인지는 '상위인지' 또는 '초인지'라고도 한다. 메타인지란 개인의 지식과 정보, 인지 활동을 통제하고 관리하는 인지라고 정의한다. 메타인지는 우리의 일상적인 정신활동 전반을 모니터링하고 통제하는 인지다.

예를 들어, 우리가 중간고사를 준비한다고 하자. 며칠 뒤 중간고사니까 시험 대비를 위해 무엇을 어떻게 해야 할까? 자신 있는 과목과 부족한 과목이 무엇인지, 무엇부터 해야 하는지를 먼저 아는 게 중요하다. 사실 내가 시험을 준비하는데 어떻게 공부해야 할지, 무엇이 문제인지, 내가 어느 부분을 잘 알고, 뭘 모르는지조차 모르는 사람도 많다.

그리고 시간은 누구에게나 공평하게 주어지니까 "어떻게 하면 더 효과적으로 시간과 공간을 활용할 것인가"에 대해 자기 능력과 학습 유형을 잘 모니터링하고 평가하며 효과적인 학습전략을 수립하고 실천하는 것이다.

메타인지는 계획 수립 단계에서만 그치는 것이 아니다. 인지한 것을 행동으로 실천하여 좋은 성과를 내는 단계까지 정신활동 전반에 관여하고 통제한다. 왜냐하면, 어떤 학생들은 시험 대비를 한다면서 계획만 세우고 책상 정리만 하다가 시간과 노력을 낭비하는 때도 있기 때문이다. 실제로 예쁘게 계획표만 짜고, 책상을 깨끗이 정리한 후 지쳐 엎드려 잠드는 학생들을 많이 봤다.

② 심리적 지원군 psychological support

☞ 심리적 주사 psychological injection라고도 한다. 우리가 몸이 아프면 병원에 가서 의사에게 진단받고 약이나 주사 치료를 받는다. 이와 마찬가지로, 마음이 아프면 바늘 주사처럼 심리적 주사가 필요하다. 상담가는 내담자의 힘들고 우울하고 불안해하는 마음의 상태와 상황을 면담과 심리검사를 통해 상담하고 진단한다. 그 후에 적절한 심리치료 기법을 적용하여 마음을 치유하고 정상적인 생활로 회복시킨다.

불교에서 "인생은 고해다."라고 하였듯이 사람들은 남들이 이해하거나 이해하지 못하는 주관적인 저마다의 마음 고민과 어려움을 안고 살아간다. 혼자서 해결할 수 없는 어려운 상황에 놓이거나 힘든 의사결정을 해야 할 때, 어떤 사람은 혼자서, 때론 친구나 연인, 심리상담가를 만나서 고민을 토로하고 해결하려고 한다. 또 어떤 사람은 점집을 찾기도 하듯이 심리적 지원군을 찾는다.

이렇듯 위기 상황에 놓였을 때, 또는 중요한 의사결정이나 선택을 해야 할 때 심리적으로 도움을 주고 안정감을 주는 사람을 심리적 지원군이라고 한다. 사람들은 누구나 심리적 지원군을 필요로 한다.

③ 부모의 양육 태도 parenting attitude

☞ 부모의 양육 태도란 부모가 어떻게 자녀를 키우고 교육하는지에 대한 방식이다. 양육 태도는 부모와 자녀와의 상호작용으로 나타나며, 자녀의 지능과 성격 형성에 많은 영향을 미친다. 심리학자마다 양육 태도에 대한 이론이 조금씩 다를 수 있으나, 일반적으로 발달임상심리학자인 다이아나 바움린드 Diana Baumrind의 양육 태도 유형 구분이 많이 활용된다.

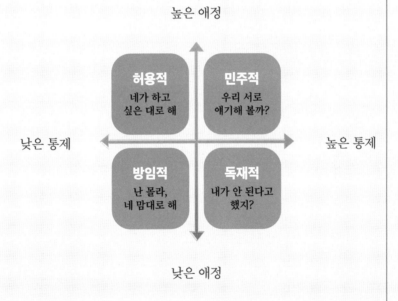

그녀는 부모가 자녀를 얼마나 수용하고 지지하고 잘 반응해 주는가에 대한 〈애정〉 축과 부모가 자녀의 행동에 일정한 규칙과 기준을 얼마나 적용하는가에 대한 〈통제〉 축으로 2개의 축을 구성하였다. 2개 축을 중심으로 4분면으로 나누어 ①애정도 높지

만, 통제도 높은 부모는 민주적 부모, ②애정은 높지만, 통제가 낮은 부모는 허용적 부모, ③통제도 애정도 모두 낮은 부모는 방임적 부모, ④통제는 높지만, 애정은 낮은 부모는 독재적 부모로 구분하였다.

빌 게이츠 어머니의 양육 태도는 처음에는 민주적 부모이었다. 그러다 '물컵 사건' 이후 가족 상담을 통해 허용적 부모형으로 바뀌었다. 반항적인 빌 게이츠도 가족 상담과 부모님의 양육 태도의 변화로 인해 자아 존중감이 높아지면서 자기 스스로 결정하고 행동하는 자기 결정성과 자율성이 높은 아이로 변화하였다.

④ 브레인스토밍 brain storming

☞ 우리 사회의 회의 방식은 어떤가? TV에서 대통령이나 장관, 기업 총수나 임원이 주도하는 회의 모습은 일방적으로 상급자가 혼자 이야기하고 하급자들은 노트에 열심히 받아적는 상명하달식의 회의 모습이 여전하다. 정부 부처 공무원 사회의 회의 방식도 마찬가지다.

또 의견을 내놓으라고 하고선 직원들이 새로운 얘기를 하면 "그거 옛날에 다 해봤어.", "누가 몰라서 못 하는 줄 알아.", "사장님이 하라는 대로 그냥 해." 식으로 면박을 주고 잘라버리기 일쑤다. 한 마디로 내가 하라는 대로 하라는 식의 권위주의가 여전하다. 마치 중국집에 회식 가서 직원들에게 마음대로 먹고 싶은 것 시키라고 해 놓고선, 정작 본인은 "이 집은 자장면이 맛있어"라고 하면서 자장면을 먼저 주문하는 모습과 같다.

브레인스토밍은 이런 회의 방식을 배척하고, 직원들이 누구나 문제해결을 위해 적극적으로 창의적인 아이디어를 쉽게 내게 하는 회의기법이다. 1941년 광고 전문가인 오스본은 창의적 아이디어를 내기 위한 회의기법으로 처음 제안하여 지금도 잘 활용하고 있다.

브레인스토밍, 즉, 두뇌 폭풍이 불기 위해서 30분에서 1시간 정도 시간을 정해놓고 마음껏 자유롭게 아이디어를 내는 것이다. 이때, 다른 사람의 아이디어를 비난하거나 평가하게 되면 더 이상 누구도 의견을 내지 않기 때문에 비난과 평가는 금물이다. 또 지금까지 없었던 창의적인 아이디어일수록 환영받고, 창의적인 아이디어가 또 다른 아이디어를 이끌 수 있다. 아이디어는 많을 수록 좋고, 남의 아이디어에 또 다른 아이디어를 더해 새로운 아이디어를 만들어서 창의적으로 문제를 해결하는 회의기법이다. 이때 모든 참가자가 다른 사람의 의견을 경청하고 사회적 방관자가 없도록 리더가 회의를 잘 운영해야 한다.

⑤ 이중부호화 이론 dual encoding

☞ 사람이 기억할 때 오감을 활용하는데, 어느 한 감각만을 활용하는 것보다 두 개 이상의 감각을 동시에 활용하면 훨씬 더 많은 걸 오랫동안 기억하게 되는 기억증진법이다. 예를 들어 영어를 외울 때 눈으로만 보는 것이 아니라 원어민의 발음을 들으면서 입으로 소리 내서 따라 해보고, 손으로도 반복해서 써 보는 것이 더 오래 잘 기억되는 원리다.

2

상상을 현실로 만드는
앙트레프레너,
일론 머스크

아인슈타인은 "상상력은 지식보다 중요하다."라고 하였다. 사람들은 일론 머스크를 전기자동차로부터 우주선까지 상상을 현실로 만드는 '앙트레프레너 entrepreneur'라고 부른다. 빌 게이츠, 일론 머스크, 제프 베조스, 마크 저커버그 등의 슈퍼리치들은 어린 시절에 공상과학소설(SF)을 즐겨보면서 꿈꾸었던 상상력을 결국 현실 세계에서 제품으로 사업화한 사람들이다.

영화 아이언맨의 억만장자 토니 스타크의 실제 모델이 일론 머스크였다. 영국에서 구독자가 가장 많은 신문인 〈가디언 guardian〉은 일론 머스크를 다음과 같이 평했다.

"학창 시절 왕따를 당하던 소년이 세계 최고의 슈퍼리치가 됐다.
그는 우주여행으로까지 영역을 확장하면서
현대 경영사에서 놀라운 이야기를 쓰고 있다."

현대 경영학의 창시자인 피터 드러커는 앙트레프레너를 "과거에 안주하지 않고 위험을 감수하며 모험을 즐기고, 도전적이며 새로운 기회를 포착하여 사업화하려는 혁신가"라고 하였다. 인류는 창의적 혁신가, 파괴적 혁신가, 혁신적 몽상가들에 의해 새로운 문명과 질서로 진보한다. 지난 시대에는 익숙했지만, 이제는 낡고 불편한 문명과 사회질서를 혁명적으로 파괴하고(정치학에서 혁명이란 기존 정치체제를 전복시키고 새로운 정권을 창출하는 것이다), 과학기술 혁명으로 인류 문명을 새로 개척하는 창의적 혁신가를 '앙트레프레너'라고 부른다.

과거의 낡고 불편함을 과감히 파괴하고 창의적인 혁신을 이루었기에 인류의 문명은 미래로 진보한다. 또 그 진보가 또 다른 새로운 진보를 끌어내는 것이 인류 문명의 역사다. 과거 수백만 년 인간의 노동력으로만 했었던 시절에서 말과 소의 힘을 빌려 농업혁명을 이루었다.

1차 산업혁명의 증기기관은 공장에서 기차와 배에 실리고 공업화와 대항해의 시대를 열었다. 2차 산업혁명은 전기에너지로 기계를 가동하고, 3차 산업혁명은 컴퓨터와 인터넷 혁명으로 군사력과 경제패권 시대에서 지식이 중요해진 지식 정보화 사회를 만들어냈다. 2016년부터 시작된 4차 산업혁명은 인공지능의 지능 정보화 시대로 인류의 경제와 지식은 폭발적으로 발전했다. 풍요로운 문명의 시대는 불과 200여 년 전에 발생한 산업혁명으로부터 시작하였다.

우리가 여행을 가려면 가고 싶은 지역에 대한 정보를 네이버나 구글 맵을 활용하여 검색한다. 주변의 식당, 숙소를 추천받고 별점과 후기도 확인하여 예약하고, 자동차나 걸어가는 길을 안내해 주는 인터넷 맵을 활용한다. 바로 인터넷을 활용하여 지도를 검색하고 길을 안내하는 아이디어로 인터넷 지도 정보회사 Zip2를 세계 최초로 창업한 사람이 바로 일론 머스크다.

또한 자유롭게 세계 어디서든 실시간으로 은행 업무를 스마트폰이나 PC로 볼 수 있게 혁신적 아이디어를 낸 사람도 일론 머스크다. 그는 인터넷이 있는데 굳이 왜 은행을 가야 하는지에 의문을 품었다. 그래서 대학생 때 은행에서 인턴 시절에 일했던 경험으로 인터넷 은행 X.com을 창업했다. 지금의 페이팔 전신이다.

24, 28, 31, 32, 35, 44, 45, 45, 51, 52…

숫자들을 잘 살펴보자. 뭐가 보이는가? 혹시 고등학교 때 배웠던 수열의 일반항을 찾고 있는가? 위 10개의 숫자는 일론 머스크가 창업한 나이다. 2025년 1월 현재 그의 주력 회사인 테슬라의 주가는 전 세계 기업 시총 7위를 차지할 정도로 성장하였다. 일론 머스크의 테슬라를 '테멘(테슬라+아멘)'이라고 부를 정도다.

출처: https://www.forbes.com/sites/chasewithorn/2024

우리나라 서학의 주식 투자자들이 엔비디아에 이어서 2번째로 가장 많이 투자하는 회사다. 그만큼 테슬라의 미래 발전 가능성을 보고 투자하는 것이다.

일론 머스크의 어린 시절은 불행했다. 1971년 남아프리카공화국에서 전자기계 엔지니어이자 부동산 개발업자인 아버지 와 모델인 어머니 사이에 태어났다. 8살 때 아버지의 잦은 폭력으로 부모님이 이혼했는데, 특히 아버지와의 관계는 좋으면서도 싫은 애증의 관계였다. 아버지는 어머니를 폭행 하였고, 성격 변화가 심해서 폭언과 욕설 등 정서적 학대를 가했다. 그는 어린 시절을 끔찍할 정도로 불행했다고 회고했다.

"나를 키운 것은 시련이었다.
시련을 이기고 견딜 수 있는
고통의 한계점이 높아질 수밖에 없었다."

한편, 아버지에게 좋은 점이 있었다. 남아공에서 최연소로 기술 자 자격증을 딸만큼 머리가 좋은 전자기계 엔지니어였다. 호기심이 가득한 일론 머스크가 질문하면 궁금증이 풀릴 때까지 옆에서 답 을 같이 찾아주는 아버지였다. 아버지가 과학기술을 잘 가르쳐준 덕분에 그는 혼자서 모형 로켓을 만들고 화학물질을 배합하여 로 켓 연료도 만들어 발사하는 것을 즐겼다.

어릴 적부터 우주에 관심이 많았기에 오늘날 그의 스페이스X는 NASA와 국방부, 정보기관이 우주 로켓을 임차해 활용하고 있다.

또, NASA와 함께 달나라에 기지를 세우는 프로젝트를 진행할 정도로 발전할 수 있었다. 그는 한 단계 더 나아가 "내 생애에 인류가 화성에 착륙하지 않는다면 매우 실망할 것이다."라면서 화성을 향한 꿈을 멈추지 않았다. 화성으로 향한 일론의 꿈처럼, 같은 꿈을 꾼 사람이 또 있었다. 고등학교 졸업식 연설에서 "우리 미지의 땅 화성에서 다시 만납시다."를 외친 또 다른 한 사람! 그는 아마존의 제프 베조스다. 현재 일론의 우주선회사 스페이스X와 베조스의 블루 오리진은 경쟁적으로 우주선의 능력을 향상하고 있다.

아버지는 컴퓨터를 좋아하는 초등학생 일론 머스크에게 당시에 쉽게 살 수 없는 IBM PC를 기꺼이 사주었다. 12살의 그는 PC를 살 때 끼워준 60시간짜리 BASIC 언어 교육과정을 3일 밤샘해서 마칠 정도로 컴퓨터에 푹 빠졌다. 그리고 독학으로 파스칼과 C++ 언어를 공부하여 우주선 슈팅 게임을 개발해서 컴퓨터 잡지에 소스 코드를 500$에 팔았다. 일론이 초등학생 때 독학으로 SW를 개발할 정도로 실력을 쌓으면서 게임 소스 코드를 잡지사에 판 것은 그의 돈에 대한 감각을 엿볼 수 있는 대목이다.

사실 알고 보면, 〈포브스〉의 슈퍼리치 중에 컴퓨터를 미친 듯이 좋아한 사람은 일론 머스크만이 아니었다. 빌 게이츠도 중학생 때 컴퓨터를 너무 좋아해서 마이크로소프트 공동창업자가 된 폴 앨런과 밤샘하며 독학하였다. 실력만 쌓은 게 아니라, SW를 개발해 돈을 벌었다. 스티브 잡스는 고등학교 때 HP에서 아르바이트하면서 전화망을 해킹해서 전화를 무료로 걸 수 있는 블루박스를 애플의 공동창업자가 될 스티브 위즈니악과 개발하였다. 그걸 스티브 잡스가 150$에 몰래 팔아버렸다. 마크 저커버그도 초등학교 6학년 때부터 독학으로 SW를 공부하여 13살 때 아버지 치과용 SW를 개발했다. 고등학교 때는 머신러닝을 활용한 Synapse Media Player를 개발했다. 마이크로소프트가 100만$에 팔 것을 제안하였으나, 거절하고 무료로 공개해 버렸다. 일본의 최고 부자 소프트뱅크 손정의는 대학생 때 지금도 일본 사람들이 즐겨 쓰는 전자 어학사전을 개발해서 SHARP에 팔아 억만장자가 되었다. 이렇듯 슈퍼리치들은 독학으로 컴퓨터와 SW에 미친 듯이 파고들어 공부한 실력자이자, 돈에도 관심이 많은 사람이다.

당시 남아공은 치안이 불안한 나라였다. 마약과 갱단이 기관총과 칼로 도시를 누볐고, 일론은 학교 가는 길에 칼에 맞은 시체를 보기도 했다. 사회가 그러니 학교도 폭력이 난무했다. 일론은 다른 형제들과 달리 친구를 집에 부른 적이 없을 정도로 친구가 없었으며 사회성도 부족했다.

일론 머스크는 친구가 없는 외톨이였고, 학폭 피해자였다.

학교 공부도 수학과 과학, 컴퓨터 과목 이외에 다른 과목에는 별로 관심이 없었다. 일론이 조금이라도 숨을 쉴 수 있는 안식처는 도서관과 동네 서점이었다. 그는 친구와 어울려 놀기보다는 과학, SF, 철학, 종교 등에 관심을 두고 하루 10시간 이상 책 속에 파묻혀서 학창 시절을 보냈다. 그의 다방면에 걸친 광범위한 독서력 때문인지 그의 10번의 창업 분야는 인터넷 지도, 인터넷 은행, 전기자동차, 우주선, 태양광, 인간의 뇌 신경망과 컴퓨터를 연결하는 뉴럴링크, 휴머노이드 로봇 옵티머스, 지하 터널 교통망, 인공지능 등 다방면에 걸쳐 사업을 펼치는 원동력이 되었다.

학교에서 친구들과 어울리지 못한 '괴짜'였고, 책을 많이 읽고 잘난 체하는 탓에 학교폭력에 시달리고 '왕따'를 당했다. 한번은 고등학교에서 같은 반 학생들이 때리고 계단으로 밀어버려서 병원에 입원하기도 했다.

학폭으로 인해 일론은 불안한 남아공을 하루라도 빨리 떠나 기회의 땅 미국에 정착하고 싶은 꿈이 더 커졌고, 17살인 일론에게 드디어 남아공 탈출의 꿈이 현실로 다가왔다. 1989년 캐나다 시민권자인 어머니 덕분에 혼자 캐나다로 떠났다. 그러나 캐나다에 있던 친척마저 미국으로 이민 가 버린 후였다. 캐나다에서 혼자가 된 일론은 돈이 없어 생활하기조차 어려웠다. 캐나다를 돌아다니며 보일러 유독 폐기물 청소, 정글 나무 자르기 등 온갖 험한 일을 했다. 나중에 캐나다로 어머니와 동생들이 합류해 살게 되었지만, 가난한 생활은 나아지지 않았다.

일론은 어릴 적부터 아버지를 조를 정도로 미국에 가고 싶어 했고, 캐나다에서도 마찬가지였다. 그래서 미국 대학으로 편입하기 위한 전 단계로 캐나다 퀸즈대학에 입학했다. 대학에서 사회성이 늘기 시작하였고, 회사 인턴 생활도 하면서 미국 대학의 편입 요구 조건을 갖추었다.

1995년 드디어 미국 펜실베이니아대 와튼스쿨로 편입하는 데 성공했다. 경제학과 물리학을 복수 전공하면서 학생회장을 지낼 정도로 사회성도 좋아졌다. 하지만 미국 생활은 나아지지 않았고, 생활비에 늘 전전긍긍해야 했다. 가난했기에 며칠 동안 가장 싼 오렌지만 먹었다. 닥치는 대로 돈을 벌기 위해 식당 청소, 통나무 자르기 등 온갖 궂은일을 했다. 또 머리를 써서 방이 많은 큰 집을 임대해서 10명에게 재임대해서 월세를 받고, 주말에는 파티를 열어 파티 입장권을 판매하면서 생활비를 벌었다.

그러나 바쁜 와중에도 전기자동차를 향한 열정을 놓치지 않았다.

푸드트럭에서 점심을 빨리 해결하고, 시간 날 때마다 전기자동차와 배터리에 관한 책과 논문을 찾아 읽었다. 그의 대학 친구들은 이렇게 회고했다.

"일론은 대학 시절에 매우 강렬했고
좋아하는 분야에만 집중했다.
항상 전기차를 말했는데,
대학에 다니는 것을 미래의 사업을 위한
발판 정도로만 생각했다."

그는 스탠퍼드대학 물리학 박사과정에 입학했으나 2일 만에 자퇴했다. 그도 다른 학생들처럼 진로에 대한 고민이 많았다. 그는 "사업을 하다가 망하면 어쩌지? 그냥 편하게 월급 주는 직장이나 다닐까?"를 고민했다. 그래서 실제로 창업에 실패하면 어떻게 살 것인가를 실험해 보기로 했다. 바로 한 달 동안 매일 1$로 살아 보기로 한 '1$ 프로젝트'였다.

당시 1$로 살 수 있는 것은 오렌지와 냉동 핫도그와 피자였다. 이렇게 한 달을 살아 본 일론 머스크는 "사업에 실패한 후에도 먹고 사는 데 아무 문제가 없다. 사업에 실패하더라도 컴퓨터와 하루 1$만 있으면 먹고 살 수 있다."라는 점을 깨달았다. 진로를 걱정하고 인터넷만 뒤적거리는 것이 아니라, 직접 체험해 본 후 스탠퍼드 대학원을 2일 만에 과감히 자퇴했고, 창업을 결심하고 인터넷과 기회의 땅 실리콘 밸리로 향했다.

1995년은 30대 빌 게이츠가 MS windows를 개발하여 돈방석에 앉았던 해였다. 일론 머스크는 인터넷이 새로운 블루 오션 시장이 될 것이라는 점에 주목했다. 인터넷을 활용해서 바쁜 실리콘 밸리의 직장인들이 '피자집을 빠르게 찾을 방법은 없을까?'에 착안하여 동생과 함께 인터넷 지도 정보 SW 개발에 성공했다.

그러나 SW를 개발했다고 사람들이 알아주는 것이 아니었다. 그 때부터 그의 탁월한 동물적 경영 감각이 발동하기 시작했다. 스타트업이었기에 소파에서 매일 밤을 지샜다. 샤워는 가까운 YMCA에 가서 했고, 발품을 팔아 돌아다니면서 SW를 방문 판매하였다. 그러다가 뉴욕타임스와 같은 온라인 미디어에 소프트웨어 패키지를 제공하게 되면서 성장의 발판을 마련했고, 결국 창업 4년 만에 콤팩 자회사인 알타비스타에 2,200만\$(약 304억 원)에 매각하면서 큰돈을 손에 쥐게 되었다.

그는 다시 생각했다. Zip2를 매각한 돈을 쌓아두고 부자로 편하게 살 것인가, 아니면 또 사업에 도전할 것인가? 그때 마침 캐나다에서 대학 2학년 때 은행에서 인턴으로 일했던 경험이 떠올랐다. 그는 미국 국채는 미 정부가 보증하기 때문에 개발도상국에서 국채를 싸게 사면 은행이 큰돈을 벌 수 있다고 은행 임원에게 건의하였다. 그러자 그 임원은 "대학생 인턴이 뭘 안다고 쓸데없는 이야기를 하느냐? 지금도 은행은 잘 돌아가고 있다. 네 일이나 잘해라."라고 면박을 줬다. 그 당시 인턴 일론은 정말 은행은 구태의연하고 멍청하다고 생각했었다.

은행 인턴 경험을 떠올린 낸 일론은 1999년에 세상 사람들이 생각지도 않았던 새로운 아이디어를 생각했다. 바로 인터넷과 은행을 결합한 아이디어였다. 28살의 그는 "인터넷이 있는데 은행 업무는 왜 은행에 가야만 할까?"에 착안하여, Zip2를 매각한 돈을 시드머니로 하여 온라인 은행시스템을 개발하는 X.com(페이팔의 전신)을 창업하였다. 이와 같은 아이디어 창출 방식은 창의성 계발에 활용되는 중요한 기법으로 '원격연합', 또는 '강제결합법'이라 한다.

새로운 창업보다는 사업을 잘 성공시키고 유지하는 수성이 더 중요하다. 창업해서 1년 이내에 90%는 실패한다는 통계가 있다. 최근 창업 관련 뉴스(조선일보, 2024.7.7)를 살펴보면, 미국 정부와 CB인사이츠의 조사 결과에서 창업 후 1년 이내에 실패한 사례가 90%에 달한다고 한다. 실패 원인으로 제품의 문제 34%, 올바른 마케팅 전략 부재 22%, 팀 문제 및 인적 자원 관련 문제가 18%였다.

일론의 창업도 위의 실패 원인과 마찬가지로 어려움을 겪었다. 너무 힘들어서 심각한 위장병과 탈모가 시작되었다. 회사가 어려워지면 꼭 남기를 바라는 핵심 인재가 가장 먼저 빠져나가는 게 회사의 생리다. 침몰하는 배에 끝까지 남아주리라는 바람은 CEO의 착각이자 욕심일 뿐이다. 오히려 어떤 회사는 CEO가 먼저 배에서 탈출한다.

일론과 공동 창업한 친구가 의견 다툼으로 떠나자, 핵심 개발 인력들도 그를 따라 퇴사했다. 창업의 고통은 여기서 끝이 아니었다. 하필 같은 건물에 동종업계인 컨피니티가 창업한 것이다. 두 회사의 CEO와 직원 간에 회사 몸집 키우기와 회원사 모집을 위한 싸움이 일어났고, 이에 두 CEO는 5:5로 합병을 결정했다.

일론이 대표이사를 맡았으나 갈등의 불길은 꺼지지 않았다. 일론이 일하는 스타일도 문제가 되었다. 그는 주 100시간 일하며 데드라인을 정해서 일을 밀어붙이고 성과를 요구하는 스타일이다. 좋게 평가하면 목표를 향한 추진력이 강하다고 할 수 있고, 달리 이야기하면 직원들에게 주말과 휴가를 반납하고 목표를 달성하도록 압박하는 스타일이다.

그러던 중 2000년에 자기가 만든 회사의 CEO에서 해고당하는 사건이 생겼다. 스티브 잡스, 마윈도 같은 경우를 당했다. 일론이 그동안 바빠서 못 갔던 신혼여행을 시드니로 떠났다. 창업한 지 1년

X.com을 창업하고 내부 갈등으로 일론은 탈모가 시작됐다. 또 동종업계와 합병하였으나 갈등은 더 커졌고, 그는 CEO에서 해고되었다.

만이었다. 그가 비행기를 탄 직후 연락이 안 되는 틈을 이용해 긴급 이사회를 열어 대표이사 해임안을 의결하고, 그가 시드니에 도착하자마자 통보해 버렸다. 해임 통보를 받은 일론은 곧바로 미국으로 귀국했으나 이미 엎질러진 물이었다. 회사와 동료들에 대한 비열함과 배신감으로 좌절했다.

할 수 없이 못 갔던 신혼여행을 다시 가기 위해 브라질과 남아공으로 떠났다. 그런데 엎친 데 덮친 격으로 악재가 또 겹쳤다. 신혼여행지에서 말라리아에 걸려 중환자실에서 생사가 오갔고, 20kg이나 빠지면서 6개월 동안 죽을 고비를 여러 번 넘겼다. 회복 후 미국으로 다시 돌아온 그가 깨달은 것은 "휴가를 가면 죽을 수도 있다."라는 것이다. 휴가를 가서 CEO에서 해임당하고, 생사를 넘나드는 중병도 앓았기 때문이다.

다행히 2001년에 다시 회사의 고문으로 일하게 되었다. 그때 생긴 일 습관이 바로 주말도, 휴가도 없이 주 100시간 죽어라 일하는 것으로 지금도 그 습관을 유지하고 있다. 2002년에 회사는 회사명을 페이팔로 바꾸고 이베이에 15억$에 매각하였다. 이로써 그는 1억 7천만$(한화 약 2,350억 원)의 슈퍼리치가 되었다.

이때 경영자로서 크게 깨달은 중요한 점이 있었다. 자신이 창업한 기업의 경영권과 지분을 적정 수준 이상 유지하는 것이 무엇보다 중요하다는 것이다. 투자자들이 회사를 주도하면 회사 경영권을 뺏기게 되고, 투자자들이 이익 확보를 위해 회사를 다른 회사에 팔아 치운다는 것이다.

물론, 일론은 창업하고 사업을 확장하기 위해서는 벤처캐피털로부터 투자를 받아야 한다는 점도 잘 알고 있었다. 그가 투자를 잘 받기 위해 사용하는 유명한 전략이 있다. 투자자들에게 '회사의 비전'을 보여주되, 비전의 전망을 멀리 넓힐수록 투자가 더 많이 유치된다는 점을 전략적으로 활용하는 것이다. 이와 같은 전략은 지금도 테슬라나 옵티머스, 뉴럴링크 사업이 위기에 처했을 때 투자자들을 이해시키고 설득하는 데 잘 쓰는 비전 전략이다.

한편, 페이팔에서 나쁜 일만 있었던 것은 아니었다. 일론 머스크에게 '위기'를 '기회'로 만드는 행운이 따랐다. 페이팔에서 일론과 생사고락을 함께했던 동료들이 그와 평생을 함께하는 파트너가 되었다. 페이팔이 이베이에 매각되고 직원들은 각자의 길로 뿔뿔이 흩어졌다. 하지만 그와 함께 고생한 220명의 유대감은 진했다. 그들은 아이디어와 정보를 공유하고 무한 신뢰와 상호 투자를 아낌없이 지원하는 평생의 파트너가 되었다.

2007년 〈포춘〉은 이들을 실리콘 밸리의 '페이팔 마피아'라고 불렀다. 이들이 함께했기에 오늘의 테슬라, 스페이스X, 유튜브, 링크드인, 페이스북이 세상에 나올 수 있었다. 이들은 지금도 실리콘 밸리에서 막강한 자본과 정보, 신규 사업의 파워맨으로 영향력을 행사하고 있다.

일론 머스크는 어릴 때부터 로켓과 로켓 연료까지 직접 만들고 쏘아 올리기를 좋아했다. 그는 "화성은 태양계에서 생명체가 있는 유일한 장소로 내 생애에 화성에 꼭 가고 싶다."라는 꿈을 늘 꾸었

113

다. 20대에 인터넷을 활용하여 지도를 만들고 인터넷 은행을 만들어 엄청난 돈을 가진 31살의 일론 머스크는 화성의 꿈을 마침내 실현했다. 2002년에 우주의 꿈을 담고 스페이스X를 창업한 것이다.

대학 시절에는 또 다른 꿈과 열정이 있었다. 늘 전기자동차, 배터리에 관심을 두고 책과 논문을 찾아 읽었다. 2004년 33살이 된 그는 그 꿈을 실현할 전기자동차 회사인 테슬라를 찾았는데, 자본금이 부족한 작은 회사였다. 그래도 그는 전기자동차의 미래 발전 가능성을 믿었기에 640만$를 과감히 투자하여 이사회 의장이 되었다. 그다음 해에는 900만$를 또 투자했다. 그리고 일론 머스크는 전기자동차 테슬라와 스페이스X를 함께 경영하는 CEO가 되었다.

사실 전기자동차는 테슬라 이전에도 있었다. 1996년 GM은 전기차 EV-1을 생산했고, 대중화를 위해 리스 형식으로 판매했다. 하지만 2002년 비싼 배터리 문제로 생산을 중단하고 리스 자동차도 회수하여 폐기하였다. 당시 전기자동차는 배터리보다 큰 위협이 있었다. 지난 130년이 넘게 휘발유와 경유로 달리는 내연기관 자동차회사들의 커넥션이었다. 이들은 새롭게 등장한 전기자동차를 가만히 둘 리가 없었다. 거대한 자동차회사의 엄청난 광고와 규제압박의 로비로 전기자동차는 6년 만에 폐기되고 말았다.

돌이켜보면, 내연기관 자동차회사도 130년 전에 처음 등장했을 때 마차에 당했다. 1900년도 초에 헨리 포드가 처음으로 자동차를 대중화하려고 컨베이어 시스템을 도입했다. 그러나 사람들은 "이봐, 말이 있는데 도대체 뭐가 문제야."라면서 비아냥거렸다. 그 당시는 마차로도 충분했던 세상이었기 때문이다. 그렇게 비아냥 받았던 자동차가 현대사회에서 말 대신 130년 넘게 세상을 달리면서 도시는 더욱 확대되면서 발달하였다.

그러나 이 또한 시대가 바뀌면서 모빌리티 혁명이 일어났다. 세상을 마냥 달릴 줄로만 알았던 기세등등한 내연기관 자동차도 종말이 다가오고 있다. 2030년부터 노르웨이, 네덜란드, 영국, 독일, 프랑스, 인도, 대만 등에서 내연기관 자동차의 생산과 판매를 조기에 종결하는 법을 통과시켰고, 이를 두고 영국의 〈이코노미스트〉는 '내연기관의 종말'이라고 하였다.

일론 머스크는 전기자동차의 미래 성장 가능성에 주목했고, 그의 열정이 2020년 글로벌 자동차회사 중에서 그동안 시총 1위였던 도요타를 제치고 테슬라를 1위 회사로 발전시켰다. 2024년 시총 분석 사이트인 컴퍼니즈마켓캡 Companiesmarketcap의 발표에 따르면 테슬라가 1위, 도요타가 2위, 현대와 기아는 15위와 17위를 차지했다.

테슬라의 이름은 직류 전기 시스템을 발명한 에디슨에게 문제점을 제기하고 새로운 교류 전기 시스템을 발명한 니콜라 테슬라의 이름에서 비롯했다. 기존 전기자동차는 배터리 문제로 소량화, 경량화 전략을 택했었다. 그러나 일론 머스크는 오히려 파격적인 판매 전략을 내세웠다. 구매력이 좋은 부자들은 환경에 관심이 많고 독특한 제품을 선호하기에 고급 스포츠카 로드스터를 먼저 출시하기로 했다. 우선 전기자동차 테슬라의 인지도를 높인 다음에 대중적인 차량으로 확대한다는 판매 전략이었다. 그의 전략은 부자들에게 잘 들어맞았다. 부자들은 로드스터가 나오기도 전에 계약하였다.

그러나 로드스터 개발 과정에서 점점 비용이 증가하여 판매가보다 원가가 더 높아졌다. 게다가 국제 금융위기와 공동창업자 퇴사로 경영이 더욱 악화했다. 사람들은 일론 머스크가 공장도 제대로 갖추지 못해 전기자동차를 제대로 생산, 공급하지 못할 거라고 비난했다. 그러나 그의 전기자동차에 대한 열정과 추진력은 남달랐기에 로드스터는 기한 내에 부자들에게 무사히 인계되었고, 테슬라 주가는 다시 상승했다.

일론 머스크는 지난 130년 넘게 세상을 달린 내연기관 자동차 시장에 도전장을 낸 전기자동차가 기존 자동차 시장의 시장점유율과 규제의 벽을 깨기에는 테슬라 한 회사만으로는 한계가 있다는 것을 깨달았고, 이때 파격적인 아이디어를 떠올렸다. 2014년에 다른 전기자동차회사들도 전기자동차의 생산과 판매가 더 많이 확대될 수 있도록 테슬라의 전기자동차 관련 특허를 "우리가 보유한 모든 특허는 당신의 소유다."라면서 모두 오픈하였다.

테슬라는 이제 그가 꿈꾸어 왔던 'SEXY' 라인업으로 완성되었다. 게다가 최신의 사이버트럭은 늘 집에 자동차 한 대쯤은 픽업트럭이 있기를 좋아하는 미국 사회에 새롭고 강력한 바람을 불러일으켰다.

"나는 세상을 변화시키거나 미래에 영향을 미치거나
사람들이 주목할 만한 신기술에 관심이 있습니다.
사람들은 '와!! 어떻게 이런 일이 일어나지?
어떻게 그게 가능합니까?' 하고 생각조차 하지 못했던 일에
모험적으로 도전하기를 좋아합니다."

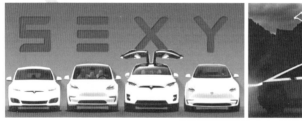

테슬라의 SEXY 자동차 라인업, 사이버트럭까지 세계 전기자동차 시장점유율 1위, 미국 주식시총 7위의 기업이 되었다. 출처: 테슬라 홈페이지

"기존 기술들을 무너뜨릴 정도로
파괴적인 혁신은…
새로운 회사에서 나온다."

일론 머스크의 기업가 정신이야말로 앞부분에서 말한 파괴적 혁신가를 뜻하는 '앙트레프레너' 정신이다. 테슬라는 2025년 1월 현재 미국 나스닥 전체 기업 중에서 시총 8위의 기업으로 무섭게 성장하였다. 가까운 친구들은 그를 이렇게 평가했다.

"사람들은 국제 금융위기와 경영악화, 공동창업자 퇴사 등의
압력을 받으면 두려움을 느낍니다. 심지어 잘못된 결정을 내리죠.
하지만 일론은 이럴 때일수록 극도로 이성적인 태도를 보입니다.
여전히 장기적 관점에서 명확한 결정을 내릴 수 있습니다.
고난을 이겨내는 일론 머스크의 능력은 정말 최고입니다!"

"사람들이 일론 머스크를 따라가는 것은,
그의 막대한 부가 아니라,
그가 제시하는 지속 가능한 미래로 나아가는
비전에 있기 때문이다."

전기자동차를 보급하고 사람들이 잘 타기 위해서는 안정된 전기 공급이 중요했다. 그는 태양광 전기를 생산 공급할 수 있는 솔라시티 회사를 창업했다. 출처: 테슬라 홈페이지

전기사동차를 위해서는 배터리의 가격과 성능도 중요하지만, 안정된 전기 생산과 공급도 중요했다. 그래서 그가 택한 방식이 태양광 에너지였다. 2004년에 테슬라를 인수한 일론 머스크는 2006년에 전기자동차에 태양광 전기를 안정되게 공급하기 위한 솔라시티를 설립하였다. 솔라시티는 2016년에 테슬라의 자회사로 인수하였다. 그는 꿈을 현실로 실현하기 위해 모든 돈을 투자했다. 집세마저 빌릴 정도였으니, 전 재산을 건 목숨을 건 모험이자 도전이었다.

한편, 그동안 우주선과 로켓 발사는 정부와 군이 독점했었다. 정부 주도 우주 로켓 분야에 도전한 스페이스X는 처음부터 난관에 부딪혔다. 언론들이 "그동안 일론이 벌어놓은 돈이 공중 분해되었다."라고 기사화할 정도로 로켓 발사는 실패에 실패를 거듭했다. 테슬라도 차량 화재와 재무 위기가 몇 번이고 있었다. 테슬라와 스페이스X 중 하나를 포기해야 하는 상황까지 닥쳤다. 일론은 친구였던 구글의 래리 페이지와 테슬라 매각을 논의하기도 했다. 그러나 결국 전 재산 4천만$를 테슬라에 올인했다. 올인 투자가 투자자의 마음을 움직였고 대규모 투자가 이루어졌다.

스페이스X도 일론 머스크의 성공시키고야 말겠다는 집념으로

우주로 쏘아 올린 로켓이 바다 위 함정에 안전하게 착륙했다. 로켓 재활용이 가능해졌다. 2020년부터 스페이스X는 국방부와 NASA, 정보기관의 발사대행업체로 선정되었다.

드디어 4번째 발사에 성공했다. 지금까지 막대한 개발과 발사 비용이 드는 로켓은 우주로 쏘아 올리면 회수하지 못하는 일회용 소모품이었다. 일론의 생각은 달랐다. 막대한 비용의 로켓을 재활용하겠다는 아이디어였다. 결국 2015년 수많은 실험 끝에 우주로 날아간 로켓을 다시 지구로 한 치의 오차도 없이 안전하게 회수하는 데 성공했다.

게다가 2018년 우주정거장 도킹에 성공하고, 2019년에는 유인 우주선 발사에도 성공하였다. 2020년에는 100번째 로켓 발사에 성공하였다. 스페이스X는 국방부와 NASA로부터 발사 서비스를 제공하는 주요 업체로 선정되었다. 2024년 NASA는 달나라에 기지를 세우는 3조 규모의 '아르테미스 프로젝트'에 스페이스X를 선정하였다.

미 정부 기관도 2조 원대의 계약을 맺고 정찰용 위성 네트워크 구축을 진행하고 있다. 스페이스X는 다른 기업들과 달리 비상장 기업으로 약 60% 정도가 정부의 지원이라고 추정할 뿐 지금까지 매출은 밝히지 않고 있다.

지금까지 나라 간의 국가 통신망은 해저 광케이블로 연결되어 있었다. 여기서도 일론의 생각은 달랐다. 2015년에 하늘을 덮는 저궤도 인공위성의 촘촘한 통신망을 생각해 낸 것이다. 러시아-우크라이나 전쟁에서 그 능력이 드러났듯이 스페이스X의 자회사 스타링크는 현재 6,000개 이상의 저궤도 위성을 쏘아 올렸다. 2027년에는 12,000개 위성으로 지구 어느 곳에서든 인터넷이 될 수 있도록 계획하였다.

최근 중국을 방문한 일론 머스크에게 시진핑은 만약 중국과 대만이 전쟁한다면 대만에 스타링크를 지원하겠냐고 질문했다. 일론 머스크의 답은 밝혀지지 않았다. 그러나 친환경 정책을 펴는 시진핑이 테슬라의 상하이 기가팩토리 공장을 직접 지원하고, 중국 내 전기자동차 시장도 확대되어 가고 있기에 친중국 정책을 펴야 하는 일론 머스크의 입장은 곤혹스러웠을 것이다.

45살이 된 일론 머스크는 2016년에 새로운 도전을 하였다. 그는 여행 중에 아이폰의 정보 입출력이 너무 늦다고 생각했다. 그래서 기존 전기자동차, 우주선에 이어서 새로운 뇌과학 회사인 뉴럴링크 Neuralink를 창업했다. 사람의 생각을 컴퓨터가 뇌파를 해석하여 기계를 조종할 수 있는 '뇌-컴퓨터 인터페이스(BCI)' 기술이 개발 중이다. 2020년에 미 FDA로부터 혁신 기기 지정을 받았다. 2023년에는 쥐, 돼지, 원숭이를 대상으로 한 임상실험 성공에 이어 인간 임상실험을 승인받았다.

이 기술이 성공하면 파킨슨병처럼 뇌와 근육 간에 중증 장애가 있는 사람이 의사소통하거나, 손발이 없는 사람을 대신하여 기계를

※ 인간의 생각을 컴퓨터로 연동시켜 컴퓨터와 기계를 조작하도록 하는 뇌-컴퓨터 인터페이스 기술을 개발하고 있고 현재 임상실험 중이다. 뇌-컴퓨터 인터페이스는 쥐와 원숭이를 통한 실험에서 성공하였다. 뇌 칩을 심은 원숭이는 생각만으로 마우스를 조작하여 게임을 한다. 뇌 칩을 심은 쥐는 인간의 조정으로 동작한다.

조작하게 되는 의료분야의 혁신이 될 것이다. 또 지금의 학습법이 아닌 뇌에 직접 정보를 입력함으로써 학습하는, 교육 분야에서도 혁신이 될 것이다.

개발과 혁신은 항상 논란의 대상이 된다. 인류에게 윤리적인지, 도움이 되는지, 오히려 보안의 위험, 건강의 위험은 없는지에 대한 논란이 현재 뜨거운 상황이다.

일론 머스크는 2017년에 지하 터널 회사인 보링 Boring도 창업했다. 도시지역의 교통혼잡을 피해 진공에 가까운 터널을 만들어 자동차를 총알처럼 고속 운행이 가능하도록 지하 터널 네트워크를 만들겠다는 아이디어다. 지하에 터널을 파 자율주행차로 움직이는 이 시스템을 2013년 일론이 처음 언급했을 때만 해도 망상이라고 비판받았다.

하지만 보링컴퍼니는 2022년 CES 행사장 지하에 길이 2.7㎞, 깊이 12m의 터널을 뚫어 '베이거스 루프'를 운영했고, CES 관람객 수만 명이 이를 이용했다. 다만 허가 문제로 자율주행이 아닌 기사가 테슬라 차량을 운전하는 방식이 적용됐다.

나아가 전기자동차의 초고속 이동을 위해 터널을 아예 진공 튜브로 만들어 승객이 탄 캡슐을 실어 나르는 새로운 운송수단인 하이퍼루프를 계획했다. 이론적으로는 워싱턴에서 뉴욕까지 29분 만

지하 터널 입구에 자동차나 열차가 전기 스케이트 운송시스템에 탑재되어 초고속으로 이동한다는 가상도. 출처: 테슬라 홈페이지

에 갈 수 있는 시속 1천 200km의 속도가 가능하지만, 상용화는 아직 먼 상태다. 현재 보링과 협력하여 영국의 버진그룹과 한국의 철도기술원이 원천기술을 확보해 시범 사업을 준비하고 있다.

50대 중반에 들어선 그의 꿈은 여기서 중단되지 않았다. 2015년 강한 인공지능 개발에 대응하기 위해 샘 올트먼과 함께 비영리법인 '오픈AI'를 설립하였다. 하지만 엔비디아의 GPU(현재 GPU 1개의 가격은 약 5천만 원)로 채워진 AI 시스템 구축에 수십억$가 필요하다는 것을 알게 되었고, 초기 비영리법인의 자금력으로는 부족했다. 또 AI 회사 운영의 가치관도 달라서 결국 일론 머스크는 떠났다. 그 자리에 마이크로소프트가 수조 원을 투자하여 현재 오픈AI의 49%의 지분을 확보하여 최대 주주가 되었다.

이후 2023년, 52살의 일론 머스크도 자체 AI 시스템을 구축하기로 하였고 xAI를 창업하였다. 그동안 오라클로부터 엔비디아 GPU를 임대하는 형식에서 벗어나, 자체적으로 AI 개발의 속도를 내기위해 데이터센터를 구축한다는 계획이다. 그러나 아이러니하게도 그동안 일론 머스크는 '강한 인공지능'에 반대했었다. AI 개발 속도도 늦추고, 정부 규제도 강화해야 한다고 주장했었다.

심지어 AI가 위험하여 "마치 사탄을 불러들인 것과 같다."라고 비판했었다. 그랬던 그가 다른 AI 회사(구글, 마이크로소프트, 애플, 메타 등)는 영리가 목적이라 인류에게 도움이 되는 AI 슈퍼컴퓨터와 AI 클라우드 서비스를 준비하기 위해 독자적인 xAI 회사를 설립한다고 하였다.

2022년에는 미국 대선에서도 많이 활용되었던 Twitter를 언론의 공정성과 민주화를 위하여 비싼 비용으로 인수하여 이름을 X로 바꾸었다. 또한 인간과 닮은 형태의 휴머노이드 로봇회사 옵티머스

Optimus를 창업했다. 2023년에 진짜 사람처럼 사과의 색깔을 구분하고, 미세한 달걀도 옮기고, 셔츠도 접는 옵티머스 2세대를 개발하여 판매할 계획이라고 밝혔다.

그는 'X'를 좋아한다. 수학에서는 미지수를 X로, 로마 숫자에서는 10을 X로 표기한다. X는 새로운 시작이자 무한한 가능성의 상징이다. 그는 창업하는 회사마다 X를 넣었다. 심지어 아들 이름에도 X를 넣었다. 꿈을 현실로 실현하는 혁신적 몽상가의 도전은 지금도 계속되고 있다.

4년마다 수학의 난제를 해결한 사람에게 수여하는 수학 분야의 노벨상인 필즈상을 받은 허준이 교수는 "빠른 길도 있지만, 많이 돌아가는 길도 나중에 모두 좋은 성공의 경험이 되었다."라고 말했다. 돌이켜보면 일론 머스크는 많은 길을 돌아왔다. 그의 어린 시절은 "오히려 시련과 역경이 나를 더 강하게 만들었다."라고 말할 정도로 불행했다. 폭력이 난무한 남아공 사회와 학폭 피해자로 험한 시절을 도서관과 서점의 책에 파묻혀 견디어냈다. 17살에 건너간 캐나다와 미국에서도 극심한 생활고를 겪었다. 대학에서도 전기자동차와 배터리에 관한 책을 놓지 않았지만, 다양한 아르바이트를 하면서 살 수밖에 없었다. 그랬던 그는 결국 2024년에 〈포브스〉와 〈블룸버그통신〉이 선정한 세계적인 슈퍼리치 1위가 되었다.

일론 머스크에게 사람들이 주말도 휴가도 반납하고 지금도 주 100시간을 일하는 이유를 물었을 때 그는 이렇게 대답했다.

"어느 분야든 성공하려면
포기하지 않아야 목표를 달성할 수 있다.
우리가 파산하면 원하지 않아도
푹 쉴 수 있다."

그는 많이 돌아가는 길을 걸었지만, 모든 경험이 결국 다양한 분야에 녹아 들어가 10번의 창업을 가능하게 하였고, 세계 최고의 슈퍼리치로 성공하는 데 좋은 토양이 되었다.

부자들의 성공심리학

① 원격연합, 강제결합법

☞ 창의성이란 "새롭고 가치 있는 아이디어"로 정의한다. 새롭고 독창적이어야 하며, 동시에 개인과 사회에 가치를 높이는 아이디어를 우리는 '창의성'이라고 한다. 심리학자들은 창의성이 과연 계발할 수 있는가에 대해 논쟁을 벌였다. 초기 연구에는 창의성은 뉴턴이나 아인슈타인처럼 특별한 사람에게만 있다고 한 이론이 대세였다.

그러나 1950년에 미국 심리학회 회장이 된 길 포드가 "하나의 정답을 요구하는 지능보다는 창의성이 더 중요한 시대가 되었다."라고 기조 강연을 하였다. 이때부터 창의성 연구가 활발히 이루어졌다. 창의성은 누구에게나 잠재되어 있고, 창의성을 어떻게 계발하느냐에 따라 숨겨진 원석인 창의성을 빛나는 다이아몬드로 가공할 수 있다는 연구가 주류를 이뤘다. 그 이후에 창의성 계발프로그램, 창의성 검사 도구 등에 관한 연구가 많이 이루어졌다.

창의성 계발 기법 중에서도 많이 쓰이고 있는 기법이 원격연합이다. 전혀 연결할 수 없을 것 같았던 멀리 떨어져 있는 것들을 새롭게 연합하여, 새롭고 독창적이며 가치가 있을수록 창의적인 아이디어 또는 창의적인 제품이라는 것이다. 예를 들어, 기존 냉장고에 전혀 연계되지 않을 것 같았던 와인, 쌀, 반찬, 김치, 심지

어 화장품 등을 연합시켜 와인 냉장고, 반찬 냉장고 등 다양한 용
도의 냉장고로 활용하는 것과 같다.

또 과거 전화를 걸고 받기만 하던 핸드폰에 인터넷, 카메라, 내
비게이션, 은행 등을 연합시켜 스마트폰은 이제 필수품이 되었
다. 지금까지 생각하지도 않았던 전혀 별개의 떨어진(원격) 개념
들을 하나로 연합시켜 새롭고 가치 있는 아이디어나 제품을 만드
는 기법을 원격 연합이라고 한다.

원격연합 중에서도 강제결합법이란 기존에 연결하지 못할 것
같은 것들을 강제로 연결해 보는 것이다. 예를 들어, 차는 육지에
서 달리고 비행기는 하늘에서, 배는 바다에서 다니는 것은 누구
나 알고 있다. 이때 차가 육지에서 달리다가 공중에서 드론처럼
날아다니고 강이나 바다에서는 해병대의 수륙양용차처럼 뒤집
히지 않도록 옆 날개가 살짝 나오고 스크루까지 나오는 자동차가
발명된다면 대단히 창의적인 발명품이 될 것이다.

② 강한 인공지능

☞ 인공지능이란 쉽게 말하면 인간 지능의 주요 기능인 새로운
지식과 개념을 학습하고, 학습한 지식에 근거하여 안 보이는 현상
도 추론하고 예측하는 지능을 컴퓨터가 구현하도록 만든 것이다.

1950년대부터 천재 수학자 앨런 튜링은 '생각하는 기계'에 대
해 연구하였다. 그는 수학의 문자와 숫자, 기호로 완결된 구조를
논리적으로 만들려고 했다. 이렇게 수학적 논리로 표현할 수 있는
명령체계를 프로그램이라고 한다. 프로그램을 만드는 작업을 코
딩이라고 하고, 수학적으로 완결된 구조를 알고리즘이라고 한다.

여기서 학자들은 강한 인공지능과 약한 인공지능으로 구분한
다. 강한 인공지능으로 떠오르는 이미지는 터미네이터의 스카이

넷처럼 인공지능 로봇이 인간을, 지구를 오염시키는 바이러스로 인식하여 살해한다는 이미지를 떠 올릴 것이다. 그러나 아직 이러한 강한 인공지능이 만들어지기까지는 긴 시간이 걸린다. 인간은 이에 대응하기 위해 AI 윤리를 비롯하여 다양한 대처방안을 진행하고 있다. 반면, 약한 인공지능이란 분야별로 전문적인 지식을 학습하여 인간을 돕는 인공지능이다.

지금까지 인공지능의 개발은 몇 차례의 봄과 겨울을 거치면서 발전하였다. 검색과 분류를 주로 해왔던 인공지능이 1990년대 기계학습과 딥러닝을 거쳐, 2000년에 들어 인터넷과 고성능화된 컴퓨터의 발전, 축적된 빅데이터로 인해 인공지능은 빠른 속도로 발전하였다.

2022년 11월 오픈AI의 챗GPT가 등장하였다. 초거대 언어적 모델로 지난 50년간 사람이 만들어낸 인터넷 문건을 학습한 챗GPT는 사람의 의도를 파악하고 원하는 정보를 생성해 주는 생성형 인공지능이 등장하였다. 이는 컴퓨터와 인터넷이 등장할 때와 같은 충격이었고 인공지능 연구자들도 예측하지 못한 발전이었다.

마이크로소프트, 애플, 구글, 메타, 오픈AI 들은 인공지능 회사로 바뀌기 시작하였다. 자사의 프로그램에 인공지능을 접목하여 똑똑한 비서처럼 일정을 관리하고 예약하며, 몇 초 만에 새로운 음악과 이미지를 생성하고, 파워포인트와 엑셀을 자동 생성시키며, 수많은 페이지의 법조문과 논문 PDF나 유튜브를 요약 정리하는 등 이제 우리 일상에도 인공지능이 널리 활용되고 있다.

3

무조건 최저가 인터넷 서점에서
우주로 향한 꿈의 실천,
제프 베조스

1997년 스타트업 회사인 아마존의 주가는 0.09$로 시작했다. 2025년 1월 현재 아마존의 주가는 235.54$로 무려 261,616% 성장하였다. 월스트리트에서 잘 나가던 연봉 100만$(한화 약 14억 5천만 원)의 최연소 헤지펀드 부사장이었던 30살의 제프 베조스가 어느 날 아침 출근길에 '인터넷이 1년에 200~300% 증가할 것'이라는 기사 한 줄을 보고 사표를 던졌다. 인생을 건 모험이었다. 그리고 그의 시애틀 집 차고에서 인터넷 서점을 차렸다. 무릎이 까질 때까지 책 배송 박스에 테이프를 붙였고 우체국에서 매일 소포를 보냈다. 이렇게 시작한 아마존은 2025년 1월 현재 미국 시총 4위로 성장하였다. 제프 베조스 개인적으로는 〈포브스〉의 세계 억만장자 순위에서 2020년부터 3년 연속 1위를 차지하여 세계 최고의 슈퍼리치가 되었다. 당시 그의 순자산은 1,130억$(한화 약 136조 8,317억 원)로 평가되었다.

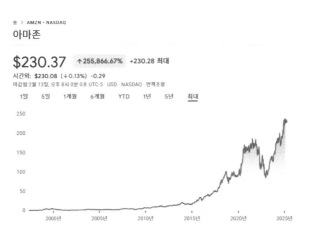

홈 〉 AMZN · NASDAQ

아마존

$230.37 ↑255,866.67% +230.28 최대
시간외: $230.08 (↓0.13%) -0.29
마감됨 2월 13일, 오후 8시 0분 0초 UTC-5 · USD · NASDAQ 면책조항

| 1일 | 5일 | 1개월 | 6개월 | YTD | 1년 | 5년 | **최대** |

출처: https://www.google.co.kr/search?q=아마존+주가, https://top.hibuz.com/

사람들은 아마존의 시작을 어느 날 갑자기 신문 기사를 보고 예상치 못한 '부'의 기회나 행운을 발견한 것처럼 쉽게 얘기할 수도 있다. 그러나 과연 어느 날 갑자기 찾아온 기회일까? 심리학자들은 '노'라고 대답한다.

사람들은 뉴턴이 사과나무에서 우연히 떨어지는 사과를 보고 중력이론의 아이디어를 찾았다고 한다. 하지만 그건 아니다. 뉴턴이 밝히기를 오랫동안 중력에 관심을 두고 선행 연구를 찾아보면서 연구하고 실험하던 중에 떨어지는 사과를 보고 무릎을 쳤다고 하였다.

1945년에 노벨 생리의학상을 받은 플레밍의 이야기도 그렇다. 그는 어느 날 실험실로 우연히 날아든 희귀한 푸른곰팡이에서 병원성 세균을 치료하는 항생제 페니실린을 발견했다. 아마도 다른 세균학자들은 아침에 실험실에서 이상한 푸른곰팡이를 발견하고 쓰레기통에 버렸을 것이다. 하지만 플레밍은 시행착오를 겪으며 수없이 실험하고 실패했기에 새로운 푸른곰팡이에 관심을 가지고 연구했다. 준비된 우연으로 유명한 항생제 페니실린이 많은 생명을 살렸다.

2010년에 노벨 물리학상을 받은 가임과 노보셀로프의 3M 테이프의 이야기도 사람들은 우연이라고 쉽게 말한다. 그래핀은 도체로서 전기와 열전도 성능이 뛰어나고, 현존하는 물질 중 가장 얇으면서도 가장 강한 물질이다. 사람들은 연필심의 흑연을 우연히 3M 테이프로 떼었다 붙이기를 반복하다가 그래핀을 발견했다고 한다. 하지만 결코 단순한 우연이 아니다. 이들은 기존의 온갖 과학적 연구 방법으로 실험을 거듭하다가 3M 테이프의 아이디어로 결국 그래핀을 발견할 수 있었다.

하늘은 스스로 돕는 자를 돕는다. 세균학의 아버지 파스퇴르는 "우연은 준비된 마음에만 찾아온다."라고 하였다. 스쳐 갈지도 모를 기회를 자신의 기회와 행운으로 만들려면, 그전에 관심을 가지고 철저한 노력과 준비를 하고 있어야 '우연'을 '기회'로 만들 수 있다.

와이즈 버그는 성공한 창의적인 사람들을 연구해 어느 한 분야에서 제대로 된 창의성을 발현하려면 10년이 걸린다는 '10년의 법칙'을 밝혔다. 또 월등히 뛰어난 사람들에 관해 연구한 말콤 글래드웰의 책 《아웃라이어》에서는 어떤 분야든 전문가가 되려면 1만 시간이 필요하다는 '1만 시간의 법칙'을 제시하였다. 하루에 3시간씩 10년을 꾸준히 노력하면 1만 시간이 된다. 자신의 분야에서 최고가 되기 위해서는 치열한 노력으로 실력을 쌓아야 한다. 실력으로 준비된 자만이 다가오는 기회를 내 것으로 잡을 수 있다.

부와 성공의 기회를 잡은 제프 베조스는 오늘이 있기까지 가장 큰 영향을 준 사람으로 세 사람으로 꼽았다. 첫 번째는 어머니. 고등학생 미혼모인 어머니는 1964년 17살에 제프 베조스를 낳았으나, 역시 고등학생인 생부와 17개월 만에 이혼했다. 고등학교도 제대로 나오지 못하고 가난했지만, 아들 교육만큼은 열정적인 어머니였다.

제프 베조스는 일생의 멘토로 교육열이 높은 어머니, 쿠바 난민 출신인 양아버지, 외할아버지를 꼽았다.

두 번째는 양아버지다. 제프 베조스가 4살 때, 어머니는 은행에서 같이 일하던 가난한 쿠바 난민 출신의 성실한 미겔 베조스와 재혼했다. 미겔 베조스는 치열하게 노력하여 난민 출신에서 석유 재벌인 엑소의 임원까지 승진한 사람이다.

그는 제프 베조스를 사랑으로 키우고 아낌없이 사회적 지지를 해주었다. 아들이 밑바닥에서 스타트업 아마존을 창업했을 때도 무조건 믿고 지지하였으며 기꺼이 첫 투자자가 되었다. 제프 베조스는 "아버지는 내 일생의 멘토"라고 늘 말하였다.

세 번째는 외할아버지다. 그는 국방부 원자력위원회에서 원자폭탄과 수소폭탄 개발을 감독하고, 우주공학과 미사일 방어시스템을 연구한 이공계 전문가였다. 어린 시절 제프는 여름방학 때마다 외할아버지 농장에서 함께 보내며 우주와 과학기술, 기업가의 자질을 배웠다고 하였다.

그가 외할아버지에 대해 회상하면서, 자신의 똑똑함을 자랑하기보다는 친절함을 지니는 게 더 소중함을 깨우쳐 주신 분이라고 하였다. 제프는 여름방학 때마다 외할아버지와 외할머니와 함께 캠핑하기를 좋아했다. 어느 날 차 안에서 외할머니가 줄담배를 피우자, 담배 냄새가 싫었던 제프는 외할머니에게 "담배 1개비에 2분씩 수

명이 단축되고, 지금까지 핀 담배를 계산하면 9년의 수명이 단축될 거예요.”라고 말했다. 그런데, 자신의 수학 실력을 뽐냈지만, 외할머니는 기분이 상했다. 그러자 외할아버지가 조용히 그를 불러 “애야, 남에게 똑똑함을 보여주기보다는 친절과 배려가 세상에서는 더 중요하다는 것을 알아야 한다.”라고 타일렀다고 했다.

어머니와 쿠바 난민 출신인 양아버지는 가난했기에 책을 사줄 돈이 없었다. 그래서 제프 베조스는 늘 책이 가득 찬 도서관에서 과학과 공상과학소설, 컴퓨터, 문학 소설 등 다양한 책을 읽었다. 아마존 경영방식은 책에 영향을 많이 받았고, 특히 가즈오 이시구로가 쓴 소설 ‘남아있는 나날 Remains of the Day’를 좋아했다고 하면서, ‘작가가 직업 생활에서 꼼꼼히 관찰한 인내와 전략적 계획의 중요성’을 소설로 배웠다고 말할 정도였다.

또 양아버지는 아들과 함께 차고를 작업실로 만들어 가전제품을 분해하고 조립하면서 새롭고 다르게 발명하기를 즐겼다. 우산과 쿠킹포일로 태양열 조리기도 발명하고, 타이어에 시멘트를 채워 자동문 개폐기를 발명하기도 하였다. 작업실에는 제프 베조스가 분해한 가전제품과 새로운 발명품으로 가득 찼다.

어릴 때부터 시작한 제프 베조스의 발명에 대한 열정으로 지금까지 336개의 발명특허를 보유했다. 그의 발명 열정은 아마존 CEO에서 은퇴할 때 전 직원에게 보낸 이메일에서도 나타났다.

“끊임없이 발명하세요. 아이디어가
처음에는 말도 안 되는 것처럼 보인다고 하더라도
절망하지 마세요. 방황하는 것을 잊지 마세요.
호기심은 여러분의 나침반입니다.”

외할아버지와 부모님의 사회적 지지가 오늘날 제프 베조스의 든든한 힘이 되었다. 심리학자들은 부모님이 자녀의 발달에 큰 영향을 주는 '사회적 지지'를 정서적 지지, 평가적 지지, 정보적 지지, 물질적 지지의 4가지로 구분하였다. 사회적 지지에 대한 자세한 내용은 본문 마지막에서 살펴보기로 한다.

그의 학창 시절은 한마디로 지적 호기심과 과학기술에 대한 열정, 1등의 승부 근성으로 가득했다. 텍사스 휴스턴에 있는 리버 오크스 초등학교에 입학한 것은 그에게 행운이었다. 그 초등학교는 다른 학교에는 없는 영재교육 프로그램을 운영하는 특별한 학교였다. 그는 과학과 수학, 컴퓨터에 관심이 많았고, 모든 과목에서 학업 성적이 뛰어나서 영재반에서 공부할 수 있었다. 그리고 IBM 메인프레임 컴퓨터를 사용하면서 컴퓨터에 빠졌다. 영재학급 선생님은 그를 "지능이 뛰어나며, 친절하고 진지한 아이"라고 평가했다.

중학교에서는 선생님들이 그를 동급생보다 학업적으로 아주 탁월하고 야심 찬 학생이라고 했다. 그는 항상 1등이었다. 또 친구들보다 빨리 수학 문제를 풀려고 애썼고, 더 어려운 과학 경진대회에서 최우수상을 받았다. 최고가 되려는 그의 경쟁심과 열정적인 특성은 나중에 사업을 할 때도 잘 나타났다. 학생은 학교에서 지식을 배우지만, 삶의 열정과 태도도 배운다.

고등학교 때도 수학, 과학, 영문학 등 전 과목 수석 졸업을 했다. 졸업생을 대표한 연설에서 "우주 그 마지막 개척지에서 만납시다!"라는 멋진 졸업 연설을 하였다. 그의 꿈인 졸업 연설은 결국 2023년 12월 우주로 향한 로켓 발사에 성공하고 2024년 우주 관광에 성공함으로써 실현되었다.

프린스턴대학에 입학하여 처음에는 에디슨이 좋아서 물리학 전공을 선택했다. 그런데 양자역학이 너무 어려웠다. 교실 안을 둘러보니 그가 밤샘해서 공부해도 못 풀던 문제를 그보다 물리학을 더 잘하는 세 명이 몇 시간 만에 푸는 것을 보고 물리학에서 1등을 할 수 없다는 것을 깨달았다. 그래서 컴퓨터사이언스로 전과하였고, 4.3 만점에 4.2로 수석 졸업했다.

여기서 그의 특성을 잘 알 수 있다. 학창 시절에 수석을 놓치지 않았던 그가 물리학과에서 1등을 하지 못할 것을 알아채고는 과감히 전과해서 컴퓨터사이언스에서 수석 졸업한, 한마디로 지고는 못 배기는 '1등 승부 근성'을 엿볼 수 있다.

대학 졸업반이 되면 누구나 그렇듯이 그도 진로에 대한 고민이 많았다. 인텔, AT&T 등 대기업에서 이미 스카우트 제안이 들어왔다. 여기서 또 그의 승부 근성이 발동하였다. 그는 연봉이 많은 안정된 대기업의 제안을 모두 거절했다. 오히려 자기 능력을 키워줄 조그만 스타트업 회사인 피텔(주식거래 프로그램 개발회사)에 입사했다. 그곳에서도 1년 만에 실력을 인정받아 기술 및 사업 개발 담당 부서장이 되었다.

26살의 제프 베조스는 피텔에서 키운 능력으로 다시 월스트리트의 신생 헤지펀드 회사인 디이 쇼우 D.E.SHAW로 이직하였다. 이 회사에서도 능력을 인정받아 인터넷 기반 트레이딩 전략팀장에서 4년 만에 연봉 100만$의 최연소 부사장으로 승진하였다. 그의 나이 30살이었다.

그러던 어느 날 출근길에 "인터넷이 1년에 200~300% 성장할 것이다."라는 기사 한 줄을 보고 새로운 인터넷의 놀라운 성장에 충격을 받았다. 그리고 인터넷으로 큰돈을 벌 아이디어가 떠올랐다. 그는 사장에게 인터넷을 통해 물건을 파는 온라인 전자상거래라는 아이디어를 제안했다.

그러나 아직 '온라인 전자상거래'란 개념 자체가 생소했던 세상이었고, 물건은 백화점이나 슈퍼마켓 등 오프라인에서 사는 세상이었다. 전자상거래란 아이디어를 이해하지 못한 사장은 제안을 거절했다. 제프 베조스가 사표를 내자, 사장은 "이미 성공했는데 왜 위험한 도전을 하느냐? 연봉을 더 올려주겠다."라고 했다. 하지만 그는 "훗날 80살이 되어 인생을 뒤돌아볼 때, 지금 시도조차 하지 않으면 후회할 것 같다."라고 하면서 퇴사했다. 참고로, 디 쇼우는 2020년에 세계 10대 헤지펀드사로 선정되었다.

1994년 그는 고향 시애틀로 돌아왔다. 집 차고에 사무실을 차려놓고 "인터넷으로 무엇을 팔 수 있을까?"를 고민하면서 팔 수 있는 물건들의 목록을 20가지 정도 체크리스트에 작성하면서 지워나가기 시작하였다. 많은 고민 끝에 인터넷으로 책을 팔기로 결정했다. 그는 세상에 아무리 큰 오프라인의 도서관이나 서점이라도 모든 책을 다 갖고 있지 않기에 온라인에서 수백만 권의 책을 효율적으로 판매할 수 있을 것이라는 아이디어로 직원 3명과 함께 창업했다.

아마존이란 이름도 브라질 여행에서 본 무한히 넓은 미지의 땅인 아마존에서 착안하였다. 1995년 아버지, 친척, 친구들로부터 200만$의 창업자금을 조달받아 책 판매 웹사이트를 개발했다. 투자자들에게는 70%는 파산할 수 있다고 미리 알렸다. 따로 광고할 돈도 없었다. 웹사이트를 통해 주문받은 책의 배송 박스에 테이프를 붙이다가 무릎이 까질 정도로 힘들었다. 창고에 있는 책은 2천 권 정도였고, 주문이 들어오면 출판사와 도매업체를 통해 직접 처리했다.

그런데 예상치도 못한 신기한 일이 일어났다. 광고한 적도 없는데 인터넷으로 아마존 웹사이트만을 보고 세계 45개국에서 책 주문이 쏟아져 들어온 것이다. 3일 만에 야후의 추천 사이트에 등록되었고, 두 달 만에 8천만 원의 매출이 발생했다. 인터넷의 성장 가능성을 일찍이 알아차리고 혁신적인 비즈니스 수익모델을 사업화한 그의 첫 성공이었다.

아마존 웹사이트도 혁신적 아이디어로 개선해서 다양한 책 추천, 이달의 베스트셀러, 독자 리뷰 등 새로운 기능을 추가했다. 처음 메모지에 창업 아이디어를 적은 것처럼 무조건 최저가와 소비자 경험을 향상하여 재방문 고객을 유도하고 아마존의 생태계를 확대해 나간다는 전략이 성공했다. 책에서 시작한 아마존은 음반, 비디오, 장난감 등 판매하는 물건도 점점 늘려 나갔다. 그는 기존 오프라인 물류 질서를 파괴하고 혁신한 온라인 전자상거래를 성공시킨 것이다.

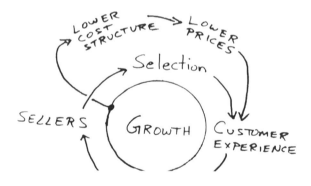

심리학자들은 일반 사람들보다 사회적으로나 금전적으로 성공한 사람들의 성향에 관해 연구하였다. 성공한 창의적인 사람들을 연구한 결과, 5가지 성향이 강력하다는 것을 발견했다. 제프 베조스는 어린 시절부터 이런 성향이 강했다. 5가지 창의적인 성향과 개발 방법에 대해서는 본문 마지막에서 자세히 살펴보기로 한다.

일반적으로 창업한 지 1년 이내에 실패할 확률이 90%라고 한다. 창업한 제프 베조스에게도 첫 번째 파산 위기가 닥쳤다. 세계 각국에서 주문이 늘어나고 매출은 늘었지만, 계속되는 최저가에 발목이 잡혀 영업이익이 거의 없을 지경이었다. 2001년 미국의 4대 투자은행인 리먼 브러더스는 '아마존은 1년 이내 파산 위기'라고 보고서를 냈다. 엎친 데 덮친 격으로 2000년대의 인터넷 닷컴 .com 열풍이 꺼지면서 200$ 하던 주가가 6$까지 폭락하면서 파산 위기가 닥쳤다.

이때 제프 베조스에게 또 하나의 인터넷 활용 사업 아이디어가 떠올랐다. 아마존이 미국 최대 세일 행사인 블랙프라이데이에 대비하여 아마존의 서버를 세계 최대 규모로 증설해 놓았는데, 2003년에 이 서버를 활용하여 클라우드 컴퓨팅 사업을 위한 아마존 웹 서비스회사 AWS amazon web service를 창업하였다.

2003년에 4억$ 매출을 올린 클라우딩 서비스 사업은 전 세계의 기업과 개인 등 사용자가 폭발적으로 늘어나면서 엄청난 속도로 성장했다. 아마존에는 동생 격이지만, 형에게 큰 힘을 실어준 동생이었다. 아마존은 2013년 최저가 판매 전략으로 영업이익을 별로 내지를 못했지만, AWS에서 벌어들인 이익금은 다시 아마존으로 재투자되었고, 아마존은 세계 최대 전자상거래 쇼핑몰 업체로 성장할 수 있었다.

그는 클라우드 컴퓨팅이 IT 인프라의 미래라고 믿었고, 이를 통해 아마존이 기술혁신의 선두에 서기를 원했다. AWS는 웹 호스팅, 데이터 저장, 분석 등 다양한 IT 서비스를 제공하면서, 스타트업부터 대기업에 이르기까지 인프라를 구축하고 운영에 드는 초기 비용과 복잡성을 줄일 수 있도록 만들었다. 그 결과, 기업들이 AWS를 많이 선택했다. 넷플릭스, 에어비앤비 등 성공적인 스타트업들이 AWS를 선택했다. 2024년에 세계 3대 클라우드 컴퓨팅 기업의 시장점유율은 AWS(31%), Azure(20%), Google Cloud(12%)다.

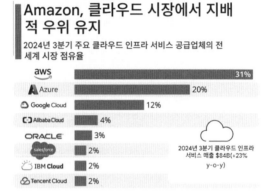

출처: https://www.fortunekorea.co.kr/news/articleView.html?idxno=43923

제프 베조스의 창의적인 발명가 성향은 여기서 멈추지 않았다. 세계 최대 규모의 아마존은 다른 전자상거래에서 하지 않은 창의적인 아이디어를 속속 도입하였다. 제품에 대한 소비자 리뷰제를 도입한 것이다. 우리가 처음 가는 식당이나 새로운 물건을 살 때 소비자 별점과 리뷰를 참고할 경우가 많다. 제프 베조스는 솔직한 소비자 리뷰를 필터링 없이 그대로 공개하기로 했다. 그에게는 소비자 리뷰에 대한 확고한 신념이 있었기 때문이다.

아마존 초기에 책 판매를 시작할 때만 해도 독자 리뷰에 대해 출판사와 도매 서점에서 항의가 심했다. 한마디로 부정적인 내용은 필터링해달라는 것이었다. 그러나 제프 베조스는 있는 그대로의 리뷰가 결국 출판 생태계를 선순환하여 더 성장시킬 것이라고 출판사를 설득했다. 결국 더 많은 독자가 아마존의 리뷰를 믿게 되었고, 아마존은 더 많은 매출이익이 생겼고, 출판사는 더 많은 책을 출판했다.

또 지금은 많이 쓰이지만, 아마존은 최초로 원클릭 1-Click 쇼핑 시스템을 도입했다. 고객이 한번 아마존에 결제 정보를 입력하면 다음부터는 클릭 한 번으로 결제할 수 있게 했다. 소비자가 쉽고 간편하게 구매하고, 아마존의 구매 생태계에 계속 머물도록 만든 것이다. 제프 베조스는 어릴 때부터 호기심을 가지고 창의적인 아이디어를 내면서 직접 손으로 발명해 봤기에 "더 쉽고, 더 빠르게 Buy Better and Faster"라는 아마존 모토에 맞게 끊임없이 새롭고 편리한 플랫폼으로 개선했다.

사람들은 세계 최대 규모의 전자상거래 회사인 아마존이 왜 영업이익 1%를 지금도 고집하는지 궁금했다. 그는 아마존에서 최저가 공세가 가능한 이유를 두 가지로 설명했다. 첫 번째 이유는 고객이 상품의 질과 서비스 만족도가 높은 아마존 생태계에 계속 머물도록 만들었기 때문이고, 두 번째 이유는 아마존웹서비스의 현금동원력이 있었기 때문에 가능하였다고 하였다. 여기에 더하여 아마존 고객의 빅데이터가 효자로 작용하였다. 아마존 사이트에서 고객이 자주 검색하는 관심 정보와 구매 이력 등의 정보로 고객 개인별 맞춤형 구매와 배달 서비스가 가능해진 것이다.

여기서 아마존에 관한 유명한 이야기가 있다. 2016년 미 대통령 선거전에서 여러 여론조사가 힐러리 클린턴의 승리를 예측했지만, 실제 결과는 트럼프가 승리했다. 선거가 임박하자 사람들이 아마존에서 트럼프 관련 선거 용품에 대한 검색과 매출이 급상승했기에 아마존은 이 빅데이터로 트럼프가 당선되리라고 예측했다.

현재 아마존은 중국의 알리바바, 테무, 쉬인 등 초저가 전자상거래 플랫폼 회사들의 맹추격을 받고 있다. 2024년 주요 전자상거래 기업의 시장점유율은 아마존 40%, 알리바바 20%, 테무 15%, 쉬인

10%로 아마존이 여전히 시장에서 가장 큰 점유율을 차지하고 있다. 그러나 알리바바의 글로벌 확장, 테무의 저가 정책, 쉬인의 패스트 패션 전략은 아마존에 도전이 되고 있다.

하지만 지금까지 살펴본 것처럼, 제프 베조스의 어린 시절과 학창 시절, 아마존의 성공과 위기 극복의 매 순간을 꿰뚫는 특성은 1등을 놓치지 않는 승부 근성이었다. 그러기에 아마존이 또 어떤 새로운 변신을 하고, 혁신적인 아이디어를 내놓을지는 앞으로 지켜볼 일이다.

한편, 제프 베조스는 거대화된 아마존이 공룡화되고 관료화되어 경직되는 것을 우려하여, 전 직원에게 메일을 보냈다.

"아마존의 규모가 커질수록 거대한 공룡이 된다.
관리직이 될수록 외부 고객과 멀어지고,
형식과 절차를 따지려 들며,
직원을 통제하려는 나쁜 조직문화로 변질된다.
민첩성과 의사결정 속도도 느려진다.
그래서 형식을 파괴하고 혁신을 갈망해야 한다."

형식 파괴와 혁신의 예 중에 하나로 2004년도부터 파워포인트 PPT를 금지했다. 실질적이고 깊이 있는 내용보다는 화려한 페이지 작성과 애니메이션에 많은 시간과 노력을 낭비하고 있기 때문이다. 대신 6쪽 이내의 보고서 작성으로 회의방식을 전환했다.

그는 아마존이 경쟁사와의 출혈 경쟁이 아닌, 고객 중심의 사업에만 경영의 포커스를 맞추면서, 본인뿐 아니라 직원들에게도 발명과 혁신에 대해 요구하였다. 또한 직원들에게 완벽하고도 제대로 된 전문가가 될 것을 요구하였다. 또 창업할 때 초심이었던 고객을 중심에 두는 'Day 1' 정신을 강조했다. 그래서 아마존의 모든 연례 보고서에는 그가 1997년 처음 보낸 주주 서한을 첨부한다. 주주 서한에는 "인터넷을 위한 Day 1이며, 우리가 잘 운영한다면 아마존을 위한 첫날이 될 것입니다."라고 쓰여 있다.

Day 1 정신	Day 2 정신
고객 중심	내부 과제에 집중
고품질, 빠른 결정	관료적이고 합의에 기반한 결정
새로운 기능을 배양하기 위한 실험	이미 확고한 역량에 투자
실패 수용	실패를 두려워 함
민첩한 조직 구조	깊은 계층의 조직 구조
팀에서 만든 것을 소유하는 소규모 팀	종속성이 많은 대규모 팀
장기적이고 지속적인 가치 우선시	즉각적이고 단기적인 가치 우선시

하버드 비즈니스 스쿨에서 제프 베조스와 아마존의 성공을 연구한 결과 3가지 성공 요인이 있다고 하였다.

첫 번째 성공 요인은 리더십과 전략이다. 장기적인 고객 중심으로 고객의 요구를 최우선으로 고려하며, 단기적인 손실은 감수하고 장기적인 비전을 가지고 혁신을 추구했기 때문이다.

두 번째 성공 요인은 특허와 혁신이다. 하버드 비즈니스 스쿨의 연구자들은 베조스의 특허 활동을 분석하여 그가 아마존의 핵심 비즈니스 영역인 전자상거래, 물류, 디지털 콘텐츠 및 컴퓨팅에서 많은 발명을 했다고 하였다. 그는 고객 중심의 관점을 반영한 특허를 다수 보유하고 있으며, 이는 그의 혁신적인 사고방식을 보여준다.

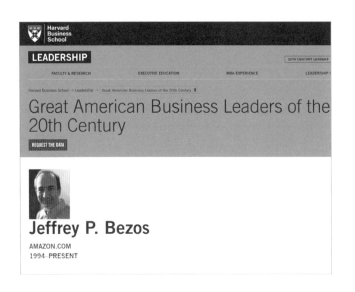

세 번째 성공 요인은 조직문화와 전략적 결정이다. 베조스는 데이터에 기반한 의사결정을 중시하며, 아마존이 TV 광고보다는 데이터를 통한 고객 경험 개선에 집중하는 이유 중 하나라고 하였다.

2020년 제프 베조스는 과학자와 환경 운동가와 함께 기후변화를 막고 지구를 보호하기 위하여 100억$(한화 약 14조 5천억 원)의 기금을 마련하는 어스 펀드 earth fund를 설립하였다. 그리고 2022년 11월 CNN과의 인터뷰에서 본인의 전 재산을 기후변화 대응과 사회 정치적 통합을 위해 기부하겠다고 밝혔다. 2024년에는 온실가스 배출의 주요 원인인 가축에서 벗어나 우리의 식단을 바꿀 수 있는 대체 단백질 개발에 6,000만$를 투자하는 등 기후변화 대응에 노력하였다.

한편, 5살이던 제프 베조스는 1969년에 TV에서 아폴로 11호가 달 착륙하는 모습을 지켜보았다. 아폴로 11호의 달 착륙은 그에게 우주로 향하는 꿈을 갖게 한 큰 사건이었다. 그는 우주로 향하는 꿈을 실현하기 위해 2000년에 민간 우주기업 블루 오리진 Blue Origin을 창업했다. 그리고 2021년에 아마존 창업 27년 만에 CEO에서 사퇴하고 본격적으로 블루 오리진에 집중하였다. 현재 블루 오리진은 일론 머스크의 스페이스X와 최대 경쟁사다.

1969년 5살이던 제프 베조스가 TV에서 본 아폴로 11호의 달 착륙은 우주로 향한 꿈을 갖게 하였다. 그는 2000년에 블루 오리진을 창업하여 꿈을 실현했다.

블루 오리진은 2024년 5월에 6명을 태운 우주 관광용 로켓 발사에 성공했다. 지금까지 제프 베조스를 포함하여 7차례 유인 우주비행에 성공하였다. 일론 머스크의 스페이스X는 2021년에 4명을 태우고 지구 상공 500km의 궤도를 3일간 돌고 귀환하였다. 그리고 우주관광산업에 뛰어든 또 다른 민간 우주기업으로는 2023년 6월 지구 상공 85km에서 성공한 버진갤럭틱도 있다. 3개 회사의 우주 관광 사업은 제프 베조스가 블루 오리진에 전념하면서 다시 불붙기 시작하였다.

2021년 제프 베조스는 블루 오리진에 전념하면서 2024.5월 현재 우주 관광용 발사체 '뉴 셰퍼드'가 6명을 태우고 우주여행을 성공적으로 마쳤다. 출처: 블루 오리진 홈페이지

부자들의 성공심리학

① 부모의 사회적 지지 social support

☞ "아이 하나를 키우기 위해선 마을 전체가 필요하다."라는 말은 아프리카 나이지리아의 속담이다. 이처럼 아이가 인지적으로나 사회 정서적으로 잘 발달하기 위해 영향을 주는 중요한 사람이 있다. 부모님과 선생님, 그리고 친구다. 이 중에서도 부모님이 어릴 때부터 가장 큰 영향을 준다.

기존 심리학 연구에서 부모가 아이에게 주는 일방향적 연구가 많았다면, 최근에는 부모와 아이와의 쌍방향적 연구가 더 많아졌다. 인간관계란 유기적인 상호작용의 결과이기 때문이다. 예를 들면, 과거에는 부모가 애정을 많이 주고 사회적 지지를 잘 해주었기에 아이도 좋은 성격을 형성하고 안정적으로 공부도 잘한다는, 부모가 아이에게 일방향적인 영향을 준다고 하였다. 그러나 요즘은 부모가 사회적 지지와 애정을 많이 주니 아이도 잘 성장하고, 아이가 잘 성장하니 부모도 더 좋은 사회적 지지와 애정을 주려고 한다는 것이다. 부모와 아이는 상호 영향을 주고받는다.

여기서 부모의 사회적 지지란 4장에서 다룬 심리적 지원군처럼 부모가 아이의 올바른 성장 발달과 좌절을 극복하며 문제를 해결해 가는 과정을 지원하는 것을 말한다. 심리학에서 부모의 사회적 지지는 4가지 유형으로 구분한다.

(1) 사회적, 정서적 욕구를 충족시켜 주는 무조건적인 사랑과 이해, 믿음, 공감과 경청의 정서적 지지
(2) 칭찬하고 소질을 인정하며 의사를 존중해 주는 평가적 지지
(3) 문제해결, 의사결정, 적응, 위기 등의 상황에서 제공되는 충고, 지도와 사회에 대한 지식 제공 등에 관련된 정보적 지지
(4) 돈, 물건, 서비스, 시간 등의 제공에 관한 물질적 지지

심리학에서는 부모의 사회적 지지도가 높은 청소년들이 학교 적응력이 높고, 스트레스 수준은 낮으며, 자아개념이 높다고 하였다. 아이가 어릴 때일수록 무조건적인 사랑과 믿음을 주는 정서적 지지가 중요하다. 그리고 학창 시절에는 정서적, 물질적 지지도 중요하지만, 평가적 지지와 정보적 지지가 아이의 성적 향상과 학교 적응력 및 문제해결력도 높아지고, 진로와 진학에 대한 자아개념도 높아진다고 하였다.

② 창의적 성향

☞ 심리학자들은 노벨상을 받거나, 엄청난 부를 성취한 슈퍼리치, 탁월한 과학자나 예술가 등에 관한 인물 연구에 관심이 많다. 그리고 그들이 어떻게 남달리 성공할 수 있을까에 대한 성공 요인을 찾고자 하였다. 성공 요인 중 하나가 창의적 성향이다.

창의적 성향은 심리학자마다 의견이 조금씩 다를 수 있으나, 공통으로 5가지 성향이 있다. 여기서 여러분이 5가지 성향 중에 내가 어떤 성향이 더 강하고 약한지를 잘 살펴보면, 본인의 창의적 성향을 높일 수 있다. 또 이 책의 슈퍼리치들을 생각해 보면서 "아~ 이런 성향이 특히 강했구나!" 머릿속에 비교해 보면서 읽어

보면 본인에게도 도움이 된다.

(1) **민감성** : 자신과 자신을 둘러싼 환경에 대해 민감한 관심을 보이고 탐색해 보려는 성향이다. 호기심을 가지고 익숙한 것을 낯설게 보기도 하고, 낯선 것을 익숙하게 보려는 성향이 민감성이다. 빌 게이츠는 컴퓨터의 소프트웨어에, 제프 베조스는 인터넷에 민감하게 반응하고 새롭게 탐색하여 열정적으로 탐구하여 실력을 쌓았다.

(2) **개방성** : 모든 가능성을 열어두고 수용하려는 성향이다. 자신이나 사회의 고정관념에서 벗어나야 새로운 관점이 생기고 다양하고 엉뚱하기도 한 창의적인 문제해결 방안이 떠오르는 것이다.

(3) **인내심** : 애매모호함과 불확실성을 끝까지 견디며 포기하지 않는 성향이다. 보통 사람들은 애매모호하거나 불확실한 문제나 상황이 닥치면 골치가 아프거나 머리 쓰기가 싫어서 쉽게 포기하려 한다. 그러나 그냥 쉽게 결정하지 않고, 다양한 관점에서 생각해 보며, 불확실성의 불편함을 견디면 비로소 남들이 생각하지 못한 창의적인 아이디어가 떠오른다. 슈퍼리치들은 이러한 불확실한 시간을 인내심으로 이겨냈다.

(4) **모험심** : 실패의 위험을 감수하며 모험하려는 성향이다. 기존에 남들이 가지 않았던 길이었기에, 세상에 존재하지 않은 제품이나 사업이었기에, 사람들은 위험을 감수하려 하지 않는다. 그러나 모험심이 강한 슈퍼리치들은 이 모험심으로 도전하여 실패하면서도 다시 일어나 성공하였다. 일론 머스크도 20대 벌었던 전 재산을 30대 초반에 전기자동차와 우주산업에 베팅했다. 제프 베조스도 30대 초반에 연봉 100만

$에 사표를 던지고 인터넷의 성장을 믿고 차고에서 인터넷 서점을 창업하는 모험을 감행했다.

(5) **자발성** : 남의 평가에 구애받지 않고 자신의 소신과 가치를 믿고 일을 추진하려는 성향이다. 주변의 평가보다 더 중요한 것은 자기 자신이 스스로에게 하는 평가다. 제프 베조스는 80대에 후회하지 않은 인생을 살기 위해 인터넷의 미래 성장 가능성을 믿고 인터넷 사업을 자발적으로 시작하여 2020년부터 3년 연속 세계 슈퍼리치 1위를 했다. 또, 투자의 전설 워런 버핏도 젊은 날 뉴욕에서 잠시 주식 중개인을 시작했는데, 수많은 사람이 북적대고 온갖 찌라시 정보가 난무하는 뉴욕이 싫어졌다. "남을 위해 일하는 지금의 삶은 내가 꿈꾸는 삶이 아니다."라고 생각한 그는 고향 오마하로 돌아와 개인 투자자로 전향했다.

4

매일 46억 원을 번
투자의 귀재,
워런 버핏

2024년에 94세 생일을 맞은 워런 버핏의 순자산은 1,404억$(한화 약 202조 8천억 원)다. 그가 태어나서 지금까지 번 돈을 계산해 보면 하루에 46억 원을 번 셈이다. 그의 투자 지주회사 버크셔 해서웨이 주가는 1989년 1,490$에서 2025년 1월 현재 704,689$로 무려 50,234.29% 증가하였다. 한때 최대 이익률은 703.28%였다.

버핏이 이끄는 버크셔 해서웨이의 시가총액이 2024년 9월에 1조$를 넘어섰다. 빅테크(마이크로소프트, 애플, 엔비디아, 테슬라 등)를 제외한 미국 회사가 시총 '1조 달러 클럽'에 이름을 올린 것은 버크셔 해서웨이가 처음이다. 버크셔 해서웨이 주가는 올해만 31% 오르며, 뉴욕증시 대표 지수인 S&P500 지수의 상승률 18%보다 앞섰다. S&P500은 미국 증권거래소에 상장된 500개 대기업의 주가 성과를 측정하는 주식시장 지수다. ETF는 주식과 마찬가지로 거래소에서 거래되며, 투자자가 지수에 포함된 개별 주식을 각각 매수하지 않고도 포트폴리오를 다양화하는 방법을 제공하는 것으로, 대표적으로 SPY와 IVV가 있다.

출처: https://www.forbes.com/sites/chasewithorn/2024)

미국 사회는 버핏을 다음과 같이 부른다.

> 가장 존경받는 부자, 재테크의 영재,
> 돈과 성공을 동시에 이룬 사람, 투자의 전설, 오마하의 현인,
> 기부 나눔의 최고봉, 돈의 철학자,
> 주주를 중시하는 원칙주의자.

<포브스>의 100주년 표지모델,
워런 버핏

<포브스>의 100주년 기념 표지모델이 되기도 한 그는 돈이 필요한 세 가지 이유를 들었다. 첫째, 돈이 있어야 살면서 원하는 것을 할 수 있다. 둘째, 사회적으로도 심리적으로도 독립할 수 있다. 마지막으로, 자신과 사회를 위해 매일 하고 싶은 일을 할 수 있기 때문이라고 밝혔다.

최근 워런 버핏은 빌 게이츠와 함께 "부자에게 더욱 많은 세금인 부자세를 걷어야 한다.", "국가 세수는 저소득층이나 중산층이 아닌 부자에게 걷어야 한다."라고 주장하고 있다. 부자는 그들이 속한 사회에서 돈을 벌었기 때문에 번 돈을 사회로 환원해야 한다고 주장하면서, '노블레스 오블리주' 실천을 강조했다.

이에 대하여 미국 사회의 많은 사람은 찬성하지만, 반발의 목소리 또한 큰 게 현실이다. 전 오바마 정부와 민주당에서도 '버핏세'를 실현하려 했으나 트럼프 측의 공화당에서는 어떠한 증세도 받아들일 수 없다고 반대하였다. 재계에서도 반대의 목소리가 크다. JP모건의 CEO인 다이먼은 "미국의 건강한 성장을 위한 경쟁력 있는 세율을 적용해야 한다. 우수한 인력과 자본, 투자자금이 미국을 빠져나갈 것이고, 부자세는 미국의 실수"라고 하였다. 그리고 초대형 금융그룹인 시티그룹 CEO도 "지금도 다른 나라보다 훨씬 높다. 결국 미국의 성장과 경쟁력을 떨어뜨릴 수 있다."라고 반박하였다.

사람들은 왜 엄청난 경매 비용을 지급하면서까지 워런 버핏과 점심을 같이 하려는 걸까? 최고가 246억 원에 낙찰되기도 할 정도의 비용으로 그와 3시간의 점심을 하면서 어떤 지혜를 구하고 싶은 걸까? 버핏은 자선사업을 하는 아내의 제안으로 2000년부터 점심

경매를 시작하였다. 경매의 자선금은 노숙자와 중독 재활을 지원하는 자선단체에 전액 기부한다.

그와 점심을 같이 해본 사람들은 투자뿐 아니라 인생과 미래에 대한 비전을 품게 되었다고 얘기한다.

"그는 진정 인생을 행복하게 즐기는 사람이다.
미래에 대한 비전과 지혜를 준
워런 버핏에게 감사드린다."

"그의 통찰력이 심오하면서도 단순하고,
공감의 방식으로 전달되었다.
장기적인 사고, 진실성,
지속적인 학습의 중요성을 자주 강조했다."

"마지막 1원까지도 아깝지 않은 식사였다.
정말 감사드린다.
현명한 투자자일 뿐 아니라,
인생의 교훈을 가르치는 철학자다."

1930년 워런 버핏이 태어난 해는 모두가 어려운 경제 대공황의 시기였다. 당시 주식 중개인 아버지는 모든 주식이 하루아침에 종이조각이 되어버린 주식시장의 붕괴를 경험했다. 경제 회생이 될 것 같지 않은 암울한 나날이 계속되었다. 이런 상황에서도 아버지는 워런 버핏이 6살이 되었을 때, 실제 투자 경험을 시켜주기 위해

"불황은 또 다른 기회다." 워런 버핏은 침착하게 인내하면서 미래에 장기적으로 투자하는 게 중요하다는 것을 깨달았다. 사진은 대공황 당시의 미국.

20$ 첫 주식 통장을 선물하면서, "재주껏 불려봐라."라고 하였다.

우리가 지금 '행운'이라고 느끼는 이유는 그 이전에 '불행'을 겪어 봤기 때문이다. 마찬가지로 '호황'이 있는 것은 이전에 '불황'이 있었기 때문이다. 워런 버핏은 90여 년을 살면서 경제 대공황, 세계 대전, 글로벌 경제위기, 코로나 사태 등 위기를 겪으면서도 오히려 막대한 수익을 냈다. 그래서 위기 때마다 혼란에 빠진 투자자들에게 "불황은 또 다른 기회다."라고 믿고 미래에 대한 통찰력과 인내심을 가질 것을 권고한다.

하루아침에 주식시장이 붕괴하는 경제 대공황이나 2008년 리먼 브러더스 파산과 같은 블랙 먼데이(주식시장 폭락했던 요일이 하필이면 모두 월요일이었다. 그래서 '블랙 먼데이'는 주식시장의 급락을 뜻하는 용어가 됐다.)의 위기는 워런 버핏에게 단순한 역사적 사건이 아닌, 투자철학과 전략을 형성하는 데 중요한 역할을 했다. 그는 이러한 위기의 경험을 통해 기업의 실질적인 가치를 평가하고, 공황 속에서도 침착하게 인내하면서 미래에 장기적으로 투자하는 것이 중요하다는 것을 깨달았다.

할아버지 가게는 어린 워런 버핏에게 늘 호기심의 대상이었다. 할아버지가 물건을 얼마에 사서 얼마에 파는지, 왜 사람들은 물건을 싸게 사는 곳에서 사지 않고 할아버지 가게에서 사는지가 궁금했다. 그는 물건을 사 온 가격보다 이윤을 남겨 비싸게 파는 것이 장사라는 것을 알았다. 그래서 6살 때 바로 장사를 시작했다.

처음에는 야구 경기장에서 코카콜라 큰 병을 사서 컵으로 나누어 팔았다. 골프장에서 중고 골프공을 팔았고, 땅콩 장사와 신문 배달도 하면서 돈을 벌었다. 어린 나이임에도 불구하고, 그는 사람들이 무엇을 더 좋아하는지가 궁금했다. 사람들이 좋아하는 물건을 팔아야 더 많은 이익이 생긴다는 것을 알았기 때문이다. 사람들이 좋

워런 버핏은 어릴 적부터 숫자와 데이터를 좋아했다.

아하는 음료를 알아내기 위해 식당이나 카페의 쓰레기통을 뒤지며 실제적인 데이터를 얻었을 만큼 논리-수학적 지능이 높았다.

자동차 번호판, 야구 카드, 나라별 인구 등 숫자를 좋아해서 다 외워 버렸다. 장사 수완이 남다른 아들임을 알아차린 아버지는 "쓸데없는 짓 하지 말고 학교 공부나 잘하라."라고 강요하지 않았다. 오히려 아버지가 하는 주식 시세표에서 종목별 주식 시세를 매일 기록하라고 아르바이트를 시키며 아들의 논리-수학적 지능을 계발시켜 주었다.

이 포인트를 심리학자들은 다음과 같이 설명한다. 특히 '다중지능이론'을 주장하는 하버드대의 하워드 가드너 교수는 모든 아이가 다 똑같은 지능으로 태어나지 않았는데, 사람들은 똑같은 지능이라고 착각하면서 똑같이 교육하려고 한다고 비판했다. 그는 사람마다 다른 8가지 지능 유형이 있다고 하였다. 8가지 지능은 언어, 논리-수학, 시각-공간, 신체-운동, 음악, 대인관계, 자연 친화, 자기성찰의 지능이다. 특히, 학교에서는 언어와 논리-수학적 지능만 중요하다고 여겼고, 다른 유형의 지능을 가지고 있는 학생들은 무시했다고

비판했다. 그는 아이마다 각기 다른 유형의 지능이 잠재되어 있기에 지능 특성에 맞게 잘 계발시켜 주어야 한다고 하였다. 자세한 내용은 이 장의 마지막 부분에서 살펴보기로 한다.

10살이 된 그는 첫 멘토를 만났다. 주식 중개인이었던 아버지의 도움으로 뉴욕 월스트리트에서 당시 최고의 투자회사였던 골드만삭스의 CEO 와인버그를 만났다. 와인버그와의 30분 대화가 워런 버핏의 인생을 결정지었다 해도 과언이 아니다. 이 대목에서 저자는 어린 아들을 와인버그와 만나게 주선한 아버지도, 10살의 꼬마아이를 만나 준 와인버그도 참 대단한 사람이라는 생각이 들었다. 30분의 만남에 대해 워런 버핏은 "와인버그는 나를 잊었겠지만, 나는 그 순간을 영원히 기억하고 있다."라고 회상하였다. 충격적인 만남이 인생을 결정하는 중요한 터닝 포인트가 되었다.

이때부터 그는 본격적으로 도서관에서 주식에 관한 책을 찾아 읽기 시작했다. 《1,000$를 버는 1,000가지 방법》이라는 책을 암기할 정도로 몇 번이고 완독했다. 이 책은 경제 대공황으로 생활이 어려운 사람들에게 우유배달, 타이핑 서비스 등 실질적으로 돈 버는 방법을 알려주고, 이미 있는 사업보다는 새로 창업하는 게 돈을 더 벌 수 있다고 하였다. 그러면서 쉬운 창업은 없으니 꾸준한 노력과 끈기가 필수라고 했다. 이 책은 평생 투자의 원칙으로 삼는 5가지 돈 버는 원칙을 알려주었다.

①지금이 가장 좋을 때다.

②평범한 사람도 비범해질 수 있다.

③누구나 어느 세대든, 자기가 가장 힘들다고 생각한다.

④지금 당장 행동에 나서라.

⑤자신이 아는 것만 하라. 알지 못하면 나서지 마라.

　중학생 때 이 책을 다시 읽은 워런 버핏은 부자가 될 것을 선언했다. 심지어 30살 때까지 부자가 되지 않으면 오마하의 제일 큰 빌딩에서 뛰어내리겠다고 할 정도였다. 워런 버핏처럼 돈 버는 것에 관심을 두고 책을 찾아 읽으며, 아는 지식에서 그치는 것이 아니라 행동해야 성공하는 법이다. 그래서 부자로 성공하고 싶은 우리가 지금 이 책을 읽고 있지 않은가!

　성공한 사람들에 관해 사례분석을 많이 한 예일대 심리학 교수인 스턴버그는 이를 "성공 지능"이라고 하였다. 그는 성공 지능의 3개 하위 지능은 ①분석적 지능, ②창의적 지능, ③실천적 지능이라고 하였다. 과거에는 학교에서 개념을 잘 익히고 응용해서 문제를 잘 푸는 '①분석적 지능'이 뛰어난 사람이 성공하는 시대였다. 그러나 변화의 속도가 빠르고 불확실성이 커서 예측이 불가능한 미래 사회에는 새롭고 가치 있는 아이디어를 내는 '②창의적 지능'과, 현장에서 행동으로 적용하고 실천할 줄 아는 '③실천적 지능'이 높은 사람이 성공하는 시대가 될 것이라고 강조하였다.

　또 슈퍼리치들이 갖는 성공 요인 중 하나는 어린 시절부터 지적 호기심을 채우기 위한 독서력이다. 빌 게이츠도 7살 때 세상의 지

어릴 때부터 지금까지 워런 버핏은 매일 아침 신문을 보는 것으로 일과를 시작한다. 신문은 그의 정보력 원천이다.

식이 담긴 백과사전을 A~Z까지 다 외울 정도였으며, 일론 머스크도 도서관과 서점에서 하루 10시간 이상 과학기술과 공상과학, 철학과 종교 책을 읽었다. 마크 저커버그는 고등학교 때까지 7개국 언어와 서양 고전에서 늘 우등생이었다.

특히, 버핏은 돈 버는 방법에 대해 알고 싶어서 매일 책을 읽으면서 동시에 새로운 세상의 소식을 알려주는 신문을 읽었다. 94살이 된 지금도 신문을 읽으며 사실을 확인하고 새로운 정보를 얻는 것으로부터 하루를 시작한다.

10살 때 첫 멘토 와인버그를 만난 후 주식 공부를 시작하고, 본격적으로 주식 투자를 하였다. 주식 6주를 매수하여 주당 5$를 남기고 매도했으나 얼마 지나지 않아 200$까지 오른 것을 보면서 인내심을 가지고 침착하게 주식 투자를 하는 게 중요하다는 것을 깨달았다.

13살의 워런 버핏은 연방하원의원으로 당선된 아버지를 따라 워싱턴에 갔다. 정치와 경제의 수도 워싱턴은 버핏에게 돈에 관한 관심을 높여주기에 충분했다. 여전히 도서관을 찾아 신문과 주식 책을 열정적으로 독학했다. 그는 자신이 좋아하고 잘하는 분야에 지적 호기심을 갖고 미친 듯이 몰입하는 내적 동기가 높은 사람이었다.

1.01을 365번 곱하면 37.8
0.99를 365번 곱하면 0.026
하루 조금 더 노력한 사람과
하루 조금 논 사람의 차이

심리학자들은 외부(인정, 칭찬, 평가, 금전적 보상 등)에서 주어져서 어쩔 수 없이 해야 하는 것이 아닌, 새로운 지식이나 기술을 배우는 것이 좋아서, 내 안에서 열정과 흥미가 용솟음치는 내적 동기가 높은 사람이 성공한 사람들의 특성이라고 하였다. 내적 동기를 높이려면, 먼저 내가 무엇을 잘하고 좋아하는지를 알아야 한다. 그리고 내 장점을 어떻게 강화하고 단점은 어떻게 보완해야 하는지에 대한 방법을 찾아야 한다. 마지막으로 열정적으로 최선을 다해 하루하루 꾸준히 노력하는 작은 성공이 쌓여 마침내 부자로 성공한 자신을 발견할 것이다.

하루 조금 더 노력한 사람과 하루 조금 논 사람의 차이는 1년이 지나면 그 차이가 매우 크게 나타난다. 하루하루 조금 더 노력한 작은 성공의 경험이 어느새 여러분의 루틴이 되어 부자의 길로 들어서게 된다.

연방 하원의원인 아버지는 고등학생 아들이 열심히 공부해서 명문 대학에 진학하기를 원했다. 하지만 버핏은 아버지의 만류에도 불구하고 돈을 벌기 위해 신문 배달을 했다. 그리고 이전의 배달 방식이 아닌 빠르고 최적화된 경로를 찾아내서 배달한 결과, 가장 큰 배달 구역을 확보할 수 있었고 돈도 많이 벌었다. 신문 배달로 번 돈으로 인근에 농지를 사서 소작농을 두고 매월 돈을 받아 불려 나갔다.

버핏은 고등학생 때 돈을 벌면서도 도서관에서 주식과 경제 관련 책과 신문을 손에 놓지 않았다. 그러다 보니 도서관에서 이미 다양한 지식을 쌓았다고 생각했고, 대학 공부는 시간 낭비라고 생각했다. 그러나 아버지의 판단은 달랐다. 더 넓은 세계에 진출하려면 대학 진학이 필수라고 하였다. 결국 아버지의 뜻대로 펜실베이니아 대학 와튼 스쿨에 입학했다.

억지(아버지의 강요, 외적 동기)로 간 대학에 그가 만족할 리 없었다. 자기가 교수보다 더 많이 안다며 친구들에게 불평했고, 결국 2년 만에 자퇴했다. 그러다가 네브래스카-링컨 대학교에 편입하여 경영학 학사과정을 마쳤다. 그는 자신만만하게 하버드 경영대학원에 입학하려 하였으나 퇴짜를 당하고 말았고, 자신의 실력이 우물 안 개구리였다는 현실을 깨닫게 되었다.

그러나 워런 버핏은 위기를 또 기회로 만들었다. 명문 아이비리그 중의 하나인 뉴욕 컬럼비아대학으로 방향을 바꿨다. 이미 대학 입학 시즌은 끝났지만, 그는 자소서를 들고 컬럼비아대학으로 달려갔다. 운 좋게도 마침 복도를 지나가던 경영대학원장이 자소서를 들고 달려온 버핏의 이야기를 듣고 입학을 허가해 주었다.

대학에서 버핏은 가치 투자의 전설 벤저민 그레이엄 교수의 수업을 듣고, 영원한 스승이자 멘토로 삼았다. 벤저민 그레이엄 교수는 컬럼비아대학을 수석 졸업하고 교수로 스카우트 제안을 받았으나 이를 거부하고 치열한 금융시장 월스트리트 현장으로 나갔다. 그 당시 미국 주식시장은 단타와 데이 트레이딩이 난무하던 시절이었다.

이에 반해 벤저민 그레이엄은 단기투자보다는 세계 경제를 포괄적이고 장기적으로 전망하는 투자를 할 것을 제안했다. 그리고 성장 가능성 있는 유망한 회사를 발굴하여 장기 투자하는 ①숨은 보석 가치 투자와 ②안전 마진을 강조했다. 그의 〈현명한 투자자〉의 주요 내용은 다음과 같다.

> "투자란 철저한 분석을 통해 원금을 안전하게 지키면서도
> 만족스러운 수익을 확보하는 것이다.
> 그렇지 않으면 투기다."
>
> "현명한 투자자는 비관주의자에게서 주식을 사서,
> 낙관주의자에게 판다."
>
> "현명한 투자자는 시장의 감정에 휘둘리지 않고,
> 기업의 실질적 가치에 집중해야 한다."
>
> "현명한 투자자일지라도 대중을 따라가지 않으려면
> 대단한 정신력이 필요하다."

벤저민 그레이엄은 40년간 월스트리트 주식 투자 현장에 있으면서, 실패도 했지만 25살에는 연봉 60만$ 받을 정도로 실력을 인정받았다. 다시 컬럼비아 경영대학원 교수로 온 벤저민은 버핏을 제자로 삼았다. 벤저민 교수의 많은 제자 중에 워런 버핏만이 전 과목 A+를 받을 정도로 열심히 공부했다. 이후에 그는 컬럼비아대학에서 벤저민 교수의 〈현명한 투자자〉에 대해 강의하였다.

"거인의 어깨에 올라타, 세상을 더 멀리 더 높게 바라보라."

뛰어난 스승이 뛰어난 제자의 잠재력을 알아보았고, 스승의 장기적인 가치 투자를 현명한 투자철학과 전략으로 삼아 세계 최고의 재테크 영재로 꽃을 피운 것이다. 이처럼 살면서 누구를 만나느냐가 나의 인생을 결정한다.

뉴욕에서 잠시 주식 중개인을 시작한 워런 버핏은 수많은 사람이 북적대고 온갖 찌라시 정보가 난무하는 뉴욕이 싫어졌다. "남을 위해 일하는 지금

버핏은 영원한 스승이자 멘토인 벤저민 그레이엄을 만나 그에게 투자철학과 전략을 배웠다.

의 삶은 내가 꿈꾸는 삶이 아니다."라고 생각한 그는 1956년 고향 오마하로 돌아와 개인 투자자로 전향했다. 그는 투자의 원칙을 "정직하고 성장 가능성과 능력 있는 기업의 주식 발굴"로 정하였다. 처음에는 가족과 주변 친지의 돈을 투자받아 조합 형식의 주식 투자를 하다가 평생 파트너 찰리 멍거를 만났다. 둘 다 네브래스카주 오마하 출신으로 하버드 로스쿨 출신인 찰리 멍거가 6살 많았지만, 투자와 비즈니스에 대한 접근 방식이 서로 좋아서 상호 존중해 가며 파트너로 평생을 같이하였다.

이들은 1965년 섬유회사였던 '버크셔 해서웨이'를 인수하여 투자 지주회사로 만들고 투자 사업에 본격 진출하였다. 처음 7명의 조합원으로 시작한 워런 버핏의 투자회사 주가는 1989년 1,490$에서 2025년 1월 현재 704,689$로 무려 50,234.29% 성장하였다.

워런 버핏이 지금도 고수하고 있는 투자 방식은 자신만의 소신과 가치관으로 현재를 진단하고 미래를 예측하면서 장래성이 있으나 저평가된 주식을 발굴하는 방식이다. 그래서 그는 '월스트리트와 거리 두기', '돌아다니는 증권보고서나 찌라시 안 읽기'로 유명하다.

"불황은 곧 기회다."라고 늘 얘기한 워런 버핏은 어려운 위기 상황에서 어떤 투자전략으로 기회로 만들었을까? 그는 1970년대 오일쇼크, 1987년 주식시장이 하루아침에 30% 이상 폭락한 블랙 먼데이(다시 주식시장이 회복하는 데 2년이 걸렸다)를 예측하여 대비한 투자전략으로도 유명하다.

일반 사람들은 경제위기 시대에 투자를 꺼리는 것이 일반적이다. 그러나 워런 버핏은 주식시장의 혼란을 예측

부와 성공을 동시에 이룬 워런 버핏. 그는 위기를 예측하고 기업의 미래 성장 가능성이 높은 기업을 발굴하여 폭락 주식을 매수함으로써 시세 차익을 극대화하였다.

하고, 미리 주식을 처분하여 현금 유동성을 확보하였고, 폭락 주식 매수로 시세 차익을 극대화하였다. 2024년 말에도 애플, 뱅크오브아메리카 등의 주식을 반쯤 처분하고 현금 유동성을 확보하였다.

대표적인 투자 사례 중 하나가 바로 워싱턴 포스트 인수였다. 버핏이 고등학생 때 워싱턴에서 배달하던 신문이었다. 당시 투자자들이 언론 산업의 미래를 비관적으로 전망했지만, 버핏은 워싱턴 포스트의 잠재력을 높이 평가하고 장기적인 성장을 확신했다. 결과적으로 이 투자는 버핏에게 엄청난 수익을 안겨주었으며, 버핏은 사외이사가 되었다.

> "경기침체는 영원히 피할 수 없다.
> 그러나 우리는 대공황과 두 차례의 세계 대전, 냉전,
> 원자폭탄을 겪으면서도 잘 버텨왔다.
> 앞으로도 우리는 불황을 이겨낼 수 있다."

코로나19 팬데믹은 전 세계 경제에 큰 충격을 안겨주었고, 워런 버핏 역시 예외는 아니었다. 팬데믹으로 인해 기업들의 실적 전망이 불투명해지고, 경제 전반에 대한 불확실성이 커졌다. 워런 버핏은 지난 경제위기 때와 마찬가지로 코로나19가 처음 발생했을 때는 대규모 현금 확보에 나섰고, 불확실한 시장 상황에서 신중하게 투자 기회를 모색하였다. 초기에 주가가 급락했지만, 그는 여전히 매수할 만한 가치 있는 기업을 찾지 못했다고 판단했다.

그러다가 코로나19 상황이 점차 안정되면서 다시 투자에 적극적으로 나서기 시작하여 금융 업종과 제약 업종에 대한 투자를 확대했다. 금융 업종은 팬데믹 이후 저금리 기조가 지속되면서 금융 기관들의 순이자가 축소될 것이라는 우려가 있었다. 하지만 워런 버핏은 장기적인 관점에서 금융 업종의 성장 가능성을 높게 평가하고, 저평가된 금융주를 매수했다. 제약 업종은 코로나19 백신 개발 경쟁이 치열해지면서 제약 업종의 성장 가능성이 부각되었다. 버핏은 화이자와 머크 등 주요 제약 기업에 투자하며 바이오산업의 미래 가치에 베팅했다. 코로나19 팬데믹의 위기는 그에게 또 한 번의 투자 기회가 되었고 막대한 수익을 올렸다.

워런 버핏은 여전히 장기적인 미래 가치 투자를 고수하지만, 시대가 변함에 따라 투자전략도 변하고 있다. 이제는 성장 가능성이 높은 기업에도 투자하며 포트폴리오를 다변화하는 것이다. 버핏은 단기적인 시장 변동에 흔들리지 않고 장기적인 관점에서 투자하는 것이 중요하다고 강조해 온 것처럼, 코로나19와 같은 예상치 못한 사건이 발생하더라도 장기적으로 견실한 성장을 할 수 있는 기업에 투자하여 성공하였다.

그는 2020년부터 장기간 침체에 빠진 일본과 IT 분야를 중심으로 급성장하고 있는 인도를 주목하면서 투자전략을 새로 세웠다. 그의 투자전략 변화는 글로벌 투자자들에게 많은 시사점을 주었다. 실제로 우리나라 투자회사나 개인들도 미국 중심에서 일본과 인도 시장으로 다변화시키는 계기가 되었다.

일본의 경제와 주식시장을 살펴보자. 지난 30년간 버블경제로 침체하였던 일본 주식시장이 2024년에 큰 폭으로 상승하였다. 일본 경제가 저성장에 엔화 약세임에도 불구하고, 종합 상사들이 다양한 산업에 걸쳐 사업을 영위하며 탄탄한 재무 구조와 안정적인 현금흐름을 보이는 데 반해 저평가되어 있었기 때문이다. 여기에 일본 정부가 주식시장의 밸류업을 위해 주식시장 진흥 정책을 쓰고 있다는 점을 높이 평가하였고, 일본 경제 회복과 함께 종합 상사들의 사업도 성장할 가능성이 높다고 판단했다.

또 버핏은 인도의 IT, 금융, 소비재 등 다양한 산업에 투자하면서 인도 경제의 성장을 주도하는 기업들에 대한 포트폴리오를 구축하였다. 인도의 장기적인 성장 잠재력을 알아차린 것이다.

India and Japan Stock Market Index (2010-2024)

일본

인도

Year

— India (NIFTY 50)　　— Japan (Nikkei 225)

워런 버핏은 2020년 부터 급성장하고 있는 일본과 인도에 대폭 투자를 확대하고 있다. 출처: Blomberg

인도는 정부의 적극적인 지원, 많은 젊은 인구, 빠른 디지털 혁신, 수·과학 및 컴퓨터 교육 등으로 높은 성장 잠재력을 보유하고 있다고 판단했다. 그리고 세계에서 가장 빠르게 성장하는 나라 중 하나이며, 중산층의 확대와 소비 증가가 예상되고, IT와 제약, 금융 등 다양한 산업에서 성장 기회가 많음에도 불구하고, 아직도 저평가된 우량 기업이 많다고 판단하여 인도 투자를 대폭 확대하였다.

워런 버핏은 한국에도 동일한 원칙을 적용하여 내재 가치보다 낮게 거래되지만 가치 상승 가능성이 있는 기업을 찾아 투자하였다. 그는 포스코, IMC, 현대자동차, 삼성전자에 투자하였다. 그러나 일본이나 인도에 비해 여전히 낮은 수준이다. 그 이유로는

첫째, 한국 기업은 기업의 투명성과 책임이 낮다고 평가하였다. 전통적으로 가족의 이익이 주주의 이익보다 우선할 수 있는 재벌 문제를 포함하여 열악한 기업 지배구조 관행으로 인해 투명성과 책무성이 낮다고 하였다.

둘째, 한국경제는 수출의존도가 높아 외부 압력(글로벌경제 침체, 무역 긴장, 지정학적 위험, 남북한 대치 등)에 취약해서 변동성이 크다는 것이다.

마지막으로, 한국 정부와 기업의 비즈니스 관행이 때때로 복잡하고 불투명하여 외국인 투자자가 기업을 완전히 이해하고 평가하기 어렵고, 이러한 투명성 부족은 워런 버핏의 투자 원칙인 실사 검증이 어렵다는 점을 들고 있다.

일반적으로 가난했던 사람이 돈을 많이 벌게 되면 좋은 집, 고급차, 명품 옷과 가방 등을 휘감으며 사람들에게 자신의 부를 과시하고 싶어 한다. 그러나 버핏은 달랐다. 미국 사회에서 그를 '오마하의 현인'이라고 찬사를 보내는 이유는 슈퍼리치임에도 불구하고 근

상/ 버핏은 1958년에 산 중산층 수준 집에 살고 평범한 중고차를 직접 운전하는 등 검소하게 살고 있다.
좌/ 아침은 동네 맥도날드에 들러 햄버거와 콜라를 즐겨 먹는다. 우/ 워런 버핏은 지금도 2만 원 정도의
삼성 폴더폰을 즐겨 쓴다고 한다.

검절약하는 생활을 지금도 유지하면서 인생을 즐기고 행복하게 살고 있다는 점이다.

2007년에 버핏 집에 도둑이 들어 그가 살고 있던 집이 공개되기도 하였는데, 소박하고 근검절약하던 모습 그대로 훔쳐 갈 물건이 별로 없어 휴대폰, 지갑, 시계만 훔쳤다가 체포되었다. 버핏은 결혼 초기에 신혼집을 월세 65$로 살다가 1958년에 구매한 31,500$ 상당의 중산층 수준 집에 66년째 살고 있다.

그리고 지금도 1년에 3,500마일 정도만 운전하기 때문에 굳이 고급 차가 필요하지 않다며 15년이 넘은 중고 캐딜락을 기사도 없이 혼자 운전하고 다닌다. 매일 아침에는 동네 맥도날드에서 3$ 정도의 햄버거와 코카콜라를 즐겨 마신다. 명품도 좋아하지 않고 편안하고 실용적인 옷을 좋아하며 최신 스마트폰도 관심이 없다.

얼마 전 CNBC에서 그의 휴대전화가 노출된 적이 있었다. 아이폰이 있긴 하지만, 사실은 2만 원 정도의 삼성 폴더폰을 더 즐겨 사

용한다고 했다. 신용카드보다 현금을 사용하고, 여전히 일반 서민처럼 슈퍼마켓에 가면 쿠폰을 사용하고 절약하면서 인생을 즐겁게 사는 것으로도 유명하다.

그의 변함없는 근검절약 생활은 돈이 많다고 해서 고급 명품을 휘감고 과시할 필요가 없으며, 절제와 소박함이 주는 삶의 행복이 물질적인 것보다 더 소중한 인생의 가치고, 현명한 투자와 소비가 중요함을 깨우쳐 준다. 머리부터 발끝까지 명품으로 치장하면서 자랑하는 것이 아니라, 사람이 명품이 되어야 함을 그는 몸소 보여주고 있다.

그는 2007년에 돈보다 소중한 행복한 일상이 더 중요하다고 말했다.

> "전 가난했던 젊은 시절에도 아주 행복했고,
> 지금처럼 제 일을 사랑했습니다.
> 가난했던 때와 조금은 부유해진 지금과
> 바뀐 것은 별로 없습니다.
> 여러분들이 좋아하는 일을 즐겁게 하고,
> 성실하며 정직하게 생활한다면,
> 거기다 유머를 잃지 않고 하루를 유쾌히 감사한다면 ,
> 여러분은 성공한 것입니다."

워런 버핏은 빌 게이츠와 함께 미국 사회에서 사회공헌 기부왕이다. 이런 모습은 아버지에게 배웠다. 연방 하원의원이었던 아버지는 전 재산을 병원과 대학에 기부하였고, 아들에게는 1$도 유산으로 물려주지 않았다. 그 아버지에 그 아들, 그 많은 재산을 사회에 환원하고 있다.

워런 버핏은 별도로 자선재단을 만들지 않았다. 대신에 빌 게이츠의 '빌앤멜린다 게이츠 재단'에 매년 엄청난 자산을 미국 사회와 개발도상국을 위한 공교육, 질병 퇴치, 빈곤퇴치, 사회통합을 위해 기부하고 있다. 워런 버핏은 지금까지 기부한 액수만 370억 달러(한화 42조)에 이르고, 사망 시 전 재산의 90%를 사회에 환원하겠다고 발표하였다.

2010년부터 워런 버핏과 빌 게이츠는 '더 기빙 플레지 The Giving Pledge 캠페인'을 시작하였다. 전 세계의 슈퍼리치들에게 자신들의 재산을 절반 이상 기부하도록 장려하는 캠페인이다. 캠페인에는 메타의 마크 저커버그, 소로스 펀드의 조지 소로스, 헤지펀드의 달인 레이 달리오, 오라클의 래리 엘리슨 등이 적극 참여하고 있다. 부자들이 단순히 부를 축적하는 것을 넘어 자신이 속한 사회에 긍정적인 역할을 하는 리더가 되도록 장려하고 있다.

최근에 워런 버핏은 방송 언론 매체를 통해 부자로 성공하고 싶

출처: Netflix, "Inside of Billgates"

어 하는 젊은이들에게 자신이 그동안 경험했던 경제와 돈, 투자에
관한 이야기를 하였다.

"금전적 성공은 천재성의 문제가 아니라,
올바른 습관의 문제다."

"젊은 시절 올바른 습관을 기르고, 무한한 미래에 도전하라.
그렇게 함으로써 여러분은 후회하거나
다른 사람을 부러워하지 않는 인생을 살게 될 것이다."

"코카콜라 주가가 하루아침에 오를 수도, 내릴 수도 있다.
여기서 중요한 점은 10년 후에 얼마나 사람들이
코카콜라를 마실 것인가에 대한 예측이 중요하다.

사람들이 콩이 변동률이 높아서 수익이 아무리 높다 해도,
나는 콩에 투자하지 않는다.
콩은 내가 모르는 분야이기 때문이다.
나는 내가 잘 아는 분야에만 신중히 투자한다."

"버는 것보다 적게 쓰고,

해로운 사람과 해로운 활동을 피해라.

평생 계속 배워라.

만족을 지연하라."

"친구가 중요하다.

친구 없이 쓸쓸히 죽은 돈 많은 사람은 많이 봤어도

좋은 사람이 친구 없이 죽는 건 본 적이 없다."

부자들의 성공심리학

① 다중지능이론 multiple intelligences

☞ 심리학 연구 중에서도 인간의 '지능'을 연구하는 학자들이 많았다. 심리학의 역사는 곧 지능 연구의 역사라고 말할 정도였다. 심리학자들은 인종, 지역, 나이, 문화의 차이 없이 누구에게나 보편타당하게 적용되는 지능에 관해 연구했다.

1980년대 들어 하버드대 교육학과 교수인 가드너는 다른 생각을 하였다. 가드너가 연구한 결과 인간은 모두 똑같은 능력을 지니고 태어나지 않았다는 것이다. 또 지능이 높은 사람이 모든 영역에서 우수할 것이라는 기존의 지능 이론에 문제를 제기했다. 그는 과거의 지능 이론보다 인간의 지능을 더욱 확장하고, 지능의 정의를 새롭게 한 '다중지능이론'을 제안하였다.

사람들은 8가지의 다양한 지능들을 소유하고 있으며, 그것들을 매우 개인적인 방식으로 조합하여 사용한다. 그러나 기존의 언어와 논리-수학 지능만을 중시하는 전통적인 학교 교육은 다른 지능의 중요성을 상대적으로 무시했다. 따라서 전통적으로 중시되는 학업적 지능에서 실패한 많은 학생은 낮은 자아존중감에 사로잡혀 있으며, 그들의 잠재된 지능은 계발되지 못한 채 대부분 학교나 사회에서 소멸하고 말았다고 하였다.

가드너가 제시한 여덟 가지 지능은 다음과 같다.

1) **언어 지능** : 사고하고, 복잡한 의미를 표현하는 언어를 사용하는 능력이다. 언어 지능은 작가, 시인, 저널리스트, 연사, 뉴스 진행자들이 높다.

2) **논리-수학 지능** : 계산과 정량화를 잘하고, 명제와 가설을 생각하며 복잡한 수학적 기능을 수행한다. 과학자, 회계사, 엔지니어, 컴퓨터 프로그래머들이 이 지능이 높다.

3) **시각-공간 지능** : 항해사, 조종사, 조각가, 화가, 건축가들이 하는 것처럼 3차원적 방법으로 생각하는 능력이다. 이 지능은 내외적 이미지의 지각 재창조, 변형, 또는 수정이 가능하며, 자신이나 사물을 공간적으로 조정하고 그래픽 정보로 생산하거나 해석을 잘한다.

4) **운동 지능** : 대상을 잘 다루고 신체적 기술을 잘 조정하는 지능이다. 운동선수, 무용수, 외과 의사들이 뛰어나다. 신체적 능력은 인지적인 것에 비하여 높게 평가받지 못하였다.

5) **음악 지능** : 리듬, 음높이, 음색에 민감한 사람들이 갖는 지능으로, 작곡가, 지휘자, 음악가, 비평가, 악기 제작자 등이 뛰어나다.

6) **대인관계 지능** : 타인을 이해하고 효과적인 상호작용을 잘하는 능력이다. 이 지능은 교사, 사회 사업가, 배우, 정치가들에게서 두드러진다.

7) **개인 내적 지능** : 자신에 대한 정확한 지각과 인생을 계획하고 조절하는 지식을 사용할 수 있는 능력이다. 이 지능이 뛰어난 사람은 신학자, 심리학자, 철학자들이다.

8) **자연 탐구 지능** : 자연의 패턴을 관찰하고 대상을 정의하고 분류하며, 자연과 인공적인 체계를 이해하는 능력이다. 농부, 식물학자, 사냥꾼, 생태학자, 정원사들이 이 지능이 높다.

② 성공 지능 successful intelligence

☞ 세계적으로 현대 지능 이론에 영향력을 많이 미치고 있는 이론은 가드너의 다중지능이론과 예일대학의 심리학 교수인 스턴버그의 성공지능이론이다. 스턴버그는 IQ 점수와 학교 성적으로 인간의 능력을 설명하기는 부족하며, 특히 성공적인 사람들의 능력을 언급하기 위해서는 지금까지의 지능 이론으로는 설명력이 부족하다고 지적하였다. 성공 지능은 성공할 수 있는 인간 능력의 총합이며, 중요한 목표를 달성하기 위해 성공 지능은 다음 세 가지 지능으로 구성되어 있다.

1) 분석적 지능 : 개인 내부에서 지적 행동이 어떻게 이루어지는가에 초점을 둔다. 분석력이 뛰어난 학생은 분석, 평가, 비판에 강점을 보여 학교 교육에 적합한 지능이다.
2) 창의적 지능 : 새롭고 가치 있는 아이디어를 창안해 내는 능력이다. 창의력이 뛰어난 학생은 발견, 창조, 발명에 두각을 나타낸다.
3) 실천적 지능 : 학교와 실제 생활에서 경험으로 습득된 지식을 인생의 성공을 위하여 활용하는 능력으로, 외부 환경에 잘 적응하고 응용한다. 실천 지능은 활용, 적용, 실천하는 능력이다.

스턴버그는 지금까지 사회를 주도하는 사람이 분석적 지능이 우수한 사람이었다고 한다면, 미래 사회는 창의적 지능과 실천적 지능이 탁월한 사람의 시대가 될 것이라고 하였다.

—출처: 이정규 외, 최신영재교육학개론 3판(2019), 학지사

③ 만족 지연 Deferred gratification

☞ 만족 지연 능력이란 눈앞에 작은 만족보다는 나중에 더 큰 만족을 위해서 기다릴 줄 아는 능력이다. 1972년 스탠퍼드대학의 심리학 교수 월터 미셸은 만족 지연을 연구하기 위해 마시멜로 실험을 하였다. 이 실험은 교육학, 심리학 분야에서 유명한 실험이다. 아이에게 마시멜로 1개를 주고 15분 동안 먹지 않고 참으면 2개를 주기로 하였다. 아이의 행동을 관찰했을 때 먹지 않고 잘 참아서 2개를 받은 아이들이 SAT 성적, 학업 성취도 측면에서 더 우월한 결과를 보였다.

Carpe Diem(현재 이 순간에 충실하라)이란 말을 편의에 따라 해석하고, YOLO(You Only Live Once)를 부르짖으며 즐기는 사람들이 있다. 물론 그들의 삶도 행복하다. 그러나 재수 없으면 120세까지 살게 된다는 '웃픈' 얘기가 나오는 요즘 세상에 미래를 생각하지 않고 현재만을 즐기는 것은 조금 위험하지 않을까?

놀고 싶은 것을 참고 꾸준히 공부한 학생이 높은 성적을 받는 것은 당연한 일이다. 씨를 뿌리고 가꾸어야 수확할 수 있고, 작은 밑천이라도 있어야 조그마한 사업이라도 하고 그것이 큰 사업으로 이어진다. 지갑에 저녁 먹을 돈이 있어야, 저녁이 있는 삶을 살 수 있다. 경제학 연구에서는 만족 지연 능력이 투자 성공과 연관되었다는 결과가 있고, 장기적인 안목으로 가치 투자를 할 수 있는 그룹이 바로 '만족 지연 능력'이 높은 그룹이라는 것이다.

우리는 지금까지 창업해서 성공한 슈퍼리치, 투자에 성공한 슈퍼리치들에 대해 알아보고 있다. 지금 이 책을 읽고 있는 여러분은 눈앞의 즐거움과 만족을 위해 버는 족족 다 써버리는 그런 사람이 아니기를 바란다. 돈이 있어야 저녁이 있는 삶이 되는 것이지, 말로만 저녁이 있는 삶이 되는 것은 아니다.

5

스마트 세상을 개척한 창의적 완벽주의자,
스티브 잡스

사람은 그가 사망한 후에야 세상의 평가가 제대로 이루어진다. 조선 시대의 왕도 사망한 후에야 후대에 조, 종, 대왕, 왕, 군 등으로 평가된다. 예술품도 작가가 사망한 후에야 세상이 그의 작품을 평가하는 경우가 많다. 2011년 스티브 잡스가 사망한 이후에 애플은 홈페이지에 공식 성명을 발표했다.

명확한 비전과 창의성을 지닌 천재를 잃었습니다.
그리고 세계는 정말 놀라웠던 한 사람을 잃었습니다.
스티브와 함께 일하는 행운을 누렸던 저희는
사랑하는 친구이자 늘 영감을 주는 멘토였던
그를 잃었습니다.
이제 스티브는 오직 그만이 만들 수 있었던
회사를 남기고 떠났으며,
그의 정신은 애플의 근간이 되어
영원히 남을 것입니다.

—스티브 잡스 사망 애플 공식 성명

〈포브스〉는 "스티브 잡스는 현대 기술 환경을 형성하는 데 중요한 획을 그은 위대한 천재다. 그의 창의적이고 혁신적인 스마트 제품과 제품 디자인에 대한 비전, 소비자의 욕구를 예측하는 탁월한 능력이 있었다."라고 평가했다. 〈뉴욕타임즈〉는 "스티브 잡스가 있었기에 개인용 컴퓨터, 애니메이션 영화, 음악, 스마트폰, 태블릿 컴퓨터, 디지털 출판의 혁명이 가능했다."라고 했다. 〈CNN〉은 "스티브 잡스는 강력한 리더십으로 매킨토시, 아이팟, 아이폰, 아이패드와 같은 획기적인 제품을 만들었다. 제품 디자인과 마케팅에서 완벽함을 향한 그의 끊임없는 추구는 애플을 혁신과 품질의 대명사로 만들기에 충분했다."라고 했다.

출처: https://www.forbes.com/sites/chasewithorn/2024)

애플의 주가는 1985년 0.13$에서 2025년 1월 현재 239.36$로 184,023% 증가하였다. 스티브 잡스는 애플을 나스닥 시가 총액 2위의 빅테크 회사로 만들었다. 2024년 8월 〈스마트폰매거진 smartphonemagazine〉은 "애플이 중국에서의 판매 부진에도 불구하고 세계적으로 다시 판매가 증가하고 있다. 애플의 혁신이 투자자들의 기대를 촉발하고 있다."라고 보도했다.

사람들은 스티브 잡스를 '미국 혁신의 아이콘'이라고 부른다. 스티브 잡스의 멋진 스피치와 함께 애플의 신제품이 세상에 나올 때마다, 전 세계 사람들은 열광했고 밤을 새우며 오픈런으로 신제품을 사려고 했다.

진주알을 품은 조개가 그 고통을 안고 부대끼며 끝내 이겨내야 비로소 빛나는 진주가 되듯이, 그의 인생 궤적을 살펴보면 태어날 때부터 진주를 품은 조개와 같은 고통스러운 인생이었다. 그는 젊은 날의 순탄치 않은 반항적 인생이 있었기에 기존의 것에 쉽게 타협하지 않았다. 안주하지 않고, 기존 질서에 도전하고 파괴하며, 창의적인 혁신가(앙트레프레너)가 되는 힘의 원천으로 그의 정신적 에너지를 '승화'시킨 것이다.

혁신의 아이콘 스티브 잡스. 순탄치 않은 인생 궤적이 오히려 앙트레프레너가 되는 좋은 토양이 되었다.

사람들은 심리적으로 안정된 상태가 어떤 이유로 깨지게 되면 '불안'을 느낀다. 정신분석학에서는 불안한 상태를 안정된 상태로 회복시키기 위해 사람마다 다양한 '방어기제'를 작동한다고 하였다. 사람마다 심리적인 성숙도가 다르기에 작동하는 방어기제가 다르다.

심리적으로 성숙한 사람들이 많이 쓰는 방어기제 중의 하나가 '승화'다. 승화란 충동적이고 불안한 정신적 에너지를 사회적으로 인정받는 최고의 작품으로 만들어 내려는 데 쏟아붓는 방어기제다. 올림픽 선수들이 사회적으로 인정받고 금메달을 따기까지 수년간 엄청난 고통과 중압감, 불안을 견디는 것도 '승화'의 과정이다. 불행한 가정환경 속에서도 공부에 매진하는 것, 불안하고 화가 나는 상황 속에서도 떨치고 일어나 운동이나 책을 보려고 하는 것이 '승화'의 과정이다.

잡스의 출생은 불운했다. 1955년에 그의 생부와 생모는 위스콘신대학의 대학원생과 조교로 지내면서 스티브 잡스를 출산했다. 그러나 시리아 출신이었던 생부 집안에서 종교적인 이유를 들어 둘은 결혼하지 못했다(나중에 잡스는 실리콘 밸리에서 작은 식당의 매니저로 일하는 생부를 본 적이 있었지만, 죽을 때까지 아는 체도 안 했다).

생부모는 아이가 대학 졸업 이상의 학력을 가진 유복한 집안으로 입양될 것을 원했다. 그러나 고등학교를 중퇴한 기계공이자 해안경비대 출신인 폴 잡스와 회계사였던 클라라 잡스가 아이 입양을 원했다. 생부모에게 대학 교육까지 하겠다는 서약을 한 후에 아이를 입양했다. 스티브 잡스는 7살 때 옆

스티브 잡스는 가난했지만, 사랑으로 키워준 양부모님을 "1,000% 부모님"이라고 했다.

집 아이가 입양아라고 놀려서 마음의 상처를 받았다. 이때 양부모는 "부모에게 버림받은 것이 아니라, 우리에게 특별한 선택을 받은 아이란다."라고 위로하면서 상처받은 스티브 잡스의 마음을 달래주었다.

나중에 스티브 잡스는 "그분들은 1,000% 나의 부모님"이라고 할 정도로 양부모님을 고마워하였다(여기서 생물학적 부모는 '생부모'라고 하고, 사회적으로 입양한 부모는 양부모라고 한다. 그리고 양부모는 양육권이 있기에 친부모라고도 한다).

기계공이었던 아버지 폴 잡스는 지역에서 중고차나 중고 전자제품을 싸게 사서 수리해 재판매하면서 돈을 벌었다. 아버지는 아들에게 전자제품 분해와 조립 방법을 보여주면서 기술에 관심을 두게 해주었다. 새로운 전자공학이 적용된 전자제품이 들어오면 아들과 함께 작동 원리를 알기 위해 같이 분해하면서 몸소 배우게 했다.

스티브 잡스가 아버지에게 배운 중요한 교훈은 애플 제품에 그대로 반영되었다. 아버지의 교훈을 통해 사람들은 스티브 잡스의 혁신적인 아이디어와 디자인의 아이폰, 아이패드, 매킨토시 등의 제품을 만날 수 있게 된 것이다.

> "남에게 보이는 앞부분만 신경 쓸 게 아니라,
> 숨겨져 있는 뒷부분도 잘 다듬어야 한다."
>
> "아무리 복잡한 기계도
> 결국 사람이 만드는 것에 불과하다.
> 아버지로부터 일을 철저히,
> 제대로 하는 완벽주의를 배웠다."

어머니는 아들을 교육하기 위해 온갖 잡일을 마다하지 않았다. 부모님은 10살 된 아들에게 최첨단 과학기술의 집합체인 NASA를 직접 보여주고 싶어서 장거리 운전도 마다하지 않았다. 그리고 급성장하고 있는 실리콘 밸리를 아들에게 보여주기 위해 그리로 이사했다. 맹자 어머니가 맹자 교육을 위해 묘지, 상가, 서당으로 3번 이사해서 맹자가 결국 책을 잡고 공부하게 되었다는 '맹모삼천지교'가 떠오르는 대목이다.

초등학생인 잡스는 어릴 적부터 엔지니어인 아버지와 함께 차고에서 자동차뿐 아니라 각종 기계와 전자제품의 작동 원리를 배우고 분해, 조립을 해봤기에 학교는 지루하고 따분한 곳이었다. 또 다소 독선적이고 자기중심적인 성격의 잡스는 교실에서는 반항아였으며, 무단결석도 자주 한 문제아였다.

그는 어느 날 선생님 의자 밑에 폭음탄을 설치하여 작동시켰다. 작은 폭발로 위험하지는 않았지만, 큰 소음이 났고 교실은 아수라장이 되었다. 학교에서는 당장 징계위원회를 개최하려고 하였으나, 아버지가 "학생이 공부에 흥미를 느끼지 못한다면, 그건 학교와 선생님의 잘못입니다."라고 주장하여, 결국 잡스와 친구들을 분리하는 선에서 마무리되었다.

문제아였던 스티브 잡스가 4학년이 되었을 때 인생 멘토를 만나는 행운이 찾아왔다. 4학년 때 담임이었던 힐 선생님은 스티브 잡스가 지능이 높고, 전통적이며 반복적인 학교 교육과정에 지루해한다는 것을 알았다. 그래서 그에게 개별적으로 맞춤형 교육을 하기로 하고 잡스의 지적 수준에 맞는 교재로 공부를 시켰다. 그리고 시험을 잘 보면 사탕이나 5$를 보상품으로 주었다. 이런 교육방식을 요즘 영재교육에서 활용되는 '차별화 교육과정'이라고 한다.

그리고 선생님이 잡스가 공부를 잘하면 보상을 줘서 행동을 강화하는 것을 행동심리학 학습이론에서는 '조건화 학습'이라고 한다. 즉, 원하는 좋은 결과가 잘 나올 수 있도록 즉시 보상해 주면서 행동을 강화해 나가는 학습 방식이다. 이 학습법은 지금도 공부나 스포츠 분야에서 많이 활용되는 학습 방식이다. 어떤 목표를 달성하기 위해 단계적인 학습프로그램을 만들고, 단계를 달성할 때마다 보상을 해주면서 다음 높은 단계의 학습이나 운동을 완성해 나가는 프로그래밍 학습 방식이다.

그동안 문제아였던 잡스는 힐 선생님의 지도 덕분에 열심히 공부한 결과, 4학년 때 고 2수준의 수학능력 평가를 통과할 수 있었고 5학년으로 월반했다. 잡스는 "난 선생님을 기쁘게 하려고 공부했다. 힐 선생님이 아니었다면 아마 감옥에 갔을 것"이라고 말했다. 한마디로 그의 잠재 능력을 잘 알아차린 힐 선생님의 열정적인 교육 덕분에 잡스는 문제아, 반항아에서 영재아로 거듭날 수 있었던 것이다.

초등학교를 졸업하고 입학한 크리텐든 중학교는 학교폭력이 난무한 학교였다. 실지로 미국의 학교 환경은 학군에 따라 천차만별이다. 사회경제적으로 부자가 많은 학군에 있는 학교는 냉난방이 잘 되고 1년 내내 온수가 나오는 풀과 실내 운동장이 있지만, 열악한 학교는 예산과 지원이 낮아 학생들에게 좋은 환경을 제공하지 못한다. 특히 증가하는 총기사건으로 학교 문은 늘 잠겨있고, 경찰차가 항상 순찰할 정도다.

학습 환경이 불안한 가운데 잡스는 다른 학생들에 비해 나이가 작고 덩치도 작아서 왕따를 당했고, 싸움도 많이 했다. 그리고 중 2가 되자 더 이상 학교에 가고 싶지 않다고 부모님께 이야기했다. 그는 위험한 학교에 있기보다는 집 차고에서 아버지와 함께 동네 사람들을 모아 워크숍을 여는 걸 좋아했고, 과학과 전자공학에 관심을 가져 지식이 쌓여갔다.

결국 부모님은 비싼 학비임에도 불구하고, 학교폭력이 없고 안전하게 공부할 수 있는 쿠퍼티노 중학교로 아들을 전학시켰다. 고등학교를 중퇴한 가난한 양부모였지만, 아들을 대학까지 교육하겠다는 입양 약속을 지키고 싶어 했다.

어릴 적부터 아버지에게 배우고 실습했던 과학과 전자공학에 대한 지식과 열정은 홈스테드 고등학교에 들어가면서 그 재능이 빛나기 시작했다.

셰익스피어와 플라톤 등 문학과 철학 책을 읽고 있던 어느 날 HP의 엔지니어였던 이웃집 아저씨 래리 랭이 보여준 HP-9100A 컴퓨터 단말기를 본 스티브 잡스는 컴퓨터라는 신세계에 반하였다. 그는, "20kg이 넘는 거대한 몸집, 첫눈에 반할 정도로 아름다웠다."라고 당시를 회상했다.

스티브 잡스가 고등학교 때 처음으로 본 HP-9100A

잡스는 학교 HP 탐구클럽에 가입하여 컴퓨터에 푹 빠져들었다. 어느 날 탐구클럽에서 라디오 키트를 제작하는 과제가 있었다. 대부분 학생은 학교 앞에서 파는 라디오 키트를 사서 조립해 과제로 제출하였다. 그러나 스티브 잡스는 달랐다. 그는 HP 사장인 빌 휼렛에게 직접 전화해서 부품 한 박스를 받아냈을 뿐 아니라, 여름 인턴십까지 받아냈다. 이 건에 대해 빌 휼렛은 "어린 학생의 배짱과 용기, 조리 있는 말솜씨에 홀딱 반해 부품 한 박스와 인턴십을 승인했다."라고 말했다.

한편, 실리콘 밸리에서 전자공학으로 유명한 맥 콜롬 선생님을 만나면서 잡스는 컴퓨터 공부를 제대로 할 수 있었다. 맥 콜롬 선생님의 3년 과정 컴퓨터 수업을 열정적으로 공부하여 1년 만에 수료했다. 그리고 맥 콜롬 선생님의 수업에서 16살인 그는 평생의 파트너이자 미래 애플의 공동 창업자가 될 스티브 워즈니악을 만났다. 스티브 워즈니악이 21살로 5살 더 많음에도 불구하고 두 사람은 컴퓨터와 미래 세상에 관한 이야기로 거의 매일 밤을 새울 정도로 열정적인 파트너가 되었다.

여기서 스티브 잡스를 이해하기 위해서는 스티브 워즈니악에 대해 알아둘 필요가 있다. 워즈니악의 아버지는 전자공학 엔지니어로 록히드 미사일 개발자였다. 아버지에게 전자공학 원리를 배우면서 고등학교 시절 가짜 폭탄 사건으로 징계 위기에 놓이기도 했다. 그는 SAT에서 수학 만점을 받았으며, 각종 과학 경시대회에서도 상을 휩쓸었다. 버클리대학교 컴퓨터공학과에 입학했으나 자퇴하고 휴렛팩커드(HP)에 입사하여 개발자로 일했다. 그는 일찍이 컴퓨터가 회사와 마니아만의 세계에서 한 단계 나아가, 개인이 컴퓨터를 갖게 되는 퍼스널 컴퓨터 시대가 올 것이라고 HP 경영진에게 건의했다. 그러나 퍼스널 컴퓨터를 이해하지 못한 경영진은 이를 거절했다.

두 사람에게는 몇 가지 공통점이 있었다. 두 사람의 이름이 모두 '스티브'로 같았고, 두 사람의 아버지 역시 전자공학 엔지니어라는 점이다. 두 사람은 어릴 적부터 아버지와 함께 전자공학을 공부하고 실습도 하면서 실력을 쌓았다. 그리고 또 이 둘은 학창 시절 사고를 치는 문제아이기도 하면서 영재성을 지닌 양극단의 학생이라는 공통점이 있다.

우리는 성격이나 고향, 학교, 종교, 직업 등이 비슷하면 강한 정서적 유대감과 공감대가 형성될 것이라고 믿는 경향이 있다. 이를

스티브 잡스와 스티브 워즈니악은
'유사성의 원리'에 의해 서로에게
중요한 인생의 파트너가 되었다.

심리학에서는 '유사성의 원리'라고 하고, 반대로는 서로 달라서 상
호 보완되는 '상보성의 원리'가 있다. 이에 관해서는 마지막 부분에
서 더 자세히 살펴본다.

두 사람은 HP 컴퓨터 조립 라인에서 같이 조립하고, 신문도 같
이 배달하고, 전자기기 상점에서 재고품 정리도 같이할 정도로 친
해졌다.

잡스의 집은 여전히 가난했기에 그는 부모님께 대학 진학을 포
기하겠다고 말씀드렸다. 부모님은 대학 교육을 약속했기에 등록금
이 싼 주립대학인 버클리대학에 진학하기를 권유했다. 그러나 반항
기가 많았던 스티브 잡스는 오히려 등록금이 비싼 문·이과 융합 교
육을 하는 사립대학 리드 칼리지 철학과에 입학해 버렸다. 그동안
부모님이 모아둔 돈을 비싼 사립대학 등록금으로 다 써버리고 결
국 학비 기숙사비를 내지 못한 그는 한 학기 만에 자퇴할 수밖에 없
었다. 잡스는 부모님께 반항적이었던 이 시기를 나중에 "인생에서
부끄러운 순간 중 하나"라고 회상하였다.

리드 칼리지 대학 측에서는 무절제한 히피 생활을 계속하고 필
수 과목을 듣지도 않고 듣고 싶은 과목만 들으려 하는 스티브 잡스
가 진상 학생이라서 자퇴를 환영하는 분위기였다. 하지만 당시 학

장이었던 잭 더드만 교수는 스티브 잡스가 획일적인 대학 교육과
정에서 지루함과 따분함을 느끼지만, 열정과 잠재력이 대단하다는
것을 알았다. 그래서 비록 자퇴는 했지만, 원하는 수업을 계속 청강
할 수 있도록 허락해 주었고, 곤경에 처한 잡스와 함께 산책하면서
몰래 20$를 주머니에 넣어주기도 했다.

이때 그가 관심 있었던 수업이 서체학(캘리그래피)이었고, 나중
에 디자인 미학, 트루 타입 개발에 큰 영향을 미쳤다. 또 셰익스피
어 과목을 청강했고, 도서관에서 불교와 동양 철학 서적을 탐독했
다.

대학을 자퇴한 잡스는 돈이 없어 몇 달 동안 제일 싼 시리얼만 먹
어야 했다. 배고픔과 가난에 찌들었고, 1970년대 베트남전쟁으로
당시 대학가에 유행했던 반문화운동인 히피문화에 빠져서 방황과
갈등 속에 헤맸다.

친구들의 눈치를 보면서 18개월간 기숙사 방바닥에서 잠을 자면
서 전전해야 했으며, 콜라병을 주워 팔아 용돈을 마련했다. 또 새벽
4시에 일어나 먼 거리를 걸어가 무료 급식소에서 끼니를 해결했
다. 무절제한 히피 생활에 씻지도 않다 보니 몸에서 냄새가 나 다
른 사람들이 접근하려 들지 않을 정도로 불운한 청춘의 나날을 보
냈다.

그는 1991년 과학기술 분야에서 뛰어난 업적을 이룬 사람에게
수여하는 볼럼상 수상 기념 연설에서 청춘의 고난과 역경에 대해
연설했다.

"잭 더드먼 교수님은 내 인생의 영웅 중 한 분이셨습니다.
리드 칼리지에 감사드리고 싶었습니다.

제가 거기서 배운 것들이 제게 남았기 때문입니다.
성격은 좋은 때가 아니라 나쁜 때에 형성됩니다.
풍요로운 때가 아니라 역경에서 형성됩니다.
그리고 이 학교는 저에게 역경의 정신을 키워주었습니다.
배고픔을 느끼는 법과 평생 배고픔을 유지하는 법을
가르쳐 주셔서 감사합니다."

2005년 스탠퍼드대학 졸업식 연설에서 자신의 대학 생활에 관해 이야기하면서, "항상 갈망하고, 항상 추구하라 Stay hungry, stay foolish"는 의미 있는 메시지를 던지기도 했다.

"대학 생활은 사실 낭만적이지만은 않았습니다.
기숙사 방이 없어서 친구들 침대 밑의 바닥에서 잤고,
콜라병을 모아서 5센트씩을 받아 음식을 먹었습니다.
하레크리슈나 사원에서 주는 무료 식사를 하기 위해
매주 일요일 밤이면 7마일을 걸어가기도 했습니다.
좋았습니다.
내가 호기심과 직관을 따라 비틀거리며 걸어 들어간 많은 것들은
나중에 값을 매길 수 없을 정도로 귀중한 것들이 되었습니다."

이렇게 방황하던 젊은 날에 스티브 잡스가 정신적 멘토를 만났다. 일본인 승려인 오토가와 고분을 만난 것이다. 오토가와 고분은 잡스에게 마음을 다스리는 불교 명상을 꾸준히 하면서 내면의 평

화와 직관력을 키우도록 하였다. 또 복잡한 삶의 목표를 단순하고 명확하게 바라보도록 하고, 끊임없이 노력하면서 성장할 수 있는 정신적 지주가 되어 주었다. 정신적 멘토와의 만남은 나중에 애플의 혁신적인 아이디어와 단순하면서도 미니멀하고 직관적인 디자인 감각에 큰 영향을 주었다.

애플의 "Think Different"는 기존의 틀을 깨고 새로운 것을 시도하고 받아들이라는 선불교의 영향이 있었다. 특히 췌장암 선고를 받은 이후에도 오타가와 고분 승려의 가르침으로 삶과 죽음의 의미를 되새기고, 병상에 누워 죽음의 순간까지 창의적이고 혁신적인 애플의 미래와 중요한 것에 집중하면서 죽음을 맞이할 수 있었다.

대학 졸업장도 없고, 깡마르고, 샤워를 안 해서 몸에서 냄새가 나는 잡스가 돈을 벌기 위해 취직을 하려 했으나 반기는 회사가 없었다. 그러던 중 우연히 게임개발 회사 아타리의 '즐기면서 돈 버세요 Have fun, make money'라는 취업 광고를 보았다. 아타리는 당시 미국 전역에 대표적인 벽돌 깨기와 핑퐁 게임 등의 게임기를 제작해 판매하는 회사였다.

스티브 잡스가 처음으로 입사한 아타리는 탁구와 벽돌 깨기로 유명한 게임 회사였다.

그는 무작정 아타리로 뛰어가 로비로 들어섰다. 그러나 냄새나는 그를 사람들은 피해 다녔다. 그때 로비를 지나가던 인사 담당 이사

부쉬넬이 그를 보았고, 잡스의 열정적인 눈빛과 배짱을 보고 채용을 결정했다.

취직은 했으나 여전히 스티브 잡스는 직원들의 기피 대상 1호였다. 몸 냄새 때문에 직원들이 꺼리자, 부쉬넬은 직원들이 다 퇴근한 후인 야간에 출근해 혼자 게임을 개발하도록 해주었다.

그러던 어느 날 스티브 잡스가 부쉬넬을 찾아가 인도 여행을 다녀오겠다고 말했다. 부쉬넬은 여행을 승낙해 주면서 다시 아타리로 돌아오라고 얘기했다. 그의 말대로 스티브 잡스는 7개월간 인도 여행을 마치고 다시 아타리로 돌아갔다.

한편, 스티브 잡스는 불교 승려가 되기 위해 일본으로 가고 싶다고 했다. 하지만 오타가와 고분이 "승려가 되지 말고, 미국에서 사업가가 되라."라고 하여 일본 가는 것을 포기했다. 불교 승려가 되고 싶을 정도로 그는 불교와 동양 철학에 심취했었다.

1976년, 22살의 잡스는 앞으로 퍼스널 컴퓨터가 돈이 될 것을 직감하고 부모님 집 차고에서 워즈니악과 함께 애플을 창업했다. 두 사람은 가지고 있던 자동차와 옷까지 모두 팔아 창업자금을 마련했다. 당시 워즈니악의 아버지는 아들에게 "왜 그 놀고먹는 백수(잡스)와 반으로 나누느냐."라고 화를 내기도 하였지만, 잡스는 그를 찾아가 눈물을 흘리면서 설득하여 워즈니악과 함께 창업할 수 있었다.

창업한 잡스는 동네의 컴퓨터 판매상을 찾아가 자신들이 만들 애플 컴퓨터를 계약하고 팔아 달라고 부탁했다. 다행히도 판매상은 젊은 스티브 잡스

1976
Apple I

1977
Apple Ⅱ

의 열정적인 눈빛과 설득에 그만 Apple I 오백 대를 선계약해 주었다. 두 사람은 고등학교 때 HP 조립 라인에서 함께 아르바이트한 경험이 있었다. 그래서 컴퓨터 부품들을 외상으로 사 납땜 조립하여 나무 상자에 본체만 있는 Apple I을 납품하는 데 처음으로 성공했다.

비로소 사업자금을 마련한 두 사람은 Apple II를 개발하였고, 기존 회사의 비싼 컴퓨터에 비해 가성비가 좋은 Apple II를 4명(잡스, 워즈니악, 여동생과 친구)이 밤새워 납땜 조립하여 시중에 팔아 대박이 났다.

애플 PC는 이제 공장도 짓고 직원을 둘 정도로 사업에 성공하였고, 26살의 스티브 잡스는 억만장자의 대열에 들어가게 되었다. 그러나 워즈니악은 잡스와 생각이 달랐다. 그는 개발자로서 가성비 좋은 컴퓨터를 개발하여 많은 사람이 편리하게 쓸 수 있도록 저렴한 가격에 판매하고 싶어 했다. 그러나 잡스는 지금까지 없었던 창의적이고 혁신적인 제품 개발에만 관심을 가졌고, 능력자들을 영입하는 데 돈을 아끼지 않았

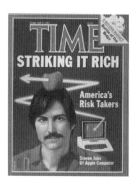

26살의 대학 자퇴자 스티브 잡스는 1.5억$의 억만장자가 되어 타임지에 '미국의 위기 극복자'로 처음 등장하였다.

다. 반면에, 무능력한 사람은 무자비하게 해고도 많이 해서 사업 운영에서 워즈니악과 의견 충돌이 많았다. 그래서 워즈니악은 HP에서 퇴사하지 않고 애플과 HP 사이에서 선택의 갈등을 오랫동안 겪었다.

게다가, 저작권에 관해서도 잡스와 워즈니악은 서로 달랐다. 워즈니악은 지금도 최고의 인공지능이나 SW 개발자들이 SW를 개발하면 SW를 많은 사람이 자유롭고 편리하게 사용할 수 있도록 시장

에 무료로 풀어버리듯이 저작권 무료 배포 copy release를 고집하는 개발자였다. 반대로 잡스는 카피라이트 copyright 유형으로 개발비에 돈이 많이 들어간 SW이기 때문에 저작권으로 돈을 벌고자 하였다.

'호사다마'라고 했던가? 좋게 잘 나갈 때, 더욱 조심해야 한다는 의미다. 잘 나가던 사업에도 나쁜 일이 생기는 법이다. 애플 컴퓨터가 계속 잘 나가던 1981년에 워즈니악의 경비행기가 추락하는 사고가 터졌다. 워즈니악은 기억상실에 걸렸지만, 다행히 목숨만은 구했고 애플을 그만두었다. 그리고 잡스에게 해고당한 직원들을 위해 애플의 자사주를 저가로 나누어 주었다.

나쁜 일이 또 생겼다. 당시 정부와 기업을 대상으로 한 거대 컴퓨터 기업인 IBM이 PC 사업에 본격적으로 진출하면서 MS-DOS 운영체제를 개방형으로 풀어버렸다. 운영체제를 누구나 진입장벽 없이 활용하고 개발할 수 있게 한 것이다. 그동안 폐쇄형 운영체계를 고수했던 애플은 Apple Ⅲ가 실패하면서 경영 위기를 겪게 되었다.

설상가상으로 스티브 잡스의 고등학교 때 연인이었던 브레넌이 딸 리사를 낳아 미혼모로 혼자 키우다가 1980년에 친자 소송을 하였다. 이에 CEO 스티브 잡스의 이미지는 추락하였고, 애플 주가도 추락하였다. 이를 'CEO 리스크'라고 한다. 당시 타임지에서는 개인용 컴퓨터 시장을 주도하고 있는 애플의 스티브 잡스를 표지모델로 선정하였으나, CEO 리스크로 추락하는 스티브 잡스의 얼굴은 쓰지 않고 이미지로 처리하고 말았다.

TIME은 CEO 잡스의 리스크로 그의 사진을 쓰지 않고 이미지로 처리하였다.

경영에 여러 어려움을 겪고 있던 스티브 잡스는 당시 마케팅의 귀재인 펩시콜라의 존 스컬리를 영입하여 애플을 살리려 애썼다. 펩시 창사 이래 최연소 CEO가 된 존 스컬리는 아직 작은 구멍가게 같은 컴퓨터 회사 애플에는 관심조차 없었다. 그러나 자기 아이들이 애플의 스티브 잡스를 영웅시하는 모습을 보았고, 스티브 잡스도 그를 CEO로 영입하기 위해 적극적으로 쫓아다녔다. 마침내 잡스는 "설탕물이나 팔면서 남은 인생을 보내고 싶습니까? 아니면 저와 함께 세상을 바꿀 기회를 붙잡고 싶습니까?"라고 제안하여 마케팅의 귀재 존 스컬리를 애플의 CEO로 영입하였다.

존 스컬리는 애플에 출근한 첫날 대기업 펩시에서 보았던 단정한 회사의 모습과는 전혀 다른 직원들의 자유분방한 복장과 근무 태도에 놀랐다. 존 스컬리가 CEO로 오긴 했으나 여전히 애플의 실질적인 보스는 스티브 잡스였다. 당연히 두 사람의 경영 철학과 컴퓨터 개발은 다를 수밖에 없었다. 잡스는 혁신적인 첨단 컴퓨터 개발을 위한 비용과 인재 영입에 돈을 아끼지 않았다. 그러나 존 스컬리는 CEO로서 제품 개발도 중요하지만, 경영 전반과 직원들의 조직 문화, 마케팅까지 생각해야만 했다.

그런데 1984년 잡스가 비싼 개발비를 들여 주도한 애플의 야심작 매킨토시가 예상과 달리 IBM의 MS-DOS 운영체제인 PC에 밀리면서 실패하였다. 모든 책임은 잡스에게 돌아갔다. 결국 1985년 애플의 이사회는 매킨토시 사업 실패를 이유로 창업자인 스티브 잡스 해임을 결정했다. 존 스컬리와 스티브 잡스도 예상치 못한 이사회 결과였다.

스티브 잡스는 핵심 인재들을 데리고 애플을 떠났다. 그리고 매킨토시에서 이루지 못한 혁신적 아이디어를 실현하기 위해 넥스트 컴퓨터를 창업했다. 그리고 1986년 컴퓨터 그래픽 기술을 연구하던 작은 회사였던 픽사를 인수했다. 픽사는 이후 컴퓨터 애니메이션 분야의 선두 주자가 되어 우리도 잘 아는 '토이 스토리', '몬스터 주식회사' 등 흥행에 성공한 애니메이션 영화들을 제작하면서 큰 성공을 거두었다.

이 두 회사는 나중에 스티브 잡스가 애플로 다시 복귀할 때 중요한 역할을 하였다. 넥스트 컴퓨터에서 개발된 뛰어난 그래픽 사용자 인터페이스(GUI)는 이후 맥 OS X의 원천이 되었다. 픽사는 컴퓨터 그래픽 기술을 활용하여 애니메이션 제작 방식을 혁신하고, 영화 산업에 새로운 지평을 열었다.

스티브 잡스가 사라진 애플은 다양한 제품들을 선보였으나 잡스만이 할 수 있는 혁신이 사라져 버린 제품에 대해 시장은 냉담했고, 경영난에 허덕였다. 결국 1997년 애플이 넥스트 컴퓨터를 인수하면서 다시 잡스를 CEO로 영입하였다. 다음 해인 1998년 잡스만의 혁신적 기술과 디자인이 들어간 아이맥이 출시되면서 시장은 열광했다. 애플은 다시 부상하였고 주가도 상승했다.

이어서 'i3 혁명'이라는 아이팟, 아이폰, 아이패드 등 혁신적인 제품들이 출시되고 앱스토어가 도입되면서, 드디어 2011년 애플은 미국에서 시가 총액 1위의 기업으로 등장하였다. 그리고 그해 10월, 애플을 최고의 혁신 기업으로 성장시킨 스티브 잡스는 췌장암으로 세상을 떠났다.

2012년 〈하버드 비즈니스 리뷰 Harvard Business Review〉에서는 스티브 잡스를 토머스 에디슨, 헨리 포드, 월트 디즈니와 함께 미국의 위대한 혁신적 영웅의 반열에 올렸다. 그리고 하버드 경영대학원에서 이루어졌던 기존 CEO의 리더십과는 다른 스티브 잡스만의 14개 성공의 요인을 다음과 같이 밝혔다.

① 집중하라.

② 단순화하라.

③ 처음부터 끝까지 책임져라.

④ 뒤처졌을 땐 뛰어넘어라.

⑤ 완벽성을 추구하라

⑥ 항상 A급 최고의 인재를 용인하라.

⑦ 직접 대면하여 참여하라.

⑧ 이윤보다는 제품을 생각하라.

⑨ 포커스 그룹의 노예가 되지 마라.

⑩ 현실을 비틀어라.

⑪ 강력한 인상을 남겨라.

⑫ 인문학과 과학을 융합하라.

⑬ 항상 갈망하고 추구하라.

⑭ 큰 그림과 디테일의 양면을 알아라.

The Real Leadership Lessons
of Steve Jobs

출처: Harvard Business Review, 2012.4.

이 책은 '거인의 어깨에 올라타, 세상을 더 넓게 더 멀리 바라보라.'라는 말처럼, 세계적인 슈퍼리치로 성공한 거인들이 어떤 시행착오를 거치며 실패를 극복해 나가는 여러 과정에서 나타나는 성공 요인을 탐구하는 책이다.

스티브 잡스의 인생 궤적을 살펴보면 절대 순탄치 않은 인생이었다. 그는 양극단 사이에 존재했다. 지금도 실리콘 밸리에서는 부자로 성공하기 위해 스티브 잡스의 파괴적 혁신가의 정신과 강력한 리더십을 추종하는 CEO들이 많은 것도 사실이다.

문제아 vs 영재아
창의적 혁신가 vs 돈벌이 혁신가
강력한 카리스마적 리더십 vs 무자비한 독단적 리더십

인생을 살면서 누구와 함께하느냐가 중요하다. 자신을 잘 알아보고 자기의 잠재력을 잘 계발해 줄 수 있는 인생의 멘토, 함께 할 파트너가 중요하다. 사실 스티브 잡스 인생은 태어나면서부터 많은 시련이 있었다. 그럴 때마다 좋은 인연이 함께 하였기에 결국 스티브 잡스는 무명의 컴퓨터 제조 스타트업을 시총 1위의 기업으로 성장시켰고, 미국 사회에서 인정받는 위대한 혁신가 반열에 등극하였다.

스티브 잡스의 좋은 인연들을 정리해 보면 다음과 같다.

① 태어날 때 생부모에게 버림받았지만, 끝까지 사랑으로 돌봐준 양부모, 특히 차고에서 전자공학에 관한 지식과 관심을 높여준 양아버지

② 문제아였던 초등학생 잡스의 잠재력을 알아보고 지적 성장과 월반까지 시켜준 힐 담임 선생님
③ 고등학교 때 전자공학에 관한 지식과 관심을 높여준 맥 콜롬 선생님
④ 맥 콜롬 선생님 수업에서 만나 애플의 공동 창업자가 된 스티브 워즈니악
⑤ 대학을 자퇴하였지만, 수업 청강을 가능하게 허락해 준 잭 더드만 학장
⑥ 대학 시절 가난과 히피문화에 빠져 무절제하고 방황할 때 만나서 죽을 때까지 함께 한 인생 멘토인 일본인 승려 오토가와 고분
⑦ 대학 졸업장은 없지만, 그의 열정과 잠재력을 알아보고 회사 로비에서 채용을 결정한 인사 담당 이사 부쉬넬

이런 좋은 인연이 자칫 사회 부적응의 반항아로 비뚤어진 인생 궤적을 살았을지도 모를 스티브 잡스의 인생을 그때마다 적절하게 바로 잡아 주었다.

스티브 잡스의 인연처럼 누구나 살다 보면 인생을 변화시킬 인연과 기회가 있다. 지금 우리는 나도 모르게 스쳐 지나가는 소중한 사람과의 인연을 놓치고 있지는 않은지 주위를 살펴봐야 한다. 그런데 여기서 주의해야 할 점이 있다. 먼저 자기의 내실을 다지기보다는 인맥과 네트워크를 쌓는다고 이곳저곳 기웃거리는 사람들이 의외로 많다.

누구랑 식사나 술을 같이 했고, 골프를 같이했다는 것을 주변에 떠벌리면서 자랑하고, 만난 사람들의 전화번호와 명함만 쌓아놓는 것을 경계해야 한다. 내실을 갖추지 못한 빈 깡통일수록 요란하게

떠벌리고, 자꾸 밖으로 돌게 마련이다. 잔뜩 쌓인 명함은 허세에 불과하다. 그런 부류의 사람들은 정작 내가 어렵고 필요로 할 때 도움이 되지 않는 인연이다.

사회는 냉혹해서 밥 먹는 친구, 술 먹고 같이 노는 친구, 중요한 일을 같이 도모하는 친구가 따로 있다고 한다. 이 부분에 대해 부자로 성공한 사람들이 공통적으로 이야기하는 점은, "내가 어떤 분야에 전문적인 실력이 있어서 네트워크의 중심에 있게 되면, 나를 필요로 하는 사람들이 저절로 나를 찾아온다."라는 점이다.

다가오는 인연과 기회를 잡아 인생의 멘토와 평생 같이할 파트너로 삼는 것도 내가 해야 할 몫이다. "하늘은 스스로 돕는 자를 돕는다."라고 하였듯이, 내 몫을 다 하려면 자기 분야의 전문적인 능력과 자질을 내가 먼저 갖추려고 노력하고 준비해야 한다. 준비되지 않는 사람은 기회도 알아보지도 못하고 잡지도 못한다. 세상은 저절로 이루어지는 법이 없기 때문이다.

부자들의 성공심리학

① 방어기제

☞ 인간의 심리와 성격을 분석하고자 하는 정신분석학 Psychoanalysis에서는 안정된 심리적 상태가 깨지게 되면 이를 '불안'이라고 한다. 사람들은 불안한 심리 상태를 안정된 상태로 회복하기 위해 다양한 방어기제가 작동한다. 방어기제는 불안을 이성적인 방법으로 통제하기 어려울 때, 사용하는 무의식적으로 자동화된 사고나 행동 방식으로 작동된다.

사람들은 심리적인 성숙도에 따라 다음 방어기제 중 한 가지, 또는 복합적으로 작동한다.

1) '부정'은 고통스러운 현실을 아예 일어나지 않은 일이라고 인정하지 않는 것이다. 예를 들어, 사랑하는 사람의 죽음으로 인한 사별이 너무 괴롭고 인정하기 어려워서 죽지 않았다고 생각하면서 현실을 부인하려 드는 경우다.
2) '억압'은 현실이 너무 고통스러워서 생각하지 않으려고 무의식 속으로 현실을 구겨 넣고 애써 모르는 체하는 것이다. 실제로 무의식 속에 구겨 넣었는데 무의식이 약해졌을 때, 예컨대 술을 많이 마셔 자제력을 잃었을 때나 꿈에서 다시 나타나기도 한다.
3) '투사'는 심리적으로 미성숙한 사람들이 주로 사용하는 방

어기제로 자기 잘못이나 불안의 원인을 타인에게 돌려버리고 자신은 아무 잘못이 없는 것처럼 빠져나가는 것이다. 예를 들어, 시험 당일에 알람을 못 듣고 늦잠을 자서 시험을 망친 학생이 도리어 엄마가 깨워주지 않았다고 화를 내는 경우다.

4) '고착'은 다음 발달단계로 안 가려고 현재 단계에서 멈춰버리는 것이다. 예를 들어, 대학생이 사회로 진출하는 것이 두려워 휴학을 계속하여 학생 신분으로 남으려고 경우다. 아이가 어른으로 성장하여 사회적, 경제적 책임을 지는 것을 두려워하는 것으로 '피터팬 신드럼'이라고도 한다.

5) '퇴행'은 고착의 방어기제를 넘어 오히려 이전 발달단계로 후퇴하는 것을 말한다. 예를 들어, 부모님의 사랑을 독차지하던 아이가 동생이 태어나면서 부모님이 아기에게 애정을 쏟는 것을 보고 동생처럼 행동하는 것을 말한다. '폐위된 황제 신드럼'이라고도 한다.

6) '반동형성'은 자기가 하고 싶은 소망이 있지만, 마음대로 할 수 없기에 오히려 반대되는 방향으로 행동하는 것을 말한다. '미운 놈에게 떡 하나 더 주기'와 같은 행동이다.

7) '합리화'는 어찌할 수 없는 현실에 실망하지 않으려고 그럴듯한 구실을 붙여 정당화하는 것을 말한다. 이솝우화에서 포도가 먹고 싶은 여우가 키가 작아 포도를 딸 수가 없자, "저 포도는 분명 실 거야."라고 말하는 것과 같다.

8) '치환'은 대상을 전환하는 것이다. 자기보다 강한 사회적 강자에게는 화를 내지 못하고, 약자에게 화를 퍼붓는 경우를 말한다. '동대문에서 뺨 맞고 한강에서 화풀이'하는 식으로, 이사에게 혼난 부서장이 자기보다 약한 부서원에게 화를 퍼

붓는 경우를 말한다. 부모님에게 혼난 아이가 약한 개에게 발길질 하는 경우다.

9) '승화'는 심리적 성숙도가 높은 사람이 하는 방어기제다. 불안한 충동과 에너지를 사회가 인정하는 방향으로 발산하는 것을 말한다. 예를 들어, 애인과 헤어져 실연당한 사람이 오히려 다 잊고 고시 공부에 이를 악물고 전념하거나, 올림픽 선수가 연습 기간의 불안을 이겨내고 연습에 더욱 집중해서 금메달을 따는 경우다.

② 조작적 조건화 학습

☞ 행동주의 심리학의 학습이론이다. 인간의 모든 행동은 학습된 결과로 본다. 인간의 행동은 학습된 결과이므로 행동에 대한 예측과 수정도 가능하다. 그리고 조건형성을 어떻게 시키느냐에 따라 긍정적인 행동은 더욱 강화하고, 문제행동이나 부적응 행동은 없애거나 수정할 수 있다.

여기서 '고전적 조건화 학습'과 '조작적 조건화 학습'으로 구분한다. 오래전부터 있었던 이론이라 하여 '고전적'이란 말을 붙였다. 고전적 조건화 학습은 노벨 생리의학상을 받은 파블로프의 개 실험이 유명하다. 개는 음식을 보면(무조건 자극) 생리적으로 침이 고인다(반응). 이때 음식을 줄 때마다 종(조건 자극)을 쳐서 반복해서 훈련하면, 나중에 개는 종만 쳐도 음식이 나올 것을 기대하기 때문에 저절로 침이 고이게 된다. 유명한 S→R(자극과 반응) 이론으로, 자극하면 반응이 형성되어 학습이 이루어진다.

한편, 조작적 조건화 학습이란 심리학자 스키너의 유명한 실험에서 비롯됐다. 비둘기나 쥐가 실험 상자 안에서 돌아다니다가 우연히 레버를 누르면 음식(강화물)이 나오게 설계하였다. 나중에는 비둘기나 쥐가 음식을 얻기 위해 레버를 계속 누르게 되는데, 음식을 획득하는 레버 누르기 학습이 이루어진 것이다.

이를 우리의 일상적인 공부나 운동에도 적용할 수 있다. 학생에게 열심히 공부하여 좋은 성적을 얻는 것을 학습시키려고 한다. 그러면 학생이 공부의 시간과 양을 늘려나가거나 좋은 성적을 획득할 때마다 학생이 원하는 보상(부모가 원하는 보상이 아니라)을 바로 해주면(바로 상을 주는 게 효과가 높다), 학생은 점차 좋은 성적을 얻기 위해 공부 시간과 양을 늘려나가게 된다. 또 공부를 열심히 하다 보니 좋은 성적을 얻게 되어 점차 공부에도 흥미를 갖게 되는 경우다. 수영, 테니스, 골프 등 운동을 배울 때도 마찬가지 원리가 작동한다.

③ 유사성의 원리, 상보성의 원리

☞ 어떤 사람이 나에게 친구나 연인, 파트너로 더 잘 맞을까? 여행을 같이 가고 싶은데 누가 나와 잘 맞을까? 사업이나 프로젝트를 같이 하고 싶은데 어떤 사람이 나와 잘 맞아 성공할 수 있을까? 우리가 일상생활을 하면서 늘 생각해 보는 이슈다.

여기서 '유사성의 원리'란 나와 비슷한 성격, 지역, 종교, 학력, 전공 등 유사한 것들이 많아서 서로에게 끌리는 원리다. 굳이 물어보지 않아도 성향이 비슷할 것 같아서 이야기나 느낌이 편해서 심리적 안정감이 든다. 왠지 이 사람과 같이하면 일도 잘될 것 같은 예감이 들기도 한다.

'상보성의 원리'란 내가 없는 어떤 것을 상대방이 갖고 있어서 왠지 끌리는 경우로, 상호 보완을 이루고 싶은 원리다. 나는 리더십이 없는데 저 사람은 리더십이 있어서, 나는 내향적인데 저 사람은 외향적이라서, 나는 결정장애가 있는데 저 사람은 결정을 잘해서 등등의 이유로 내가 부족한 부분에 대해 상대방에게 호기심을 느끼고 끌려서 상호 보완이 된다는 원리다.

나에게는 유사성의 원리, 상보성의 원리 중에서 어떤 원리가 더 좋을까? 쉽게 말하면 나하고 비슷한 사람에게 더 끌리고 행복하게 오래 갈까? 아니면 나하고 다르기에 더 끌리고 오래 갈 것인가.

여기서 많은 심리학 연구가 있었는데, 친구나 연인관계를 지속하고 결혼 생활을 오랫동안 평화롭고 행복하게 유지하는 데는 '유사성의 원리'가 더 많은 영향을 미치는 것으로 나타났다. 상보성의 원리로 처음에는 강력한 호기심과 끌림이 있었지만, 미모나 돈, 지위, 학력 등은 영원하지 않기 때문이다. 다름에 매력을 느끼지만, 달라서 불편한 것은 오래 견디지 못한다는 것이다.

6

대학 기숙사 페이스북에서
세계 55억 사용자 메타까지,
마크 저커버그

20살 하버드대 심리학 전공의 대학생 마크 저커버그는
사람들이 다른 사람에 대한 호기심이 많을 거라는
점에 착안하여 대학 기숙사에서 페이스북을 개발했다. 그는 페이스
북에서 시작하여 인스타그램, 뉴스피드, 메신저, 가상현실과 증강
현실(VR/AR), 오큘러스, 스레드 등 슈퍼 소셜 미디어 플랫폼 회사
로 성장시킨 개발자이자 경영 CEO다.

최근에 소셜 미디어 플랫폼 기업에서 메타버스와 인공지능 기업
으로 영역을 확장하면서 2024년 〈포브스〉의 세계 슈퍼리치 4위로
등극하였다. 2025년 1월 말 현재, 메타의 페이스북은 30.8억 명, 인
스타그램 24억 명으로 두 플랫폼만 합쳐도(중복사용자 포함) 약 55
억 명이 사용하는 세계 최대 SNS 플랫폼이 되었다. 이제 세계 여행
자들은 명함을 건네거나 핸드폰 번호를 알려주기보다는 인스타그
램 계정을 교환하는 세상으로 바뀌고 있다.

저커버그는 1984년에 뉴욕에서 치과의사인 아버지와 정신과 의사인 어머니 사이에 태어났다. 어릴 적부터 유대인 부모님은 하브루타식으로 교육하였다. 부모님은 저커버그와 끊임없이 질문하고 토론식으로 대화를 나누며, 아이가 스스로 생각하고 판단하여 독립적으로 답을 찾아갈 수 있도록 시간이 걸리더라도 기다려 주는 교육을 하였다.

저커버그는 어릴 때부터 스스로 질문하고 답하는 교육을 받았다.

이렇게 교육받은 저커버그가 오늘의 메타를 만들었다. 저커버그뿐 아니라, 빌 게이츠, 스티브 잡스, 워런 버핏 등 슈퍼리치들의 학창 시절을 보면, 우리나라 교육 방식을 다시 생각해 봐야 한다.

어릴 적부터 아이들을 사교육으로 뺑뺑이 돌게 만드는 우리나라는 OECD 국가 중 사교육비를 가장 많이 지출하는 나라다(저출산 원인 중의 하나다). 우리나라 학부모들이 왜 다른 나라보다 사교육비를 많이 지출하고 있는지를 본질적으로 생각해 봐야 한다. 교육부는 '공부는 쉽고 즐겁게' 해야 한다면서, 교과서와 수업 내용을 단순화하고 적정화한다는 모토로 계속 줄여 나갔다. 교육부 생각대로 공부가 진짜로 쉽고 즐거운 것인지는 잘 모르겠다.

최근 교육부는 학부모들과 학생들이 수·과학 과목이 어렵고 공부하기 싫다고 하니, 어려운 부분은 친절하게 다 빼주었다. 이렇게 공부한 학생들이 대학에 들어오면 대학은 기초과목을 다시 가르쳐야 한다. 특히 수·과학을 필수로 하는 이공계 전공일수록 문제가 된다.

교육부 정책 의도와 학교 교육 현장은 또 다르다. 수업과 시험이 따로 간다는 게 문제다. 학교는 내신 등급을 상대 평가한다. 그러다 보니 수업 중에는 쉬운 내용을 가르치지만, 시험은 더 어렵게 내야 하는 것이 웃기고도 슬픈 교육 현실이다. 학생들은 학교 수업과 별도로 내신 등급을 올리고, 수능을 대비해야 한다. 그래서 비싼 학원비를 지출하면서 주입식 교육과 시험 풀이 유형을 반복해서 잘 가르쳐주는 스파르타식 유명 학원가를 찾아가는 기이한 상황이 되었다(학부모들은 학원이 철저하게 스파르타식으로 수업한다면 좋아하고, 학교가 스파르타식으로 한다면 싫어하는 경향이 있다). 좋은 학원가가 있는 특정 지역으로 몰리니, 부동산 가격도 당연히 오른다.

또 하나의 현실은, 핸드폰이 아이를 키우고 있다는 것이다. 식당이나 카페에 가더라도 아이와 즐겁게 얼굴을 보면서 얘기를 나누기보다는 핸드폰 게임이나 자극적이고 선정적인 쇼츠 동영상에 아이를 맡겨두는 경우가 많다. 아이와 함께 눈을 맞추며 즐겁게 이야기하고, 엉뚱하고 반복적인 질문이지만 아이가 스스로 답을 찾아갈 수 있도록 시간을 두고 기다려 주면서 사고력과 비판력, 창의력을 키워줄 수 있는 가정 교육이 중요한데 이러한 시기를 놓치고 있는 현실이 안타깝다.

AI시대로 진입하면서 질문을 잘하는 '프롬프트 prompt'가 더 중요한 시대가 되었기 때문이다. 아무리 인공지능이 발달한다고 해도 저절로 좋은 답을 생성해 주지는 않는다. 잘 학습된 거대 언어모델(LLM)인 AI에게 질문을 잘해야 원하는 답도 잘 생성되기 때문에 질문 수준이 곧 답의 수준이다.

좋은 답을 얻기 위해 질문을 잘하려면 배경지식이 있어야 한다. 비판적이고 창의적인 질문을 던져야 인공지능이 원하는 답을 잘 생성할 수 있기 때문이다. 그래서 최근 미국 대학생들은 인공지능을 잘 개발하고 활용하기 위해서라도 철학, 논리, 고전 등의 인문학 수업을 더 많이 듣는다고 한다.

저커버그는 어릴 때부터 프랑스어, 히브리어, 라틴어, 그리스어 등 다국어를 잘하고, 그리스·로마 신화 등 고전을 몇 번이고 완독할 정도로 인문학에 관한 관심도 높았다.

다양한 국가의 언어를 잘한다는 것은 무슨 의미일까? 예를 들어, 영어를 영어답게 제대로 잘하려면 영어권 문화와 사회를 이해하고, 그 문화권에서 통용되는 영어식 표현(듣고 말하고 읽고 쓰기)을 잘 구사해야 한다. 다양한 국가의 언어를 잘한다는 것은 다양한 나라의 문화를 자기 것으로 소화했다는 의미다. 심리학에서는 다양한 문화권의 언어를 자유롭게 할 수 있는 이중(또는 다중) 언어 구사자들이 다양한 문화를 이해하고 잘 융합하여 새로운 아이디어를 내는 '창의력'도 높다고 하였다.

저커버그는 언어와 인문학에 관심을 두고 공부하면서도 수학, 물리학, 천문학 등 자연과학에도 관심을 두고 공부하여 '융합력'을 자연스럽게 갖추었다.

　여기서 융합력이란 다양한 전문 지식과 맥락을 녹이고 새롭게 잘 합치는 능력이다. 2016년에 제4차 산업혁명을 선언한 세계경제포럼의 회장인 클라우스 슈밥은 "인공지능의 미래 사회는 인간의 창의력과 융합력이 더 중요해지는 사회가 될 것이다."라고 하였다. 창의력과 융합력을 합친 용어가 창의융합력이고, 창의융합력을 잘 갖춘 인재를 '창의융합형 인재'라고 한다. 창의력과 융합력에 대해서는 마지막 부분에서 더 자세히 알아보기로 한다.

　저커버그는 초등학교 6학년 때 세 명의 여자 형제와 재미있게 놀 수 있는 컴퓨터 게임을 만들고 싶어서 집중적으로 코딩을 공부하기 시작했다. 의사였던 부모님은 아들도 의사가 되기를 은근히 희망하였으나 아들이 컴퓨터와 프로그래밍에 재능이 있음을 알게 되었다. 아버지는 11살 때부터 프로그래밍 교육을 위해 전문가를 초빙하여 개인 과외를 해주었다. 그리고 아버지가 다니는 조찬 경영 모임과 창업세미나에도 아들을 데리고 다녔다.

　한편, 프로그래밍 과외 선생님이 더 이상 가르쳐줄 것이 없다고 하자, 저커버그는 지역 대학원에서 청강하면서 코딩 실력을 높여 나갔다. 여기서 코딩 coding이란 컴퓨터 언어로 프로그램을 만드는 작업이다. 그리고 프로그램 program이란 컴퓨터로 구현하고자 하는 논리를 수학의 문자와 숫자, 기호로 완결한 명령체계를 말한다. 수학적으로는 완결된 구조를 알고리즘 algorithm이라고 한다.

　중학생이 된 저커버그는 13살 때 아버지 치과병원에서 쓸 수 있도록 환자 도착 알림 프로그램을 개발했다. 그의 첫 번째 프로그램이다. 이어서 통신 관련 툴과 컴퓨터 게임 SW를 개발하여 친구들에게 무료로 배포할 정도로 실력을 쌓았다.

　고등학생이 되자 저커버그는 머신러닝(컴퓨터 공학자들은 컴퓨터를 '머신'이라고 부르기를 더 좋아한다. 머신러닝은 기계학습을 말한다)을 활용한 시냅스 미디어 플레이어 Synapse Media Player 를 개발하였다. 사용자의 음악 감상 습관을 학습하여, 학습된 데이터에 따라 노래를 추천하는 뮤직 플레이어였다. 마이크로소프트가 저커버그에게 100만$ 인수와 채용을 제안하였으나, 이를 거절하고 무료로 누구나 사용할 수 있도록 카피 릴리스 copy release 해버렸다.

저커버그는 이렇게 컴퓨터 프로그래밍 실력을 쌓으면서도 어릴 때부터 관심 있게 공부한 다국어와 서양 고전학 과목에서 우등을 놓치지 않을 정도로 인문학과 자연과학의 융합력을 쌓았다. 사실 이 대목에서 스티브 잡스가 아이폰을 출시할 때 브리핑하던 유명한 장면이 생각난다. 그는 애플의 창의적이고 혁신적인 제품은 인문학 Liberal Arts과 공학 Technology의 융합에서 나온다고 강조했다. 스티브 잡스도 일찍이 인문학과 자연과학을 융합한 대학으로 유명한 리드 칼리지에서 철학 전공을 하였고, 서체학에 관한 관심이 IT와 융합하여 혁신적인 애플 제품으로 출현할 수 있었다.

바로 이것이 최근 IT나 게임개발 회사에서 기존의 컴퓨터 전공자 중심에서 인문 사회학 전공자를 채용하려는 이유다. 결국 SW와 게임은 사람들이 생각하고 상상하는 것을 컴퓨터로 구현할 수 있게 프로그래밍한 것이다. 인문 사회학 전공자들은 사람들에게 끌리도록 매력적인 이야기를 만들어 내고, 다양하고 상상력이 풍부한 캐릭터를 그려낸다. 또한 심리적으로 플레이어의 감정을 자극하는 몰입형 게임 세계를 디자인한다. 인간의 심리를 읽어내고 자극하면서 더 높은 스테이지로 몰입하게 동기 부여하는 풍부한 게임 아이템을 만들어야 한다.

게다가 게임 기업이 글로벌 시장에 진출하기 위해서는 어느 특정 문화나 지역, 인종이 아닌 인류 문화에 대한 보편적인 지식과 통찰력이 필요하다. 그리고 SW와 게임에서 요구되는 개인정보보호와 윤리도 인문 사회학적 소양이 필요하기에 인문 사회학 전공자들을 채용하는 것이다. 마크 저커버그, 빌 게이츠, 스티브 잡스, 일론 머스크도 어린 시절부터 수학, 과학, 컴퓨터뿐 아니라 인류의 정신문명인 인문 사회학적 소양을 융합한 슈퍼리치들이다.

2002년에 저커버그는 하버드대학에 심리학과 컴퓨터 전공으로 입학했다. 그는 심리학과 컴퓨터 공학을 전공으로 선택한 이유를 다음과 같이 밝혔다.

> "사람들이 가장 흥미를 갖는 것은
> 의외로 다른 사람에 관한 관심이다.
> 심리학과 컴퓨터 공학의 두 학문은 서로 연결되어 있으며,
> 컴퓨터는 세상에 무언가를 만드는 도구다."

2학년이 된 저커버그는 하버드 여학생들의 사진 두 장을 나란히 놓고 더 매력적인 사람에게 투표는 이상형 월드컵 페이스 매쉬 프로그램을 개발했다. 그는 프로그램을 개발하기 위해 여학생 DB를 몰래 해킹했다. 저커버그가 기숙사에서 프로그램을 완성해 놓고 수업을 들으러 간 사이에 페이스 매쉬는 학생들에게 폭발적인 인기를 얻었다. 기숙사 서버가 한동안 다운될 정도였다. 학교 측에서는 당장 중지 명령을 내렸고, 징계위원회에 올라가 퇴학당할 위기에 놓였다. 명백한 개인정보 침해와 외모 지상주의를 부추긴 사건이었다.

기숙사에서 프로그램 개발 중인 마크 저
커버그

    이때 저커버그는 먼저 징계위원회와 대학 신문 인터뷰를 통해
진심 어린 반성을 했다. 혁신적인 아이디어로 세상을 바꾸고 싶었
다고 솔직하게 말했고, 다른 학생들이 제출한 탄원서로 사건은 마
무리되었다. 이 사건은 저커버그에게 큰 교훈을 주었다. 많은 사람
이 진짜로 다른 사람에 대해 흥미가 많다는 것이 증명되었고, 개인
정보보호의 중요성을 깨닫게 하는 계기가 되었다. 그래서 사용자가
개인정보 제공에 동의한 후에 스스로 사진과 개인정보, 취향 등을
업로드해서 타인이 다른 사람들을 볼 수 있게 하는 프로그램인 페
이스북을 개발하는 데 자신감을 가졌다.

    대학생 때 개발한 또 하나의 프로그램은 스터디 툴이었다. 저커
버그는 도서관에 다 같이 모여서 그룹 스터디를 하는 것이 시간과
노력을 낭비하는 공부 방식이라고 생각했다. 그래서 온라인 그룹
스터디에 초대해서 더 많은 사람이 참여하여 수업과 시험에 대한
정보를 공유하면, 학습 효과를 낼 것으로 생각해서 스터디 툴을 개
발하였다. 결과적으로 이 툴을 잘 활용한 저커버그는 기말고사에서
수석을 차지했다.

    3학년이 된 저커버그는 하버드대 학생들이 서로 프로필을 보고
친구를 요청할 수 있는 커넥트유 프로그램을 친구들과 함께 개발

하다가 중도에 탈퇴했다. 이후에 커넥트유의 개발자들은 페이스북을 개발한 저커버그가 자신들의 아이디어를 도용했다고 소송을 제기했다. 최종적으로 페이스북이 승소하였고 6,500만$에 합의했다. 성공한 사람은 실패를 통해 새로운 교훈을 얻으며 성장한다. 저커버그도 이 사건을 겪으면서 교훈을 배웠다.

> "사람들은 다른 사람들의
> 사진과 콘텐츠 보기를 좋아하고,
> 기꺼이 무료로 업로드하기도 좋아한다.
> 저작권이 무엇보다 중요하다!"

20살의 저커버그는 2004년에 기숙사에서 친구들과 함께 하버드대 학생들을 위한 '더페이스북'을 개발하여 공식적으로 출시했다. 당시 유행하던 사진첩 수준이 아닌, 사진에 실명, 연애, 정치 성향, 취향 등 태그 분류 기능을 넣었다. 페이스북은 빠르게 입소문을 타고 퍼져나갔고, 아이비리그를 비롯한 다른 대학들로 서비스가 확

페이스북은 6개월 만에 20만을 돌파할 정도로 소셜 네트워크로 인기가 높았다.

대되면서 6개월 만에 20만 명이 가입할 정도로 인기가 있었다. 한편, 그는 어릴 적부터 적록색맹이어서 파란색을 선호하였고, 그래서 페이스북의 기본색을 파란색으로 하였다.

이때, 저커버그는 자신의 운명을 바꿀 빌 게이츠의 특강을 들었다.

> "하버드대이기 때문에 가능합니다.
> 하고 싶은 게 있다면 수업에 빠져도 됩니다.
> 마이크로소프트가 실패한다면,
> 나는 하버드대로 돌아올 것입니다."

그는 빌 게이츠 특강에 크게 영향을 받아 하버드대를 자퇴하고 창업하였다. 페이스북이 처음으로 투자를 유치한 곳은 벤처 캐피털 회사인 액셀 파트너스사로, 페이스북의 잠재력을 일찍이 알아보고 1,270만$를 투자했다(투자사는 일론 머스크 편에서 살펴본 실리콘 밸리 마피아 회원이다). 2006년에 페이스북이 일반에게 공개되자마자 야후는 페이스북을 10억$에 인수하려 했지만, 그는 독자적인 성장을 위해 이 제안을 거절했고, 현재 야후와 페이스북(메타)의 기업 상황은 역전되었다.

2009년 〈포춘〉에 이어 2010년 〈타임〉도 올해의 인물로 페이스북의 저커버그를 선정하였다. 〈포춘〉은 페이스북 가입자가 폭발적으로 증가하고 있고, 우리의 일상을 변화시키고 있다고 하였다. 〈타임〉은 저커버그의 창업 DNA는 심리학, 경제학, 문학, 역사 등의 창의적 융합이라고 하면서, 창의적 융합을 통해 새로운 소셜 네트워

포춘과 타임은 26살의 나이로 수억 명을 연결한 소셜 네트워크 플랫폼 개발자 저커버그를 올해의 인물로 선정했다.

크 세상을 개척했다고 하였다. 그리고 페이스북은 사람들이 정보와 의견을 공유하고 소통하는 방식을 근본적으로 변화시켰다고 하였다.

〈타임〉은 저커버그가 사람들을 온라인으로 연결한 것이 인간관계와 사회 구조에 큰 변화를 일으킬 수 있다고 하면서, 수억 명이 페이스북을 통해 일상적으로 소통하고 연결되면 세상이 더 투명해지고 열린 사회로 나가는 데 기여할 것이라고 하였다. 마지막으로, 저커버그는 26살로 어린 나이에 세계에서 가장 영향력 있는 기업 중 하나를 이끌며 큰 성과를 이뤄냈다고 평가하였다.

2011년 스티브 잡스가 사망했을 때 〈월스트리트저널〉에서는 '누가 스티브 잡스의 뒤를 이을 것인가?'에 대한 기사를 다루었다. 스티브 잡스의 이을 사람으로 제프 베조스, 마윈, 저커버그가 거론되었다.

"저커버그도 잡스처럼 대학을 자퇴했다.
그리고 소비자들이 원하는지도 모르는 제품을 만들었고,
결국 그것을 일상생활에 필수 불가결인 제품으로 만들어 냈다.
그는 '완벽주의자'이며 때로는 '까칠하다'.

> 미국의 최고 혁신가인 잡스의 계승자를 예견하는 요인은
> 좌절을 딛고 일어나,
> 실패에서 교훈을 배우는 능력이다. "

드디어 2012년 페이스북은 나스닥에 상장되었다. 나스닥 상장은 페이스북이 단순한 소셜 네트워크 플랫폼을 넘어선 거대 IT 기업으로 도약하는 중요한 신호탄이었다. 기업가치는 1,040억\$로 평가되었고, 상장 첫날 160억\$를 모았다.

페이스북은 초기 개인의 인간관계를 넓히는 단계에서 뜻하지 않게 글로벌 정치, 사회, 문화 분야에도 큰 영향을 미치게 되었는데, 대표적인 첫 사건이 2010년 '아랍의 봄'이다. 아랍의 봄은 튀니지에서 시작하여 중동과 북아프리카 지역으로 확산한 반정부 시위와 민주화 혁명의 물결이다. 독재 정권의 부패와 경제 침체에 대한 불만으로 시작한 이 운동은 튀니지, 이집트, 리비아, 예멘 등에서 장기 집권 독재 정권을 무너뜨리는 결과를 가져왔다.

페이스북은 '아랍의 봄'에서 중요한 역할을 했다. 시위대는 독재 정권의 언론 감시를 피해 미국 페이스북을 통해 시위 장면과 무자비한 탄압 영상을 전파하여 국제 사회의 주목을 받았다. 또 시민들은 시위를 조직하고, 정보를 공유하는 데 페이스북을 활용했다. 그러나 아이러니한 일은 SNS로 무너진 독재 정권에 이은 차기 정권이 아예 SNS를 차단하거나 역정보를 퍼뜨리는 데 활용했다는 것이다.

페이스북이 아랍뿐 아니라 중국에도 영향을 미친 대표적인 사건이 '위구르족 사건'이다. 중국은 위구르족의 독립 요구와 인권 탄압에 대해 철저히 통제했다. 그러나 해외 위구르족 해방 단체에서 페

이스북을 활용하여 신장의 위구르 자치구에서 벌어지는 인권 탄압, 강제 수용소, 문화적 말살 등 탄압 증거를 전파했다. 페이스북을 국제 사회의 지지를 얻는 플랫폼으로 사용한 것이다.

이에 중국 정부는 한국을 포함하여 해외 웹사이트나 검색엔진, 유튜브, 페이스북, 인스타그램, 네이버, 카카오 등을 근원적으로 차단했다. 게다가 2023년에 개정된 '반간첩법'을 근거로 해외사이트 차단을 강화하였다. 최근 중국 여행이나 출장 가는 한국인들도 반간첩법 대상이 되어 언제, 어디서든지 공안이 컴퓨터나 수첩, 핸드폰 등을 영장 없이 조사할 수 있다. 실지로 수첩 뒤에 붙어 있는 지도에 대만 표시가 있다고 하여 한국인이 공항에서 강제 귀국 조치된 사건도 있었다.

2012년 페이스북은 인스타그램을 10억\$에 인수하고, 이어서 뉴스피드를 인수하여 거대 SNS 플랫폼 회사로 성장하였다. 당시 인스타그램은 직원이 13명인 스타트업으로 기업 가치 5억\$로 평가되었으나, 페이스북은 그 두 배인 10억\$에 인수했다. 이 인수는 페이스북의 모바일 전략 강화와 잠재적 경쟁자 제거를 위한 것으로 과도한 투자라는 비판도 있었다. 그러나 이후 인스타그램의 급성장으로 매우 성공적인 인수로 평가되었다.

인스타그램은 인수 후에도 독립적으로 운영되었다. 이후 스토리 기능, 쇼핑 기능, 릴스 같은 다양한 혁신적인 기능을 추가하며 2025년 현재 24억 명이 사용하는 회사로 급성장하였다. 페이스북이 스타트업이었던 인스타그램을 인수하고, 모바일 기반으로 신속히 전환한 것은 성공적인 사업 전략이었다. 현재 사용자의 98.5%가 모바일 기기로 접속하고 있다.

2025년 1월 현재 페이스북과 인스타그램의 사용자 통계를 살펴

보면, 페이스북이 30.8억 명으로 인스타그램 24억 명보다 많은 사
용자를 보유하고 있다. 여전히 페이스북이 세계 최대 소셜 네트워
크로 자리 잡고 있으며, 인스타그램도 상당한 규모의 사용자가 있
다. 특이한 점은 두 플랫폼 모두 IT 강국 인도에서 젊은 층의 사용
자를 보유하고 있다는 점이다.

(단위: 명)

	월간 활성 사용자	일일 활성 사용자	미국 사용자	최다 사용자 국가	한국 사용자	연간 성장률
페이스북	30.8억	21억	1억 6,800만	인도 (3억)	840만	0.6%
인스타그램	24억	5억	1억 5,840만	인도 (3억 6,290만)	1,240만	8%

출처: https://www.oberlo.com/statistics/facebook-user-growth,
https://analyzify.com/statsup/instagram)

우리나라의 사용자 통계는 2025년 1월의 정보통신정책연구원
의 〈세대별 SNS 이용 현황〉을 살펴보면 된다. 한국인의 스마트
폰 사용자를 분석한 결과, 우리나라 국민 10명 중 6명이 SNS를 사
용하고 있다. SNS 사용자 중 1위는 인스타그램(48.6%), 페이스북
(16.7%), 네이버밴드(13.1%), 카카오스토리(10.2%) 순으로 밝혀졌
다. 2년 전에 비해 인스타그램은 17% 증가했지만, 페이스북은 10%
감소했다.

저커버그는 2021년 회사명을 '메타'로 변경했다. 회사명을 변경
한 이유는 소셜 미디어를 넘어 가상현실과 증강현실을 기반으로
한 메타버스 플랫폼으로의 도약을 목표로 하였기 때문이다. 한동안
페이스북은 개인정보 유출, 가짜 뉴스 확산 등 다양한 논란에 휩싸
이며 부정적인 이미지가 있었다. 그래서 '메타'라는 새 이름으로 이
미지를 쇄신하려는 의도가 있었다.

페이스북은 메타로 회사명을 변경한 후, AI 기술 개발에도 집중하고 있다. 소셜 미디어 플랫폼을 더욱 강화하고 메타버스 생태계를 구축하며, 다양한 제품과 서비스에 AI를 융합하려는 사업 전략이다. 2024년에 저커버그는 메타의 AI 전략을 통해 회사가 기술 시장에서 경쟁력을 강화하고, 장기적인 비즈니스 성장을 도모할 것이라고 밝혔다.

예를 들어, 음성으로 메타버스를 구현하거나, 자연스러운 음성비서의 기능을 강화하여 이용자의 맞춤형 취향과 쇼핑, 정보를 기억하여 제공하며, 동시 번역이 가능한 번역기를 개발하는 것이다. 이를 위해 저커버그는 인공지능 슈퍼컴퓨터와 데이터센터를 위해 엔비디아 GPU 35만 개를 나오는 대로 싹쓸이하기 위해 15조 원을 투자한다고 밝혔다.

한편, 2024년 초에 미국 상원은 "SNS가 사람을 죽인다."라는 청문회를 개최하였다. 상원 청문회에 SNS 기업인 메타(페이스북, 인스타그램), 엑스(트위터), 틱톡, 스냅챗, 디스코드의 CEO가 참석했다. 이 기업들은 소셜 미디어 플랫폼의 유해 콘텐츠로 인해 발생하는 아동 성 착취, 폭력, 자살 등의 문제에 대해 답해야 했다. 여전히

"SNS가 사람 죽인다" 美상원 청문회서 저커버그 사과

2024년 02월 02일 01시 31분 댓글

출처: YTN, 2024.2.1.

SNS의 윤리적인 문제는 해결해야 할 과제다.

20살의 저커버그가 대학 기숙사에서 개발한 페이스북은 이제 메타버스와 AI의 개척자가 되겠다는 메타로 사명을 바꾸어 미국, 인도를 비롯한 70개국에 회사를 두고 7.4만여 명의 직원을 둔 회사로 성장하였다.

2012년 나스닥 상장 당시만 해도 38.23$ 했던 주가는 2025년 1월 현재 687.7$로 전체 기간에 1,697% 상승하였고, 특히 2024년에는 페이스북과 인스타그램이 중국의 테무를 비롯해 쉬인, 아마존 등의 광고 수익으로 메타 주가가 20% 올라 급기야 저커버그는 〈포브스〉의 슈퍼리치 4위에 올랐다.

출처: https://www.forbes.com/sites/chasewithorn/2024)

페이스북의 오랜 조직문화로 '해커톤'이 있다. 해커톤은 해킹과 마라톤의 합성어로 기존의 관행을 깨뜨리고 서로의 아이디어를 해커처럼 끄집어내는 도전과 문제해결의 장이다. 누군가 새로운 아이디어가 번뜩 떠오르면 '해커톤'을 제안한다. 그러면 개발자, 운영자, 디자이너 등이 한곳에 모여 회의한다. 회의방식은 파티처럼 피자와 콜라를 먹어가면서 자유롭게 자기의 아이디어를 내는 형식으

페이스북의 창의적 문제해결을 위한 독특
한 해커톤 회의방식(좌)

CEO 저커버그는 직원들과 마찬가지로 사
무실 한쪽에 책상을 놓고 자유롭게 소통하
며 일한다(아래).

로 진행된다. 제안된 아이디어는 여러 사람의 독특한 시각에 의해
혁신적인 아이디어로 탄생하게 된다.

저커버그는 다른 대기업의 CEO들과 다르게 권위적이지 않고 늘
직원들과 소통하려고 노력하는 CEO로도 유명하다. 별도의 화려
한 접견실을 갖춘 CEO 사무실이 있는 것이 아니라, 직원들과 함께
사무실 한쪽에 책상을 놓고 자유롭게 이야기하고 함께 일하는 것
을 즐긴다. 책상 위에는 책들이 잔뜩 쌓여 있고, 콜라와 페이스북이
라는 나무 명찰만이 저커버그의 책상임을 설명해 줄 뿐이다. 그는
"우리는 오랫동안 이런 식으로 일해왔고, 이것이 일을 하는 데 매
우 핵심적인 방식이었다."라고 하였다.

2019년과 2021년에 〈하버드 비즈니스 리뷰〉는 저커버그의 성공
에 대해 분석했다. 분석 결과, 저커버그는 페이스북 개발자이자 창
업자로서 기술 혁신과 사회적 책임에 대한 논의에서 중요한 인물로
자리 잡았다고 하면서 다섯 가지 성공 요인을 다음과 같이 꼽았다.

① 혁신과 실험을 중시하는 저커버그의 리더십 스타일이다.

그는 직원들에게 창의적인 환경을 제공하며 '해커톤' 방식과 같이 창의적 아이디어를 자유롭게 발휘할 수 있도록 장려한다. 이러한 접근 방식은 페이스북의 기술 혁신을 지속적으로 끌어내는 데 기여했다. 그는 "모든 문제는 내 잘못이다."라는 리더십과 신념으로 직원들의 신뢰를 높이고 더 나은 혁신적 성과를 내도록 동기 부여하였다.

② 비즈니스 모델의 유연성이다.

저커버그는 사용자 데이터를 활용하여 맞춤형 광고를 제공하는 전략으로 광고 수익을 극대화하였다. 이러한 전략은 페이스북이 세계 최대의 소셜 네트워크로 자리 잡는 데 중요한 역할을 했다.

③ 기업이 사회에 긍정적인 영향을 미쳐야 한다.

저커버그는 기업이 단순히 이익을 추구하는 것을 넘어 사회에 긍정적인 영향을 미쳐야 한다며, 특히 메타의 목표는 사람들을 연결하고 그들 간의 커뮤니케이션을 돕는 데 있다고 강조해 왔다.

④ 전문성의 함정에 빠지지 않도록 경계해야 한다.

저커버그는 자기 경험을 통해, "전문성이 때로는 고립을 초래할 수 있으며, 다양한 관점을 오픈하여 수용하는 것이 중요하다."라고 강조했다.

⑤ 인재의 중요성에 대해 강조하였다.

저커버그는 뛰어난 인재가 기업의 성공에 필수적이지만, 동시에 팀워크와 협업의 중요성도 강조했다. 그는 "위대한 사람들은 과대 평가 되기 쉽다."라고 하면서, 이러한 오류에서 벗어나기 위해서는 개인의 능력보다 팀의 역량이 더 중요하도록 조직문화를 만들었다.

한편, 〈하버드 비즈니스 리뷰〉는 페이스북이 단순히 사용자 수 극대화나 경쟁사 제거에 집중하는 것이 아니라, 플랫폼과 사용자에 대한 존중과 사회적 책임을 더 중요하게 여겨야 한다고 지적하였다. 또한 알고리즘 기반 연결에 대해서는 직접 책임을 지고, 사용자 생성 콘텐츠에 대해서는 정부나 독립 기관, 사용자에게 책임을 위임하는 등의 방안을 제시하였다. SNS의 사회적 영향에 대해 더 신중하게 책임을 지라는 메시지다.

저커버그는 사회에 공헌하기 위해 다양한 자선 활동도 참여했다. 대표적으로 2015년에 그의 아내 프리실라 챈과 함께 설립한 '챈 저커버그 이니셔티브'가 있다. 이 이니셔티브는 교육, 과학, 형평성, 의료 등 여러 사회적 문제해결에 초점을 맞추고 있는데, 저커버그는 이윤 창출과 사회적 책임이 서로 상충하는 것이 아니라며, 장기적으로 함께 추구할 수 있도록 부부의 페이스북 주식 99%를 기부하겠다고 약속했다. 이는 약 450억$에 달하는 규모다.

어릴 때부터 프랑스어 등 다국어를 좋아한 저커버그는 최근 중국어를 활발하게 공부하고, 중국어로 인터뷰하거나 공식적인 자리에서 중국어로 연설하기도 한다. 그가 밝힌 중국어를 공부하는 3가지 이유가 있다.

첫째, 그의 아내 프리실라 챈이 중국계 미국인이기에 가족과 더 원활하게 소통하기 위해 중국어를 배우기 시작했다고 하였다.

둘째, 페이스북이 글로벌 기업으로 성장하면서 중국 시장의 중요성도 커졌기 때문이다. 비록 지금은 페이스북이 중국에서 차단되어 있지만, 저커버그는 중국을 잠재적 시장으로 보고 중국과의 관계를 강화하는 것이 중요하다고 생각했다. 중국어를 배우는 것은 중국 비즈니스 관계자들과의 소통을 원활하게 하고, 그들과 더 가까운 관계를 맺기 위한 전략적인 측면이 있다.

셋째, 그는 중국어를 배우는 것이 개인적인 도전이라고 하였다.

새로운 언어를 배우는 것이 뇌를 자극하고, 복잡한 문제해결 능력을 기르는 데 도움이 된다고 하였다.

마지막으로, 저커버그는 자신의 성공 비결에 대해 다음과 같이 말했다.

"기업가 정신은 새로운 것들을 시도할 수 있을 때 번창한다.
가장 위대한 성공은 실패할 수 있는 자유에 달려 있다"

"정말 빠르게 변화하는 세상에서 가장 큰 위험은
어떤 위험도, 시작도 하지 않는 것이다."

"세상을 더 낫게 만드는 고민 이외의 다른 결정은
최소한으로 하고 싶다"

"나는 혼자 책을 깊이 읽고 생각하는 시간을 많이 갖는다."

"우리가 하는 일은, 사람들이 원하는 것을
더 쉽게 하도록 해주는 것이다."

부자들의 성공심리학

① 창의력

☞ 창의력이란 창의성을 발휘하는 능력 power으로, '새롭고 가치 있는 아이디어'를 내는 것이다. '새로움'만 있어서는 안 되고, 개인적으로나 사회적으로 '가치'가 있어야 우리는 창의적이라고 할 수 있다. 새롭고 가치 있는 창의적인 아이디어나 제품, 서비스일수록 고부가가치의 부를 가져갈 확률이 높다.

미래 학자들은 인간의 지적 능력을 컴퓨터로 구현하고자 하는 인공지능이 더욱 발달할 것이고, 앞으로 인공지능이 인간의 지능을 뛰어넘는 '특이점 곡선'이 나타나고 있다고 한다. 그러기에 인간만이 지닌 새롭고 가치 있는 아이디어를 생산하는 '창의력'이 더욱 중요해질 혁신역량이다.

1950년 미국심리학회 회장이 된 길포드는 "이제 하나의 정답만을 요구하는 지능의 시대는 갔다."라는 기조 강연을 통해 창의력이 더욱 중요한 시대가 될 것이라고 하였다. 처음에는 창의력을 연구하는 심리학자들도 창의력은 노벨상 수상자들처럼 매우 특별한 재능을 가진 탁월한 사람들의 능력이라고 생각하였다.

그러나 창의적인 인물의 특성, 창의력이 나타나는 과정, 창의적인 환경에 관해 연구한 결과 새로운 사실이 밝혀졌다. 창의력은 모든 사람에게 잠재된 능력이라는 것이다. 따라서 모든 사람에게 잠재된 보물과 같은 창의력을 어떻게 계발시켜 줄 것인가와 어떻게 가정과 학교나 직장 환경을 창의적인 환경으로 만들어주면 잘 계발될 수 있을까에 대해 계속 연구하였다.

그런데 재미난 현상이 나타났다. 심리학자들의 창의력에 관한 연구가 한창 진행 중일 때 창의력을 가장 먼저 적용하기 시작한 곳은 이익을 내야 하는 기업이었다. 앨빈 토플러가《부의 미래》에서 변화에 가장 잘 적응하는 자가 미래의 부를 가져갈 것이라고 강조했듯이 이익을 추구하는 기업이 가장 빠르게 창의력을 도구로 가져간 것이었다.

우리가 잘 쓰고 있는 브레인스토밍, 장단점 열거법, 트리즈(TRIZ), 여섯 색깔 모자, 속성 열거법 등의 다양한 프로그램들이 대부분 새롭고 독창적인 아이디어와 상품, 경영과 제조 방식을 개선해야 하는 기업에서 필요 때문에 개발되었다. 기업에서 개발한 창의력 프로그램이 나중에 교육 현장에 활용된 셈이다.

② 융합력

☞ 융합이란 녹이고 합하여 새로운 것을 만든다는 말이다. 융합력이란 융합을 잘하는 능력이다. 빌 게이츠, 일론 머스크, 제프 베조스, 스티브 잡스, 마크 저커버그 등은 융합력의 아이콘이라 할 수 있다. 이들은 어렸을 때부터 언어, 문학, 철학 등의 인문 사회 분야와 수학, 과학 등 자연과학에 관한 책들을 도서관이나 서점에서 많은 시간과 노력을 들여 독서하면서 융합력을 키웠다. 또 이러한 융합력을 새롭게 등장한 컴퓨터, SW와 초융합시켜서 스마트한 새로운 세상을 개척한 주도권으로 슈퍼리치가 되었다.

세계 일류제품을 개발하기 위해, 수백 명의 박사급 연구원들이 연구하는 삼성전자, LG전자, 현대자동차 등의 연구소에서는 공학과 자연과학뿐 아니라 인문 사회과학, 문화예술 등 다양한 전공의 연구원들이 함께 연구하고 있다.

> "달리는 자동차의 소음을 최소화하려면"
>
> "가볍게 말리고 펼쳐지고 눈에도 시원한 모니터"
>
> "시베리아 벌판, 사하라 사막을 동시에 달려도
> 끄떡없는 극한의 자동차"
>
> "배터리를 적게 오래 쓰도록 하고,
> 군사용으로도 견고한 노트북"
>
> "많은 배터리를 동시에 연결해도
> 열을 최소화하는 최적의 연결 방식"
>
> "나라마다 선호하는 냉장고의 기능과 색깔, 크기"

연구소에서는 다른 전공 분야의 연구원들이 한 팀으로 구성되어, 기술 주기가 더 빨라지는 상황에 맞게 독창적인 고부가가치의 제품을 개발하는데 여념이 없다. 기존 제품의 문제점을 해결하기 위해 치열하게 토론하고, 시제품을 수백 번 만들어 실험하고 검증해야 지식재산권을 확보하고, 시장을 선점하는 신제품이 나오기 때문이다.

최근 네이버와 카카오와 같은 IT 기업에서는 인공지능, 빅데이터, IoT 시대에 축적된 데이터의 의미를 패턴화하고 해석하기 위해 언어학, 사회학, 심리학 등 인문학과 사회학 연구원들을 대거 채용하였다. 웹사이트 검색 순위, 쇼핑 검색, 메신저 안에 나타나는 다양한 데이터를 추출, 해석, 예측하는 알고리즘을 이용해 선거 예측, 자살 예방, 투자 심리 등 다양한 사회 문제에 접근하기 위해서는 다양한 전공자들의 초융합이 필요하기 때문이다.

　노벨상의 여섯 분야 중에서 과학 분야가 네 개 분야다. 2000년 이후에 과학 분야의 노벨상 수상자 중에서 단독 수상자는 2명에 불과하다. 대부분의 수상자는 다른 분야와의 융합을 통해 공동으로 노벨상을 받았다. 또 이스라엘은 1966년 이후 과학 분야 노벨상 수상자를 13명이나 배출했다. 1990년에 설립된 이스라엘의 예술과학고등학교는 과학과 예술의 융합 교육을 철저히 시키는 영재학교다. 이제는 다양한 분야를 넘나드는 융합력을 갖추는 것이 중요한 시대가 되었다.

출처: 이정규, 성공하는 미래교육전략, 자음과 모음, 2020

7

용맹 과감한 승부사,
일본 사장들이 닮고 싶어 하는
최고의 사장,

손정의

"일본의 용맹하고도 과감한 승부사"

"아시아의 워런 버핏, 일본의 최상위 슈퍼리치"

"일본 대학생과 신입사원들이 존경하는 혁신적인 기업가"

"일본 사장들이 뽑은 닮고 싶은 최고의 사장"

"카리스마와 서민성을 동시에 갖춘 경영자"

"투자의 화려한 부활과 도전의 승부사"

"엔젤 벤처 투자의 치밀한 전략가"

"일본의 새로운 원동력"

일본 사회에서 손정의에게 붙인 다양한 수식어들이다. 2024년

출처: 한국경제TV, 2024.2.9 이데일리, 2024.2.9

초에 인공지능 열풍으로 영국의 스마트폰 두뇌 역할을 하는 반도체 설계 기업 ARM의 주가가 64% 급등하면서, ARM에 투자 지분 90%를 가지고 있는 소프트뱅크 손정의 회장의 자산이 38억$(약 5조 2천억 원) 불어났다.

소프트뱅크의 주가 급등의 여파는 그동안 1990년 이후 34년간 버블경제로 정체 상태에 있던 일본의 닛케이 지수가 3만 7천 선으

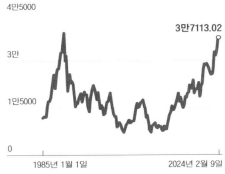

출처: 조선일보, 2024. 2. 9

로 돌파하는 데 큰 영향을 미쳤다. 소프트뱅크가 인공지능 분야로 사업을 확장하면서 일본 증시에서 큰 비중을 차지하고 있는 기술주 상승을 견인한 것이다. 게다가 글로벌 AI 열풍과 맞물려 일본 주식시장 성장의 주요 변수로 작용하였다. 이는 마치 미국 주식시장이 엔비디아, 테슬라, 애플, 마이크로소프트, 메타 등 빅테크 주가 전체 주식시장을 주도하고 신고가를 치고, 우상향으로 주도하고 있는 상황과 같다.

이처럼 손정의가 그동안 기업의 미래 성장 잠재력을 예측하고 투자하여 성공한 기업들 몇 개만 살펴보면, 그의 용맹 과감하면서도 치밀한 투자 전략을 잘 알 수 있다. 일본에서 마이크로소프트와 애플을 독점 계약하였고, 미국의 클라우드 서비스와 데이터베이스 소프트웨어 분야의 기업인 Oracle, 미국 통신사 Sprint 등에 대규모 투자 지분을 가지고 있다. 또 공유경제의 대표 기업인 Uber와 동남아시아 최대 모빌리티 공유 및 음식 배달업체인 Grab, 미국의 음식 배달 서비스 기업인 DoorDash 등에 투자하였다.

또한 손정의는 그 누구도 알아주지도 않았고 창업의 성공이 불확실했던 중국 마윈의 알리바바, 한국의 쿠팡과 야놀자 등에도 적극 투자한 승부사이자 도박사다. 지금은 '아시아의 워런 버핏'으로 불릴 정도로 슈퍼리치가 되었지만, 그의 어린 시절은 일본 사회에서 차별받았던 재일 한국인 3세로, 지독한 가난 속에서 온갖 수모를 겪으며 불행한 시절을 보냈다. 재일 한국인은 과거에는 재일 조선인이라 불렀고, 일본인들은 이들을 비하하는 의미로 '조센징'이라 불렀다.

그는 1957년 일본 사가현의 철로 옆에서 주소도 없는 무허가 한인 집성촌 판잣집에서 태어났다. 할아버지는 해방 후에 18살의 나이로 돈을 벌기 위해 일본 규슈로 건너와 광산 노동자로 일했다. 아버지는 가난한 재일 한국인 2세로 일본 사회에서는 취업이 되지 않았기 때문에 밀주를 만들고 생선 장사를 하고, 파친코에서도 일하며 나이 든 아버지와 어머니, 그리고 아내와 4명의 자녀를 키우기 위해 밤낮없이 일을 해야만 했다.

少年時代の孫正義氏

재일 한국인 3세로 태어난 손정의는 일본 사회에서 차별과 수모를 겪으며 자랐으나, 현재는 일본의 슈퍼리치가 되었다.

재일 한국인 3세인 손정의는 어린 시절부터 일본 사회에서 온갖 수모와 차별을 겪어야 했다. 학교에서나 길거리에서 '조센징'이란 이유만으로 일본 학생들에게 집단 따돌림을 당했고, 그들이 던진 돌에 맞아 머리가 찢어진 적도 있었다. 유일하게 기억에 남은 좋은 추억이란 할머니가 돼지를 키우기 위해 주변 식당에서 받아오는 잔반 실은 손수레 뒤에 타고 노는 것이었다.

손정의는 이런 차별과 수모가 어린 자신을 더 강하게 만들었고, 반드시 일본에서 성공해야겠다고 굳은 결심을 하게 된 계기가 되었다고 하였다. 생각해 보면 손정의뿐 아니라 테슬라의 일론 머스크, 애플의 스티브 잡스, 아마존의 제프 베조스 등도 어린 시절에 가난, 차별, 학폭, 생부모로부터 버려짐 같은 불운과 어려움을 겪었다. 현재 미국 최고의 슈퍼리치가 된 일론 머스크는 치안이 불안한 남아공에서 고등학생 때 학폭까지 당하며 지냈다. 그는 어린 시절을 끔찍할 정도로 불행했다고 회고하면서, "나를 키운 것은 시련이었다. 시련을 이기고 견딜 수 있는 고통의 한계점이 높아질 수밖에 없었다."라고 회고했다.

심리학자들은 사회적, 경제적으로 어려운 상황과 심리적인 외상(트라우마)을 본인이 어떻게 해석하고 평가하며 대처했는가에 따라 성공한 사람과 실패한 사람을 구분한다. 사람들은 어려운 상황이 닥치면 스트레스를 너무 받아서 주저앉아 좌절하면서 극단적인 행동을 하기도 한다. 이를 '외상 후 스트레스 장애'라고 한다. 반대로 어떤 사람은 시련을 떨치고 일어나 교훈을 얻고 오히려 기회로 만든다. 자기의 상처를 강하게 떨치고 일어나 성공의 에너지로 바꾸어 버리는 힘을 발휘하는데, 이를 "외상 후 성장 Post-traumatic growth"이라고 한다. 자세한 내용은 본문 마지막 부분에서 알아본다.

손정의가 자신을 괴롭히는 일본 학생들보다 뛰어나기 위해서 할 수 있는 유일한 길은 학교에서 공부로 1등을 하는 것밖에 없었다. 그래도 불행 중 다행으로 초등학교(일본은 소학교) 시절에 손정의의 지적인 능력을 인정해 주고 열심히 공부하라고 격려해 준 다카시 선생님이 있었다. 자신을 인정해 준 다카시 선생님을 존경하게 된 손정의는 열심히 공부해서 1등을 했고, 장래 희망으로 교사가 되고 싶어 했다.

인간의 인지가 어떤 발달 과정을 거치며, 단계별로 지식과 개념이 어떻게 형성되는지에 관해 연구한 발달심리학자 피아제는, 학생들이 선생님의 수업을 통해 지식도 배우지만, 선생님이 지닌 열정과 태도도 함께 배우며 발달한다고 했다. 초등학생 때 사고를 쳐서 징계위원회까지 올라갔던 스티브 잡스는 "선생님 때문에 공부한다."라고 말할 정도로 공부를 열심히 하여 고등학교 수준의 수학 실력을 인정받아 월반했다. 학창 시절 자기를 인정해 준 선생님의 칭찬과 격려로 제프 베조스도 공부를 잘해서 영재반에 들어갔고, 빌 게이츠도 중등학교 수학 선생님의 열정 덕분에 컴퓨터 세계에 눈을 떴다. 손정의가 선생님이 되고 싶은 꿈을 꾼 것도 다카시 선생님 덕분이었다.

그러나 불행하게도 손정의가 되고 싶은 교사의 꿈은 물거품이 되고 말았다. 아버지가 "재일 한국인은 일본 사회에서 교육공무원이 될 수 없다."라고 말했기 때문이다. 어린 그는 "그러면 일본인으로 귀화시켜 달라."고 하였고, 아버지는 "그래도 넌 머리가 좋으니까, 앞으로 더 크게 될 수 있을 거야."라며 달래주었다.

아버지는 주변 식당에서 잔반을 받아 돼지도 키우고 파친코에서 일하면서 모은 돈으로 카페를 개업했다. 그러나 도시 변두리였기에 손님이 있을 리 없었다. 그때 손정의가 번쩍이는 사업 아이디어를 냈다. 사람이 많이 모이는 역에 가서 공짜 쿠폰을 나누어주자는 아이디어였다. 공짜 쿠폰을 받은 손님들이 모여들기 시작하고 입소문이 나면서 카페는 번창하였다. 그러나 이 행복도 오래 가지 못했다. 열심히 일하던 아버지가 그만 결핵에 걸려 피를 토하고 쓰러지고 만 것이다. 기울어져 가는 집을 위해 고등학생인 형은 자퇴하고 가족 생계를 위해 일을 시작했다.

이런 어려운 가정형편 속에서 읽었던 한 권의 책이 손정의의 인생을 바꿨다. 15살 때 《료마가 간다》라는 책을 읽고 일본을 떠나 더 큰 무대로 떠나야겠다고 결심했다. 사카모토 료마는 실제 인물로 시골의 최하급 사무라이 출신이었다. 당시 시대적 상황은 미국, 영국, 프랑스 등이 증기선 군함에 총과 대포를 앞세워 일본에 개항을 강요했던 제국주의 열강의 시대였다.

그동안 일본은 700년간 지속해 온 무사 정권인 에도(지금의 도쿄) 막부시대였다. 내부적으로는 일본을 개항하여 서구 문명을 받아들여야 한다는 개항파와 제국주의 열강 세력에 맞서 싸워야 한다는 저항파로 나뉘어 분열되어 있었다. 막부 정권은 열강을 등에 업고 자기 정권을 유지할 생각밖에 없었기에 지역의 영주들은 에도로 진격해 전쟁을 치러서라도 주도권을 장악하려던 혼돈의 시절이었다.

이때 시골 사츠마번의 최하급 사무라이였던 사카모토 료마가 자신이 살던 번을 탈출하여(번을 탈출하면 가족 전체가 죽음을 면치 못하던 시절이었다) 많은 사람을 만나 일본인끼리 서로 죽이는 전쟁은 하면 안 된다고 설득하고 다녔다. 죽음을 무릅쓴 그의 설득이 계기가 되어 결국 막부시대는 끝나고 일왕에게 국가 통치권을 돌려주게 되었다. 서구 문명을 받아들이게 되는 메이지유신의 초석을 닦았지만, 33살의 료마는 무너진 막부 정권의 하수인들에 의해 암살당했다.

료마는 시골의 천한 최하급 사무라이 출신임에도 불구하고 온갖 난관과 신분 차이를 극복해 가면서 많은 사람을 설득하여 메이지 유신의 초석을 닦았다 하여 일본 학부모들이 아이들을 가르칠 때, 료마를 가장 존경하는 인물로 꼽는다. 손정의는 료마의 전기를 읽고 자신도 차별과 수모를 겪는 일본을 떠나 큰일을 하기로 결심했다.

일본을 떠나기로 결심한 고등학생 손정의에게 인생을 바꿀 또 다른 계기가 있었다. 맥도날드 재팬 창업자이자 CEO인 후지타 덴이 쓴《유대인의 상술》이라는 책을 읽고 감명받았다. 그는 기업가 정신을 배우고 싶어서 직접 후지타 덴을 만나고 싶었다. 손정의는 사장 비서에게 60번이나 매일 전화를 걸어서 3분만 만나게 해달라고 끈질기게 요청했고, 과감히 도쿄까지 찾아갔다. 이에 후지타 덴은 손정의의 열정과 끈기에 반하여 면담을 허락했다.

면담할 때 손정의는 후지타 덴 사장에게 "당신은 나를 바라볼 필요도, 말할 필요도 없습니다. 당신은 그저 하던 일을 계속하시면 됩니다. 나는 당신을 3분 동안 쳐다만 보겠습니다."라고 말했다. 후지타는 배짱 좋은 손정의와 15분 동안 이야기를 나누었다. 손정의는 미국으로 유학 갈 것인데 앞으로 어떤 분야의 공부를 해야 할지를 물었다. 후지타는 "현재 잘나가는 사업은 쳐다보지도 말라. 미래 사회는 컴퓨터다."라고 조언했다. 당시 컴퓨터가 대중화되기도 전이었지만 그의 예측은 놀랍게도 정확했다. 짧은 15분간의 인연은 손정의가 귀국한 이후에도 만남이 이어졌다.

16살의 손정의가 일본 사회에서 투표권도 행사할 수 없고, 사회에 진출할 수도 없는 차별에 좌절하지 않고 더 넓은 세계로 나가기로 결심하게 만든 멘토는 두 권의 책과 후지타 덴이었다. 그는 주소도 없는 규슈 변방의 판잣집을 떠나 미국으로 홀로 유학을 떠났다.

이 대목에서 비록 고등학생이긴 했지만, 손정의의 성공하고야 말겠다는 용감하고도 강인한 정신력과 독한 태도를 알 수 있다. 빌 게이츠도 중학생 때 컴퓨터에 미쳐서 워싱턴대학의 컴퓨터실에 몰래 들어가 밤샘도 하고, 소스 코드를 알고 싶어서 쓰레기통을 뒤지는 미친 열정이 있었다. 스티브 잡스도 고등학교 때 라디오 키트 과제를 위해 HP 사장에게 직접 전화해서 키트와 인턴십까지 받아냈다. 빌 게이츠와 스티브 잡스는 이후에 소프트뱅크를 창업한 손정의와 함께 파트너로서 멋진 인연을 이어가게 된다.

심리학자들은 사회적으로나 경제적으로, 또는 학문적으로 탁월한 성과를 거둔 성공한 사람들이 다른 사람들과 어떤 차이가 있을까를 연구한다. 대표적으로 미국 영재교육소장과 학회장을 지낸 렌줄리 교수는 성공한 사람들의 공통된 특성이 3가지가 있는데 그중에 하나가 '과제집착력'이라고 하였다. 이에 대해서는 본문 마지막 부분에서 알아보기로 한다.

손정의는 미국에서 대학에 진학하기 위해 단계별 과정을 거쳤다. 먼저, 고등학교에 편입하여 3주 만에 고등학교 과정을 마치고 검정고시에 합격했다. 그다음에 홀리네임즈 칼리지(전문대학)의 어학과정인 ESL 과정을 수료하고, 칼리지에 입학하였다. 그리고 전 과목 A로 졸업하여 대학 편입 조건(성적 상위 10% 학생만 편입)을 갖추었다. 마지막으로 캘리포니아의 UC버클리대학 경제학부 3학년으로 편입하였고, 경제학과 컴퓨터공학을 공부하여 경제학 학사로 졸업했다.

그는 19살이 되던 해에 앞으로 어떻게 살 것인가를 고민하면서 '인생 50년 계획'을 세웠다.

> 20대 : 사업을 일으켜 기반을 구축하고 이름을 알린다.
>
> 30대 : 사업자금 1천~2천억 엔을 마련한다.
>
> 40대 : 한 번쯤은 1조~2조 엔 규모에 달하는 큰 승부를 건다.
>
> 50대 : 사업 모델을 어느 정도 완성 시킨다.
>
> 60대 : 서서히 준비해 다음 세대에 사업을 계승한다.

19살에 세운 이 인생 50년 계획을 달성하기 위해 그가 어떻게 노력하고, 어떤 사업 단계를 거쳐 계획대로 부자로 성공하였는지를 살펴보자.

먼저, 대학 시절의 그는 노력파로서 철저하게 잠을 줄여가며 공부할 수밖에 없는 처지였다. 영어를 못했기에 강의를 녹음하여 다른 학생들보다 더 많은 시간을 들여서 공부해야만 했다. 밥을 먹을 때나 운전하면서도 틈만 나면 강의 녹음을 계속 반복 재생하면서 공부했다.

그는 미국 대학이 일본과 달리 컴퓨터실과 도서관을 24시간 개방했기에 언제든지 마음껏 공부할 수 있어서 좋았다고 하였다. 그러나 가진 돈이 없었고, 그래서 생각해 낸 것이 발명 특허를 따서 돈을 버는 것이었다. 그래서 도서관에서 특허 관련 책을 공부하면서 어떤 아이디어가 특허로 인정받을 수 있는지를 먼저 공부했다. 그 이후에 하루 5분 동안 1건씩, 카드에 발명 아이디어를 적기 시작해서 1년 동안 250건의 아이디어를 냈다.

그다음 단계로 발명 아이디어 카드에서 3~4장을 무작위로 뽑아 다시 새로운 사업 아이디어로 결합했다. '강제결합법'을 활용하여 거친 아이디어를 더욱 정교하게 구체화한 것이다. 예를 들면, 귤, 열쇠, 메모리가 적힌 세 장의 카드를 펼쳐 놓고 이를 다시 조합하여 새로운 아이디어를 내는 방법이다. 이와 같이 창의적 아이디어를 내는 강제결합법은 본문 마지막 부분에서 자세히 알아본다.

발명 카드의 아이디어는 아이디어로만 그친 것이 아니었다. 아이디어를 사업화하기 위해 컴퓨터공학 대학생과 대학원생, 교수까지 영입하여 벤처기업을 창업한 것이다. 그리고 여러 발명 아이디어 중에서 음성 신시사이저+사전+액정화면이라는 세 요소를 조합하여 손정의 나이 21살에 다국어 번역 전자사전을 개발하였다.

그는 소니, 캐논, 도시바, 카시오, 샤프 등 굴지의 전자 회사에 편지를 보냈다. 그러나 이들은 아직 21살인, 그것도 재일 한국인인 손정의에 대해 신뢰하지 않았다. 심지어 제품을 열어보지도 않고 폐기

손정의가 21살 UC버클리 시절 창업하여 개발한 다국어번역기 전자사전이 샤프에 170만$에 매각되었다.

해 버렸다. 그러나 60대 중반의 노련한 샤프의 사사키 전무는 달랐다. 그는 자신이 궁금해하는 점에 대해 열정적인 눈빛으로 답하는 손정의의 전문성과 태도에 반해 그 자리에서 계약금 2천만 엔으로 계약했다. 손정의는 이때를 회고하면서, "내가 21살의 어린 버클리 대학생이었을 때 사사키 전무를 만난 것은 인생의 큰 행운이었다. 그가 없었으면, 지금 나는 다른 세상을 살았을 것이다."라고 하였다.

마침내 전자사전은 170만$에 특허가 매각되었고 전자수첩 형태로 제품화하였다. 한국에서도 한때 샤프 전자사전이 유행했으나 인터넷 검색이 일반화된 지금은 별로 사용하지 않고 있다. 그러나 일본 사람들은 지금도 아날로그 감성으로 사용하는 사람이 많다.

이렇게 첫 벤처 사업에 성공한 손정의는 창업한 파트너들에게 성공 지분을 배분하고, 시드 머니를 마련할 수 있었다. 이로써 사업을 일으켜 기반을 구축하고 이름을 알린다는 '20대 목표'를 달성하였다.

그는 미국 유학 시절을 회상하면서 "유학을 가지 않고 일본에서 학창 시절을 보냈다면 지금의 나는 없었을 것이다."라고 밝히기도 했다. 일본 사회에 만연한 경쟁적인 학벌 중심 사회, 나를 숨기고 집단을 더 우선시하는 집단주의 사회에서는 개인의 자유로운 창의성을 발현할 수 없기 때문이다. 도전과 실패를 용납할 수 있는 기업가 정신이 없기에 파괴적이고 혁신적인 비즈니스는 성공하지 못하는 사회라고 하였다(한국 사회는 어떤 모습일까?).

1980년에 손정의가 UC버클리대학을 우등으로 졸업할 때 하버드, 스탠퍼드, MIT 등의 대학원 입학 제의가 있었으나 모두 거절했다. 이유는 간단했다. 일본으로 귀국하여 빨리 돈을 벌고 싶었기 때문이었다. 그는 일본으로 귀국한 후에 도서관에서 어떤 사업을 해야 할 것인지 40가지 사업목록을 적어놓고 1년 반을 고심했다(우리나라에서 창업이 실패하는 원인 중의 하나는, 창업 전 준비 기간이 너무 짧다는 것이다.). 그가 내린 사업 결론은 다음과 같다.

> 1. 이제 사람들은 개인마다 컴퓨터를 가질 것이다.
> 2. PC에 필요한 SW는 많이 생길 것이다.
> 3. SW는 이미 미국이 많이 개발했으니,
>   개발보다는 잘 만들어진 SW를 일본에서 유통하자!

1981년 24살의 손정의는 '디지털 정보혁명'을 꿈꾸며 일본에서 소프트웨어 유통 사업을 시작했다. 아르바이트생 두 명과 함께 후쿠오카현의 오도시에서 자본금 천만 엔으로 소프트뱅크를 창업했다. 회사 이름에 뱅크가 들어가면 언젠가 많은 돈을 벌 것이라며 '소프트뱅크'로 지었다고 한다. 그는 허름한 사무실에서 "5년 뒤 매출 100억 엔, 10년 뒤 500억 엔 돌파"를 선언하였다. 아르바이트생들은 손정의의 말을 허세라고 생각해서 얼마 못 가 퇴사해 버렸다.

당시 후쿠오카에서 창업했으나 지방이라 컴퓨터 판매망과 정보가 부족했다. 그때 마침 다국어 번역 전자수첩 특허를 산 샤프전자의 사시기 전무가 생각나 상담하였고, 그가 "SW는 최신 정보가 중요한데 그러려면 도쿄로 오라."고 하여 1981년 도쿄로 회사를 이전하였다.

그러나 아르바이트생들의 예상과 달리 소프트뱅크는 일본에서 전자오락과 개인용 컴퓨터의 붐을 타고 빠르게 성장했다. 미국 SW를 수입하여 유통하기도 하고, 일본 게임 SW를 미국에 수출하기도 하면서 창업 1년 만에 사원 30명, 매출 20억 엔, 그리고 2년 후에는 사원 125명, 매출 45억 엔의 회사로 성장했다.

앞서 고등학생인 손정의가 미국에 가기로 결심한 후 도쿄의 맥도날드 재팬 창업자 후지타 덴을 15분간 만났다는 이야기가 있었다. 손정의가 소프트뱅크를 창업하고 나서 후지타 덴을 다시 만났다. 이때 손정의가 자신이 과거에 그를 찾아갔던 고등학생이었다고 밝히자, 후지타 덴은 크게 기뻐하면서 그 자리에서 소프트뱅크에 컴퓨터 300대를 발주하는 등 두 사람의 인연은 계속 이어졌다.

그러나 창업하다 보면 좋은 일만 있는 것이 아니라 시련도 겪게 된다. 창업한 지 2년 만에 26살의 손정의는 너무 과로한 탓에 앞으로 5년만 살 수 있다는 만성간염 시한부 판정을 받았다. CEO의 건강이 악화하자 회사도 병들어가기 시작했다. 나쁜 소문은 더 빨리 퍼져나갔고, 능력 있고 믿었던 직원들이 제일 먼저 떠났다. 침몰하고 있는 배에는 아무도 타지 않으려는 게 냉혹하고 비정한 사업의 세계다. 소프트뱅크가 파산할 거라는 소문으로 많은 직원들이 퇴사하면서 100억 엔의 부채까지 안게 되었고, 손정의는 죽을 고비를 몇 차례 넘기면서 3년 반 동안 병원에서 치료받으며 병마와 회사 파산의 고통을 혼자서 안아야만 했다.

다시 정신을 차린 손정의는 병실에서 미국 유학을 결심하게 만든 사카모토 료마를 다시 읽으면서 마음을 다잡았고, 그 당시 400여 권의 책을 읽었다. 이때 읽은 책들이 손정의를 다시 일으켜 세운 힘이 되었다. 이윽고 완치판정을 받고 병원에서 퇴원하였다. 회사는 전자오락과 PC 붐을 타면서 다시 빠르게 성장하여 직원 30명에 매출 20억 엔을 다시 달성했다. 이때 손정의는 새로운 'NCC 박스'를 개발하면서 대박이 났다. 1980년대 일본전신전화공사(NTT)가 독점하던 전화 서비스가 법이 바뀌어서 자율화된 것이다. 여러 민간 전화 기업들이 생기면서 전화 춘추전국시대가 되었다. 하지만 사람들은 민간 전화회사의 회선을 사용하게 되면 기존 전화번호가 바뀌는 것이 불편했다. 손정의는 이점에 착안하여 기존 전화번호를 그대로 사용하면서도 자동으로 가장 저렴한 민간 전화회선을 찾아주는 시스템인 'NCC 박스'를 개발한 것이다. 전화 서비스 사업의 혁신적 기술로 많은 인기를 끌면서 100억 엔의 부채를 모두 갚고 사업 재기의 발판을 마련했다.

한편, 세계적으로 개인용 컴퓨터의 붐이 일어나자, 손정의는 마이크로소프트 SW의 일본 판매 독점권을 확보하면서 1조 원의 매출을 올렸다. 빌 게이츠와 손정의는 1978년 미국의 전미 컴퓨터회의에서 처음 만났다. 두 사람은 모든 사람이 개인용 컴퓨터인 PC를 가지게 되는 시대를 예견했고, 첫 만남에서 뜻을 같이하기로 의기투합하였다.

계약을 위해 일본에 온 빌 게이츠는 손정의에게 자신의 책《미래로 가는 길》을 선물했다. 빌 게이츠는 책 표지에 "당신도 나와 같은 승부사 You are as much risk-taker as I am."라고 쓰면서, 일본에서 다른 사람보다 손정의와 MS 독점 계약을 맺는 것에 대해 매우 만족해했다.

손정의는 MS와 일본 독점 계약을 체결하면서 1조 원의 매출이 발생했다.

손정의는 일본에서 재일 한국인으로 살면서 투표권도 없고 행정적으로나 사업적으로도 많은 차별을 겪었다. 그래서 1990년 일본인으로 귀화했다. 여기서도 재미있는 일화가 있다. 손정의는 '손(孫)' 씨 성을 계속 쓰고 싶어 했으나 행정당국은 일본인으로 귀화하려면 일본 성씨 중에 하나를 선택하라고 했다. 그래서 머리를 썼다. 일본 사회는 여자가 결혼하면 남편 성을 따르는 문화가 있어서 부인인 오노 마시리가 먼저 '손' 씨 성으로 개명했다. 일본 최초로 '손' 씨가 성으로 등록된 것이다. 이후에 그는 행정당국을 찾아가 일본에도 '손' 씨 성이 있으므로 본인도 '손' 씨로 하겠다고 해서 손마사요시로 등록하였다.

1994년에 소프트뱅크는 도쿄 증권거래소에 상장하여 시가 총액 2,000억 엔의 사업자금을 확보하면서 공격적으로 사업 분야를 확장해 나갔다. 이것으로 사업자금 1천~2천억 엔을 마련한다는 30대 목표를 달성한 것이다.

손정의는 승부사 기질을 발휘하면서 제1단계 사업 확장 전략으로 세계 굴지의 IT 전시기업인 컴덱스와 컴퓨터 관련 최대 출판사인 지프 데이비스사를 인수했다. 이어서 야후의 지분 49%를 매입하면서 1997년에는 야후 재팬(일본 사람들은 지금도 상대방에게 사업적인 연락을 할 때는, 전화하기에 앞서 야후 이메일을 먼저 보내는 것을 예의로 생각한다)을 상장하는 등 공격적으로 컴퓨터와 인터넷 분야의 사업을 확장해 나갔다.

여기서 승부사 손정의만의 치밀하고도 철저한 투자 비법이 있다. 어떤 기업에 투자하기 위해서는 기업 경영과 회계구조가 투명해야 한다. 1,000여 개에 달하는 손정의만의 기준에 맞춰서 투자 후 발생하는 기업 가치와 수익에 대해 수백 번의 시뮬레이션에 합격해야 투자를 결정한다. 그리고 한번 투자했으면, 50년은 같이 한다는 원칙이 있다. 무엇보다 사업은 투기가 아니기 때문에 신중에 신중을 더해야 한다고 늘 강조했다.

그러나 2000년에 자신의 투자 비법을 깬 유명한 사건이 있었다. 아직 알려지지도 않은 중국의 30대 마윈이 창업한 알리바바 투자 설명회에서 단 6분 만에 2천만$(약 291억원) 투자를 결정한 사건이었다. 이는 대학생이었던 손정의의 열정과 눈빛을 믿고 샤프의 사사키 전무가 바로 계약을 한 것과 같다. 손정의 역시 마윈의 열정 어린 눈빛을 믿고 승부사적 감각으로 과감히 투자를 결정한 것이다. 이후 알리바바는 2014년에 뉴욕증권거래소 상장에서 3천 배의 이익인 약 59조를 손정의에게 안겨준 대박 사건이었다. 이로써 한 번쯤은 1조~2조 엔 규모에 달하는 큰 승부를 건다는 40대의 목표를 달성한 것이다.

손정의는 MS의 일본 독점권을 따냈듯이 애플 제품의 일본 독점권도 따냈다. 당시만 해도 일본 사람들은(지금도 크게 변한 건 없지만) 일본 제품이 세계 최고의 제품으로 알고 다른 나라 제품에는 별 관심이 없었다. 하지만, 애플의 아이폰과 매킨토시 컴퓨터가 젊은 세대들에게 폭발적 인기를 얻게 되면서 소프트뱅크는 급성장하는 기회를 잡았다. 손정의가 일본 내에서 독점 계약을 맺은 애플의 아이폰은 현재 10~20대의 80%가 사용하고 있고, 전체 시장에서는

손정의는 일본에 MS와 애플의 독점권을 따냈다. 그는 스티브 잡스와 매달 만날 정도로 친하게 지냈다.

52%를 차지하고 있다.

손정의는 스티브 잡스와 매달 만날 정도로 서로 존중하고 유대감이 있었다. 평소 손정의는 스티브 잡스가 컴퓨터, 영화, 이동통신 시장을 혁신하였고, 기업 이익보다는 사람들의 삶을 개선하는 것을 더 우선하는 사람이라고 칭찬하였다. 스티브 잡스가 사망하자, "스티브 잡스는 인류의 라이프 스타일을 바꾸었는데 나는 그동안 별로 한 일이 없다."라면서 눈물을 흘렸다고 고백할 정도로 손정의는 스티브 잡스를 혁신가로 존중했다. 이를 계기로 손정의는 스티브 잡스처럼 인공지능을 통해 인류의 진화에 기여하겠다고 선언하였다.

손정의는 "시대를 바꾸는 기술을 가진 기업과는 손을 잡는다."라는 투자 원칙이 있다. 그가 투자한 우리나라 기업 중에서는 쿠팡이 유명하다. 그는 쿠팡의 전자상거래 기술력과 로켓배송과 같은 물류 혁신, 무엇보다 AI와 빅데이터를 활용하여 고객의 주문을 예측하고 전국에 효율적인 물류 운영시스템을 운영하는 것에 주목하여 30억$를 투자하였다. 쿠팡은 2021년 뉴욕 증시에 상장하여 시총 630억$까지 상승하였고, 2023년에는 첫 연간 흑자 4억 8천만$를 달성했다. 소프트뱅크의 지분가치는 약 190억$로 7배의 수익이 났다.

또 손정의는 야놀자를 AI와 클라우드 기술을 활용해 여행 및 숙박 산업을 혁신하는 기업으로 꼽았다. 그래서 2021년에 2조 원을 투자했다. 지금 야놀자의 기업 가치는 8~9조 원으로 평가받고 있다. 야놀자의 대표 이수진은 2023년 〈포브스〉가 발표한 한국의 슈퍼리치 51인에 새로 진입하였다. 이 외에도 영상 자막 번역 미디어 기업인 아이유노에는 1,800억 원, AI 교육솔루션 기업 뤼이드에는 2,000억 원, AI 핀테크 기업 크래프트에는 1,750억 원을 투자하였다.

손정의는 소프트뱅크 비전펀드를 통해 한국에서는 대기업보다

손정의는 한국의 혁신적인 AI 기술력과 성장 가능성이 높은 회사에 투자하고 있다.

글로벌 성장 가능성이 높고 AI 기술과 빅데이터를 검증할 수 있는 정도로 실력 있는 기업들에 대한 투자를 더 선호한다고 하였다. 그는 조 단위로 과감한 투자를 하여 10조 원대로 성장시키는 것을 목표로 한국에 투자하고 있다.

최근 손정의가 가장 강조하고 있는 분야는 인공지능이다. 그는 소프트뱅크 창립 30주년을 맞이한 2010년에 정보혁명의 혁신적인 리더가 되겠다는 〈신 30년 비전〉을 발표하면서 장래가 유망한 인공지능 분야에 과감히 투자하겠다고 선언하였다. 지금까지는 컴퓨터와 인터넷의 성공 시대였다면, 앞으로는 AI가 부의 패러다임의 주도권을 장악하는 시대가 될 것이라고 하였다. 그는 인공지능에 관한 비전을 다음과 같이 강조하였다.

"지금부터 10년이 인류의 20만 년 역사를 바꿀 것이다.
AI가 인류 지혜 총합의 10배에 달해,
모든 산업에 영향을 줄 것이다."

"과거에 인터넷이 소매업, 광고업의 본질을 바꿨다면,
AGI는 모든 산업에 영향을 줄 것이다.

인공지능의 진화 속도를 빠르게 하면,

사람들의 불행이 줄어들고

보다 자유로운 사회가 도래할 것이다."

"AI 사용을 거부하는 이들은

어항에 갇힌 금붕어 같은 신세로 전락하게 될 것"

그는 AI를 미래 산업의 핵심으로 보고, 이를 통해 소프트뱅크가 정보혁명을 선도하는 기업으로 자리 잡을 수 있다고 확신하였다. 이로써 50대 목표인 사업 모델을 어느 정도 완성 시킨다는 목표를 달성한 것이다.

그는 또 AI를 향한 승부사적 기질로 공격적인 투자를 감행했다. 2023년 9월, 보편적인 인공지능(AGI) 개발을 위해 그는 오픈 AI의 샘 알트먼과 전 애플의 수석 디자이너 조니 아이브를 만나 인공지능 아이폰 iPhone of AI 개발을 위해 수조 원을 투자하기로 합의하

2023년 샘 올트만과 손정의는 인공지능 아이폰 개발을 위해 수조원을 투자하기로 하였다. 출처: Financial Times(2023. 9. 28.)

였다.

이어서 2025년 1월, 트럼프는 손정의를 백악관으로 초대했다. 손정의는 AI 인프라 구축에 막대한 자금을 투자할 계획으로, 소프트뱅크가 오픈 AI에 최대 36조 원을 투자하는 방안과 오픈 AI, 오라클 등과 함께 새로운 회사를 설립하여 미국에 5000억$(약 715조 원)를 투자할 예정인 '스타게이트 프로젝트'에 참여하기로 하였다. 이에 트럼프 대통령도 백악관 기자회견에서 "역사상 가장 큰 AI 인프라 프로젝트가 기술의 미래를 보장할 것"이라고 발표하였다.

손정의는 미래 가치를 향한 통찰력과 과감한 투자를 통해 '일본의 용맹 과감한 투자의 승부사'라는 평가를 받으며 일본 대학생과 신입사원들이 존경하는 혁신적인 기업가로 선정되었다. 그리고 〈교도통신〉, 〈닛케이비즈니스〉가 선정한 '사장들이 뽑은 닮고 싶은 베스트 사장' 순위에서 '카리스마와 서민성을 동시에 갖춘 경영자'로 2년 연속 1위로 선정되었다. 〈니혼게자이신문〉에서는 '새로운 일본의 원동력'이라고 평가하였다.

2011년 동일본 대지진 때 100억 엔을 기부했을 때, 일본 사회는 그의 기부와 사회적 책임에 대해 칭찬했다. 또, "일본의 젊은이들이여, 깨어나라!"라는 말을 통해 일본 청년들이 더 적극적으로 미래 기술에 참여하고 도전할 것을 촉구하고 있는 점이 혁신적인 기업가로 선정된 이유다. 서서히 준비해 다음 세대에 사업을 계승한다는 그의 60대 목표는 현재 진행 중이다.

저자가 1990년대 일본에 유학할 때부터 일본을 지켜보면, 일본 정부와 기업은 혁신과 변화보다는 안정성과 점진적인 성장을 더 중시하기에 위험한 도전은 피하려는 경향이 있다. 이런 기업문화가 지금도 있어 과거에 전 세계를 돌아다니며 주름잡았던 미쓰비시, 도시바, 소니 등 대기업의 성장 속도가 느려진 것이다. 어제가 오늘

같고, 오늘도 어제 같았던, 변화의 속도가 느렸던 당시에는 이런 조직 문화가 통했다.

여전히 일본 정부와 국민들은 지금도 '일본이 최고!'라는 생각에 젖어 있다. 그래서 일본 제품만 사려 하고 해외여행도 별로 나가려 하지 않는다. 일본 정부도 과거 G2의 영광만 생각하고 국민에게 여전히 허세를 부리는 모습이 많이 보인다. 지금으로부터 40년 전인 1983년에 삼성 이병철 회장이 '도쿄선언'을 통해 이제 한국도 산업사회의 쌀인 반도체를 생산하겠다고 했을 때만 해도 일본의 언론 매체들과 기업들은 한국이 웃긴 나라라고 조롱하였다. 이제 상황은 이미 역전되었다(그러나 현재 정치 수준과 경제 성장 속도를 고민해 보면, 앞으로 어떻게 될지는 또 모를 일이다).

일본은 전통적으로 나보다는 기업 일을 더 중요하게 생각하는 집단 중심 사회이며, 상명하복의 관료화된 회의와 업무 방식, 디테일한 세부 사항까지 지시하고 따르는 조직문화를 고수하고 있다. 또 업무 시간 이후에도 업무의 연장선으로 화합을 위해 자주 단체 회식하는 분위기다(여러분이 일본 여행하다 보면, 지금도 퇴근 시간이 되면 시내 중심가에 정장 차림의 넥타이 부대 회사원들이 단체로 회식하는 모습을 종종 보게 된다). 우리나라도 MZ세대를 중심으로 조금씩 변하고는 있지만, 우리 공무원 사회와 기업문화도 별반 다르지 않은 모습이다.

하지만 손정의의 소프트뱅크 기업문화는 전통적인 일본 기업문화와는 달랐다. 그의 리더십은 미래의 변화를 통찰하고 과감하고 신속한 의사결정을 하는 것으로 유명하다. "눈앞만을 보기 때문에 멀미를 느끼는 것이다. 몇백 킬로미터 앞을 보라."는 철학으로 현재의 수익보다 미래의 성장 가치를 더 중시하여 직원들에게 큰 꿈을 그리도록 하고, 작고 독립적이고 탄력적인 팀 중심의 조직 체계로 기업을 성장시켰다.

그러나, 여전히 일본인들 사이에서는 손정의가 재일 한국인이라는 이유로 부정적인 인식이 있다. 게다가 최근 일어나고 있는 극우주의자들의 혐한주의로 인해 손정의와 소프트뱅크에 대한 비판적인 목소리가 높아진 것이 현실이다. 게다가 손정의는 최근 라인야후 사태에 대해 한국과 일본 정부 사이에서 곤욕을 겪었다. 일본 정부와 자민당이 라인야후를 한국 네이버와의 연결고리를 끊고 일본 플랫폼으로 만들 것을 주문하면서 소프트뱅크의 AI 개발에 대규모 정부 지원을 결정했고, 일본의 우익들은 "라인야후가 한국계 기업이라 개인정보 유출이 일어났다. 한국 정부가 배후에 있다.", "미국

출처: https://www.forbes.com/sites/
naazneenkarmali/2024/05/28/japans-50-richest-2024-

에서 틱톡금지법을 만든 것처럼 일본은 라인금지법을 추진해야 한다."라고 하면서 혐한분위기를 조장하고 있다. 현재 라인야후은 이사진이 모두 일본인으로 바뀌는 등 '한국 지우기'가 진행 중이다.

라인야후 사태는 일본 정부가 이제 와서 다른 나라에 비해 뒤처지고 있는 AI산업과 데이터 주권 확보를 위한 의도에서 시작되었다. 단순한 기업 간 문제를 넘어 한일 관계, 기술 주권, 그리고 글로벌 기업의 해외 진출에 대한 복잡한 이슈로 진행 중인 사태다.

1981년 24살 청년 손정의가 일본 지방 도시 후쿠오카에서 아르바이트생 2명과 함께 창업한 소프트뱅크는 자본금 1,000만 엔 규모로 아주 작게 시작했다. 하지만 31년이 지난 2025년에는 시가 총액 15조 5천2백억 엔(약 145조 8천3백억 원)에 이르는 일본 기업 시가 총액 순위 8위 기업으로 성장했다. 손정의는 2024년 〈포브스〉가 발표한 일본 슈퍼리치 순위는 2위로, 개인 순자산은 27억 $(약 30조 원)이다.

"목표와 계획을 세우지 않으면,
당신은 아무것도 할 수 없다."

"리스크를 취하지 않는 것이야말로 가장 큰 리스크다."

"오르고 싶은 산을 정하지 않는 사람,
뜻을 세우지 못한 사람이 99퍼센트이다.
인생은 한 번뿐이다. 소중히 여겨야 한다.
뜻을 세우자! 뜻을 높이 세우자!!"

"꿈을 수치화해서 기한을 정하는 것,
꿈을 구체적인 목표로 나타낼 수 있으면
절반은 달성한 것이다."

부자들의 성공심리학

① 외상 후 스트레스 장애, 외상 후 성장

☞ 우리 몸에 상처가 나면 적절한 약물치료나 수술이 필요하듯이, 마음에 상처가 나면 심리 치료가 필요하다. 늘 곁에 있을 것만 같았던 사랑하는 사람의 죽음, 이별, 가정 폭력이나 학교 폭력과 같은 심리적인 고통을 정신분석학에서는 '심리적 외상 trauma'라고 한다. 심리적 외상은 개인 삶의 질을 악화시킬 뿐 아니라 개인을 둘러싼 가족, 친구, 학교, 조직 생활에서도 부정적인 영향을 미친다. 또 잊힌 듯하다가도 불현듯 무의식적으로 치고 올라와 우울, 불안, 불면증, 폭식증 등의 고통으로 생활이 엉망이되어 버린다. 나아가 대인관계의 어려움뿐 아니라 가정과 사회생활에서도 남들은 잘 이해하지 못하는 혼자만의 주관적인 고통이 되어 삶의 질이 확 떨어진다.

누구나 살다 보면 사회적으로나, 심리적(퇴직, 이직, 이사, 사별, 이혼 등)으로 트라우마를 겪는다. 사람들은 이러한 트라우마를 겪게 되면 두 가지 대응 전략이 나타난다.

첫 번째 현상은 외상 후 스트레스 장애를 겪거나 오히려 퇴행한다. 트라우마로 인해 현실을 부정하거나 회피하면서 그냥 자리에 주저앉아 일어나지 못하는 경우가 많다. 우울과 불안이 대표적인 현상이다. 우울과 불안이 동시에 나타나기도 하고, 다양한 증상이 동반되어 사회적 활동에 부정적인 영향을 미칠 수 있을 만큼 심각한 상태가 오래 지속되기도 한다. 아예 방에서 나오지 않고 스스로 고립시키거나, 마구 밖으로 돌아다니거나, 아예 잠을 자지 않거나 하루 종일 자거나, 또는 폭식하거나 음식을 거부하거나 하는 등의 극단적인 행동을 보이기도 한다. 이를 '외상 후 스트레스 장애 PTSD: Post-traumatic Stress Disorder'라 하고, 이 PTSD가 깊어지면, '외상 후 퇴행'이라는 오히려 현 상태보다 더 퇴행하는 현상이 나타나기도 한다.

두 번째 현상은 '외상 후 성장 Post-traumatic growth'이다. 누구나 처음에는 외상으로 인해 심리적인 고통을 겪지만, 시간이 지나면서 사건의 의미를 찾고 외상을 재해석하면서 주저앉기보다는 박차고 일어나 오히려 긍정적이고 미래지향적인 생각과 행동으로 외상을 견디고 이겨내는 것이다.

사람들은 첫 번째 현상에서 주저앉아 버리는 사람들이 있고, 첫 번째 현상을 겪긴 하지만, 두 번째 현상으로 넘어가는 사람이 성공하는 사람이다. 〈부자들의 성공심리학〉에서 살펴본 일론 머스크, 스티브 잡스, 마윈, 손정의와 같은 사람들이 외상 후 성장을 한 사람이다. 그들은 어릴 때와 학창 시절에 겪었던 심리적, 사회적 트라우마가 자신을 더욱 강하게 만들었고 성공하게 했다고 하였다. 일론 머스크는, "나를 키운 것은 시련이었다. 시련을 이기고 견딜 수 있는 고통의 한계점이 높아질 수밖에 없었다."라고 말할 정도였다. 손정의도 일본 사회에서 재일 한국인 3세로 온갖 차별과 시련이 있었으나 이를 이겨내고 오늘날 일본에서 1~2위의 슈퍼리치가 되었다.

우리는 모두 저마다의 크고 작은 아픔과 시련을 겪는다. 남이 보기엔 일어날 수 있는 일, 그럴 수 있는 일, 그냥 툴툴 털고 일어나면 되는 일이라 해도 실제 내가 겪을 땐 세상에서 자신이 가장 힘들고 괴로운 사람이라고 생각하기 마련이다. 그럼에도 지금 이 책을 읽으며 더 발전하려고 노력하고 있다. 잘 이겨내고 성장한 자신을 칭찬하며 스스로 어깨를 토닥여보자. 이 책을 읽고 슈퍼리치를 따라잡는 연습을 해나가다 보면, 슈퍼리치까지는 아니더라도 리치는 될 수 있지 않겠는가?

② 과제집착력 task commitment

☞ 미국 영재교육학회장과 국립 영재교육소장을 지낸 렌줄리 Renzulli 교수는 오랫동안 사회적으로 성공한 영재들에 관해 연구했다. 그는 영재들이 갖는 심리적 특성이라는 '세 고리 모형'을 제시했다. 영재가 갖는 공통된 세 가지 심리적 특성은 평균 이상의 지적 능력, 창의성, 과제집착력이고 이 세 가지 영역의 공통된 부분이 클수록 영재성이 크다고 하였다.

여기서 '과제집착력'이란 과제를 해결할 때까지 끝까지 물고 늘어지는 힘을 말한다. 문제 자체가 복잡하여 구체적으로 잘 정의되지 않고, 불확실하고 애매모호할수록 포기하지 않고 끝까지 문제를 해결하려는 힘을 과제집착력이라고 한다. 하버드대 중앙도서관에는 "문제를 끝까지 물고 늘어져라. To bite problem"란 현판이 붙어져 있는데 이 말이 곧 '과제집착력'을 의미한다.

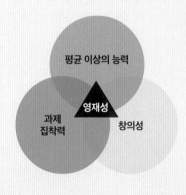

인디언들이 기우제를 지내면 반드시 비가 내렸다고 한다. 그것은 비가 내릴 때까지 기우제를 지냈기 때문이다. 성공할 때까지 포기하지 않는 것, 그것이 과제집착력이다.

③ 강제 결합법 forced association method

☞ 1958년에 찰스 화이팅이 개발한 창의력 계발 프로그램이다. 기존의 고정관념을 깨고 전혀 어울릴 것 같지 않은 아이디어들을 강제로 결합해 봄으로써 새로운 창의적인 아이디어로 만들어 보자는 기법이다. 마치 스티브 잡스가 아이폰을 처음 공개할 때 사람들이 지금까지 생각해 보지도 않았던 인터넷+음악+전화기를 강제로 결합하여 아이폰 하나로 구현할 때 사람들은 열광했다.

손정의는 대학 시절 매일 5분간 새로운 발명 아이디어를 생각한 아이디어 노트를 쓴 결과 처음 창업한 벤처 회사에서 '음성 신시사이저+사전+LCD=다국어 전자사전'을 개발하여 샤프의 전자사전이 되었다. 다이슨의 혁신 제품인 날개 없는 선풍기나 헤어드라이어도 기존의 '선풍기+공기역학'을 결합하여 15배 많은 바람을 만드는 제품으로 만들었다.

여기서 전혀 어울리지 않을 것 같은 멀리 떨어져 있는 개념들을 결합할수록 더 창의적인 아이디어가 될 수 있다. 예를 들면, 하늘을 나는 비행기+바다=수상비행기, 냉장고+인터넷=스마트 냉장고, 냉장고+화장품(쌀, 반찬, 포도주, 김치 등)=화장품 냉장고, 책+컴퓨터+노트=전자책, 운동화+바퀴+LED=힐리스 롤러 슈즈 등이 되는 것이다.

그러나 무조건 새롭다고 해서 창의적인 제품이라고 할 수는 없다. 새로우면서도 경제적으로나 사회적으로 가치가 있는 아이디어나 제품이어야 창의적인 아이디어(제품)라고 할 수 있다.

8

못난이 흙수저 출신으로
거듭된 실패 끝에 성공한
디지털 혁신가,
마윈

2019년 도쿄 포럼에서 중국의 슈퍼리치가 된 마윈을 다시 만난 손정의는 19년 전 만남을 회상하면서 "그때 당신은 나 같은 부류라는 걸 처음부터 냄새로 알았다."라고 말했다. 지금은 마윈이 중국에서 손꼽는 슈퍼리치가 되었지만, 어릴 적에는 부모님이나 마을 사람들도 '못난이 윈'이라고 불렀다. 작은 체구에 공부를 못해서 초등학교 때부터 재수를 거듭했고, 찌든 가난에다가 아버지 주폭에도 시달렸던 가진 것 하나 없는 불운한 흙수저였다. 게다가 30대 초반까지 학교나 취업, 심지어 아르바이트조차 실패에 실패를 거듭했던 마윈이었다.

그랬던 마윈이 35살이 되던 해인 1999년에 중국에서 온라인 전자상거래 스타트업 '알리바바'를 창업했다. 그런데 창업 자체도 쉽지 않았지만, 중국 사회에 만연한 정치적, 행정적 각종 규제와 인터넷 인프라 부재, 사람들의 전자상거래 인식 부족 등 난관도 많았다. 마윈은 창업 후 어려움을 이겨내면서 손정의와 야후의 전폭적인 투자와 지지에 힘입어 알리바바를 성장시켰다.

알리바바의 마윈은 중국인 최초로 포브스의 슈퍼리치로 등록되었다.

이랬던 마윈이 2009년과 2014년에 〈타임〉의 '가장 영향력 있는 100인'으로 선정되었고, 〈비즈니스위크〉도 '중국에서 가장 영향력 있는 사람' 중 한 명으로 선정했다. 그리고 2018년에는 공산당 기관지 〈인민일보〉가 뽑은 '중국에 가장 공로가 큰 100인'에도 선정되었다.

알리바바를 창업한 지 15년이 되던 해인 2014년에 뉴욕증권거래소에 '알리바바'가 처음으로 상장되었다. 상장 첫날에 주가가 38% 상승하여 미국 증시 사상 최고가인 2,300억$(한화 242조 원)를 기록했다. 이 기록은 구글에 이어 시가 총액 2위로 페이스북이 상장할 때보다 높은 기록이었다.

그리고 그해 마윈은 중국인 최초의 슈퍼리치로 〈포브스〉 표지를 장식했다. 2020년에는 〈포브스〉의 중국 100대 부자 중에서 1위를 기록하였고, 순자산은 251억$(약 36조 6천억 원)였다. 중국은 미국에 이어 〈포브스〉 선정 억만장자가 2번째로 많은 나라였으나, 최근 중국의 전반적인 경기침체, 부동산 시장 몰락과 주식시장 침체, 정부의 IT 기업 규제로 억만장자의 수가 3년 연속 감소하는 추세다.

2023년 495명에서 2024년 406명으로 89명이 감소했으나, 여전히 세계 2위로 슈퍼리치가 많은 나라다.

'못난이 원'의 할아버지는 1948년 모택동 공산당 정부가 들어서기 전에 국민당에서 지방 관리로 일했다. 그러다가 1960년대 중국 격변의 시절인 문화혁명 시대에 흑오류(지주, 부농, 악질분자, 반혁명분자, 우파)로 낙인찍히고, 비판 대상이

마윈은 작은 체구에 어릴 적에 '못난이 윈'으로 불렸다.

되어 생명의 위협과 정치적 탄압을 받았다. 당시 공산당 정부는 기존 체제 전복과 구세대 타파를 명분으로 10~20대 청년인 홍위병에게 죽창을 쥐여주고 흑오류에 대한 인문 재판과 처형권을 부여하였다.

마윈의 아버지는 전통적인 경극 공연자로 원로급이었지만, 할아버지의 출신 배경 때문에 정치적인 탄압이 이어져 근근이 하루 벌어 하루 먹고 살 정도로 지독히 가난했고 매일 술에 찌들었다. 이런 집안에서 마윈은 1964년에 저장성 항저우에서 태어났다. 생활도 어려웠지만, 아버지의 주폭으로 하루도 조용한 날이 없었다. 마윈의 운명은 이렇게 불운한 가정환경과 정치적 배경에서 시작되었다. 그러나 마윈은 어린 시절을 오기와 유머로 이겨냈다면서, 다음과 같이 회상하였다.

> "정말 큰 것을 얻기 위해서는,
> 자기를 낮추거나
> 자기주장을 양보할 줄 알아야 한다."

그는 자신의 어린 시절에 대해 잘한 일은 별로 없으나 〈수호전〉에서 태극권을 읽고 혼자 연마했다고 하면서, "태극권 수련과 영어 공부가 가장 잘한 일"이라고 하였다. 그러나 학창 시절에는 공부와 거리가 멀었고 "여덟 살 이전에는 개구쟁이, 초등학교 때는 말썽꾸러기였다."라고 하였다.

초등학교에서도 집안의 정치적 배경 때문에 비판의 대상이 되어 놀림 받았다. 학업성적도 2번이나 낙제할 정도로 공부를 못했다. 또 중학생이 되어서는 수학을 못 해 3번이나 낙제했다(중국은 수학을 중시하는 교육과정이다). 그러나 영어 선생님을 짝사랑하면서 선생님의 인정을 받기 위해서 영어 공부를 시작했다.

심리학자들은 이렇게 부모님, 선생님, 친구, 상사로부터 인정과 평가, 칭찬, 금전적 보상 등을 받기 위해 외부로부터 동기 부여되는 것을 '외적 동기'라고 하였다. 과거 심리학의 동기이론에서는 자기 내부에서 일어나는 흥미와 관심, 열정으로 인한 동기부여를 '내적 동기'라고 하였고, 외부에서 타율적으로 주어지는 동기보다 자기 내부에서 자발적으로 일어나는 내적 동기가 더 중요하다고 하였다. 그러나 최근 심리학 연구 결과들은 열정적으로 일(또는 공부)을 좋아하고, 성과를 내기 위해서는 비록 처음에는 외부에서 주어졌지만, 점점 자기 자신으로 중요하게 내재화되면서 열정적으로 일하게 되는 '내적·외적 동기 시너지 효과'가 중요하다고 하였다. 더 자세한 내용은 본문의 마지막 부분에서 알아보자.

마윈이 영어 공부에 눈을 떴을 때 마침 중국에서는 '미친 영어 crazy english' 창시자인 리양의 영어학습기적법이 유행처럼 번졌다. 마윈도 미친 듯이 영어 공부에 빠져들었다. 리양은 영어 공부를 잘하려면 전통적인 문법 공부보다는 문장을 아예 통째로 외워서 말하는 것이 더 중요하다고 하면서, 다음과 같이 자신 있게 크게 소리 내어 외쳐 보라고 강조하였다.

> "거리에서 소리치며 물건을 파는 사람들도
> 자신의 노동으로 가족을 부양하기 위해 열심히 하듯이,
> 자신 있게 주위의 사람들을 주시하며
> 큰소리로 그리고 유창하게 영어로 소리 내어 외쳐 보아라.
> 당황하지 말고 자신감을 가져라!"

그는 매일 아침 자전거를 타고 40km가 넘는 항저우 국제호텔에 가서 외국인 관광객들만 만나면 부끄러움을 무릅쓰고 먼저 말을 걸면서 영어를 공부했다. 이 습관은 9년간 지속되었고 나중에는 호텔에 가서 공짜로 외국인 가이드 역할을 하면서 영어를 미친 듯이 공부하였다.

한편, 그는 대학에 예비 합격자로 입학하기까지 수학은 120점 만점에 1점으로 낙제 점수였다. 초등학교에서도 수학 때문에 두 번 낙제하였고, 중학교 입학시험도 수학을 못 해서 3수 끝에 겨우 입학할 수 있었다. 고등학교도 겨우 재수해서 입학했다. 호텔 종업원으로 취업도 준비했지만, 키가 작고 못생겼다고 퇴짜를 당했다.

항저우 사범대학 외국어 학과도 3수 끝에 미달이 되어 겨우 턱걸이로 합격하였다. 그러나 대학에 간 마윈은 달라졌다. 비록 첫 수학 시험에서 1점을 받긴 했지만, 학생회에서 적극적으로 활동하면서 학생들로부터 인정을 받기 시작했다. 어릴 적부터 몸에 밴 오기와 유머, 그리고 탁월한 영어 실력으로 사범대 학생연맹의 회장이 되더니, 항저우시에 있는 유명한 대학교의 학생회장들을 제치고 항저

우시 전체 학생연맹주석으로 선출되었다. 학생연맹주석이 되면서 많은 대학의 학생회와 함께 소통하였고, 주도적으로 발표와 토론을 하면서 리더십을 키우는 좋은 기회가 되었다.

나중에 밝혀진 사실이지만, 그가 치열하게 학생회 활동을 하는 데는 이유가 있었다. 그는 공산당 당원이 되어 성공하고 싶었고, 학생연맹주석이 당원이 될 수 있는 지름길이었기 때문이다. 당원이 되는 것이 그동안 흑오류로 정치적인 탄압을 받았던 집안의 출신성분과 지독한 가난에서 벗어날 수 있는 유일한 길이라고 생각했다.

2018년에 공산당 기관지인 〈인민일보〉는 개혁개방 40주년을 맞이하여 가장 공로가 큰 100인을 발표하면서 마윈을 선정하였고, 그가 대학 때부터 공산당원이라고 소개했다. 〈인민일보〉가 이렇게 발표한 이유는 부동산 시장 등 중국의 경기침체가 장기화하면서 공산당이 그동안 규제했던 IT 등 민간 기업에도 관심을 기울이고 있다는 점을 부각하기 위함이었다.

마윈은 미국으로 유학 가고 싶어서 하버드대학에 입학원서를 10번을 냈으나 모두 거절당했다. 심지어 KFC 아르바이트 지원자 24명 중 키가 작고 못생겼다고 하여 혼자 불합격했다. 또 공안 시험 지원자 5명 중 혼자 불합격했고, 면접관으로부터 "쓸모가 없다."라는 말까지 들었다. 취업에 30번을 도전했으나 모두 실패하였다.

이때를 회고하면서 마윈은 다음과 같이 말했다.

> "성공한 사람이든 실패한 사람이든,
> 실수하거나 실패했을 때 불평하는 사람은
> 다시는 재기할 수 없다.
> 실패를 해 봐야 다시 도전할 수 있다.

실패했을 때 무엇이 잘못됐는지 되짚어 보고
개선해 나가고 싸워나가는 사람은 희망이 있다."

"나는 거절당하는 데 익숙하다.
단 하나, 절대 포기하지 않는 것이다.
포레스트 검프처럼."

거듭된 실패 끝에 처음으로 취업한 곳은 항저우 전자과학기술대학 영어 강사로 월급은 12$였다. 그가 비록 적은 월급이지만 영어 강사를 지원하게 된 이유가 있었다. 당시 중국은 덩샤오핑이 집권하면서 흑묘백묘(흰 고양이든 검은 고양이든 쥐만 잘 잡으면 된다)의 개혁개방정책을 펼치면서 영어에 능통한 자를 우대했기 때문이었다. 적은 월급에도 그는 최선을 다해 강의해 10대 우수 강사로 선정되었다. 이때 그의 강의를 들었던 수강생들이 마윈의 비전과 열정을 믿고 알리바바의 창립 멤버로 참여하게 된다.

1992년 그는 3,000위안(한화 약 58만 원)을 모아서 통역회사 하이보를 창업했다. 그리고 1995년 미국을 처음으로 방문하면서 실패만 거듭했던 그의 인생을 완전히 뒤바꿀 기회를 만났다. 컴퓨터나 인터넷에 관심이나 지식도 없었던 그가 컴퓨터와 인터넷 세상을 접하면서 눈이 떠진 사건이었다.

마윈이 인터넷 검색에서 처음 친 단어는 '맥주'였다. 전 세계 맥주가 검색되었지만, 중국 맥주는 한 건도 검색되지 않았다. 이어서 '중국'을 검색했지만, 어떤 내용도 검색되지 않았다. 여기서 그는 눈이 번쩍 뜨였다. 일반적인 사람이라면 당시 인터넷이 등장한 지 얼마 되지도 않았고, 그냥 '없네' 하고 싱겁게 끝났을지도 모른다.

여기서 마윈은 달랐다. 그는 중국에서 인터넷 사업을 하기로 결심했다.

그는 당시 최신형 486 컴퓨터를 사서 귀국하자마자, 중국 최초로 인터넷 벤처회사 '차이나 옐로 페이지'를 창업했다. 그리고 발품을 팔아 기업들을 일일이 찾아다니면서 인터넷 서비스의 중요성을 설득하면서, 기업들의 제품을 무료로 소개하는 웹사이트를 2만 7천 위안(한화 약 410만 원)에 제작하였다. 그러나 아직 인터넷과 글로벌 비즈니스를 모르는 많은 중국 기업과 사람들로부터 사기꾼, 허풍쟁이라는 말을 들었고, 정부의 온갖 규제와 간섭, 인터넷 속도마저 느려서 사업을 진행하기가 어려웠다. 중국이기 때문에 어려웠던 것이었다.

그러나 폐쇄적인 중국과 달리 세계 시장은 달랐다. 인터넷 붐이 일어나면서 마윈의 차이나 옐로 페이지로 전 세계 기업들과 바이어들로부터 파트너십을 맺자는 이메일이 쏟아져 들어오는 것을 보고 마윈도 놀랄 정도였다. 파트너십을 통해 사업을 확장하면서 더 많은 자금을 확보하기 위해 마윈은 정부 산하의 항저우 텔레콤과 합병하였다. 테슬라의 일론 머스크도 20대 후반에 합병된 회사에서 쫓겨났듯이 여기서 마윈도 패착의 수를 두었다. 그는 자본도 인맥도 없었기에 결국 정부 기관인 항저우 텔레콤에 기술만 뺏기고 회사에서 쫓겨났다.

그래도 그의 기술력 하나만은 인정받았기에 1997년 중국의 대외경제무역부에서 인터넷 업무를 담당하는 공무원으로 일할 수 있었다. 그런데 그곳에서도 간부들에게 아이디어와 실적을 번번이 뺏기게 되자, 좌절한 마윈은 공무원을 그만두었다.

이렇게 3번(통역회사, 차이나 옐로 페이지, 공무원)의 실패가 결코 헛되지는 않았다. 통역회사를 창업하였기에 미국에서 컴퓨터와 인터넷에 눈을 뜰 수 있었고, 차이나 옐로 페이지로 인터넷의 성장 가능성을 확신했다. 대외무역경제부에서는 마침 중국에 온 야후 창립자 제이 양을 만나고 수행한 인연이 나중에 알리바바의 4인 이사회가 될 정도로 깊은 인연이 되었기 때문이다. 좋든 싫든 성공하고 실패한 모든 경험은, 이후에 성공의 토양이 되었다.

드디어 1999년에 18명의 공동 창업자와 함께 5만$(약 8,000만 원)를 모아 '알리바바'를 창업했다. 마윈은 여러 이름을 생각해 봤지만, 천일야화에 등장하는 알리바바가 세계적으로 사람들이 좋아하는 이미지라 글로벌 브랜드로 적합하다고 생각했다. 그래서 이미 캐나다 기업이 선점한 알리바바닷컴을 1만$를 주고 샀다. 그리고 중국의 중소기업 제품을 전 세계 기업들이 구매할 수 있도록 중개해 주는 B2B(기업 간 거래)를 위해 17시간 만에 홈페이지도 개발했다. 다음은 마윈이 공동 창업자들과 함께 "우리가 앞으로 어떻게 무엇을 해야 할 것인가?"를 고민하면서 했던 실제 이야기다.

> "앞으로 3~5년간은
> 아주 고통스러운 대가를 치러야 할 것입니다.
> 우리의 경쟁자는 중국이 아니라 해외이고
> 미국의 실리콘밸리에 있습니다.
> 실리콘밸리의 치열한 기업가 정신을 배워야 합니다.
> 9시에 출근 5시에 퇴근한다면 우리는 망합니다."

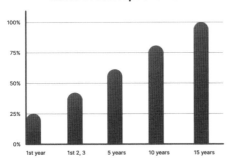

Rates of Startup Failures

Failure frequency among startups

2024년 미국의 창업 초기 실패율,
출처: BIG DATA

창업 초기에는 누구나 하는 흔한 착각이 있다. 자기 아이디어가 매우 뛰어나기 때문에 금방 사람들이 알아봐 주고 크게 성공할 거라는 착각이다. 미국의 서베이 전문 기관인 〈빅데이터 BIG DATA 〉의 2024년 통계에 따르면, 스타트업의 15년 이내 실패율은 90%다. 실패의 주요 원인은 82%가 현금 유동성이고, 22%가 잘못된 마케팅 전략이다. 장기적으로 보면 스타트업의 성공률은 10% 정도에 불과하다는 것이다.

우리나라는 최근에 정부 통계를 발표하고 있지 않으나, 2022년 통계청 〈통계 저널〉의 "개인 창업 생존분석"에 따르면 1년 생존율은 78.9%이지만 3년 생존율은 45.6%로 전체의 절반 이상이 폐업하는 것으로 나타났다. 5년 생존율은 31.4%까지 떨어졌다. 창업 후 5년 안에 업체 10곳 중 3곳만이 살아남는다는 말이다. 그 이유로 사업 준비기간이 대부분 1년 미만으로 짧고, 자금 확보의 어려움과 창업지식, 능력, 경험의 부족이 가장 큰 실패의 원인으로 꼽혔다.

마윈도 창업 초기에 똑같은 착각을 했다. 벤처 자금을 확보하기 위해 자신만만하게 미국의 실리콘밸리로 날아가서 중국 최초의 전자상거래에 대해 투자 설명회를 하였다. 하지만 그의 창업 아이디어는 거부당했고, 중국 비즈니스는 정부의 간섭이 심한 데다가 투명하지도 않고 수익성도 없으며, 지속 불가능하다는 비판을 받았다. 하지만, 38번의 설명회에서 모두 투자를 거절당한 그는 포기하지 않았고, 오기와 설득으로 결국 골드만삭스로부터 500만$를 처음으로 투자받았다.

알리바바는 중국 기업들과 제품에 대해 무료로 B2B(기업 간 거래) 서비스하면서 사용자 기반을 확대해 나갔다. 그러나 여전히 중국의 인터넷 인프라는 형편없이 낮은 수준이었고, 현금 장사를 좋아하는 중국 사람들은 온라인 전자상거래 결제 시스템에 대해 사기라고 생각했다. 또 새로운 전자상거래 개념을 알 리 없는 중국 정부는 기존의 법적 규제 잣대로 방해하였고, 기존 사업자들의 반발도 거셌다.

마윈은 창업 당시 온갖 어려움을 겪으면서도 이 어려움이 자신을 더욱 성장시키는 기회이며 학습이 된다고 여러 차례 강조하였다. 심리학자들은, "지금까지 잘해 왔던 것처럼 앞으로도 잘해 낼 수 있을 것이고, 나는 성공적으로 잘 수행할 능력이 있다."라는 자신의 신념과 기대를 '자기효능감'이라고 하였다. 자기효능감이란 인간의 행동을 예측하고 설명하는 데 중요한 심리학적 개념이다. 더 자세한 내용은 본문의 마지막 부분에서 알아보자.

그는 '가난한 사람'에 대해 이렇게 말했다.

당신이 35세가 될 때까지 아무것도 이루지 못한다면,
누구의 탓도 아니고 당신 탓이다.
세상에서 가장 같이 일하기 힘든 사람은 가난한 사람들이다.
가난한 사람들은 공통적인 한 가지 때문에 실패한다.

자유를 주면, 함정이라고 하고…

비즈니스를 얘기하면, 돈을 별로 못 번다고 얘기하고…

큰 비즈니스를 얘기하면, 돈이 없다고 하고…

새로운 것을 시도하자고 하면, 경험이 없다고 하고…

전통적인 비즈니스를 하자고 하면, 어렵다고 하고…

가난한 사람들에게는 공통점이 있다!

구글이나 포털에 물어보기 좋아하고,

희망이 없는 친구들에게 의견을 듣기 좋아하고,

대학 교수보다 많은 생각을 한다고 하면서,

시각장애인보다 더 적은 일을 한다.

그들에게 물어보라, 무엇을 할 수 있는지?

당신의 인생은 기다리다가 끝난다.

당신은 가난한 사람인가?

창업 초기에 온갖 고생을 한 작은 스타트업 알리바바의 운명을 뒤바꾼 2번의 기회가 찾아왔다. 첫 번째로, 마윈은 1998년에 잠시 대외경제무역부의 공무원으로 일할 때 중국을 방문한 야후 창업자 제리 양을 수행한 적이 있었다. 두 사람은 만리장성을 거닐며 IT산업의 미래에 관해 이야기를 나누었다. 그때 좋은 인상을 받았던 제리 양이 1999년 손정의에게 마윈을 소개해 주었다.

두 번째 기회는 2000년에 손정의가 중국 인터넷 시장의 성장 가능성을 보고 투자 대상을 물색하기 위해 중국을 방문했을 때, 마윈이 손정의를 만난 것이다. 수백 번의 시뮬레이션을 하고 나서야 신중하게 투자를 결정한다는 손정의가 마윈의 이야기를 들은 지 6분

마윈은 중국을 방문한 야후의 창업자 제리 양을 수행한 인연은 알리바바 창업에 큰 투자로 이어졌다.

만에 2,000만$(약 291억 원)의 투자를 결정했다.

손정의는 이때를 회고하면서, "마윈은 나에게 다른 스타트업과는 다르게 비즈니스 수익 모델과 투자금을 전혀 이야기하지 않았다. 그저 자신의 비전에 대해 열정적인 눈빛으로 설명했다. 나는 그가 세상을 바꾸려 한다는 것을 알았다."라고 하면서, "개와 늑대가 냄새로 같은 종을 찾듯이 본능적으로 우리는 같은 동물이라고 느꼈다. 내 돈을 가져가라."라고 했다. 마윈도 당시 상황에 대해 다음과 같이 말했다.

> "이 사람이 미쳤다는 걸 직관적으로 알았다.
> 바보는 아닌데, (나처럼 인터넷에) 미쳤다고 생각했다.
> 당시 인터넷 얘기는 많이들 했지만, 믿는 사람이 없었다.
> 나는 같은 가치관과 열정을 가진 사람을 찾고 있었다."

이어서 야후의 제리 양은 2005년에 알리바바에 10억$(약 1조 45억 원)를 투자했다. 이후에 마윈, 제리 양, 손정의는 알리바바의 '4

인 이사회'에 들어가 긴밀한 윈-윈 관계를 지속하고 있다. 이와 같은 현상에 대해 심리학자들은 손정의와 마윈처럼, 굳이 말을 길게 하지 않더라도 첫인상에서 금방 호감을 느끼고, 왠지 나와 같은 생각과 느낌일 것으로 판단하는 것을 '제이콥의 법칙' 또는 '유사성의 원리'로 설명한다. 이렇게 유사한 특성을 가진 사람끼리는 더 강한 매력을 느끼고, 자기를 더 많이 이해하리라 생각하며 관계를 오래 잘 유지해 나간다. 제이콥의 법칙에 대해서는 본문 마지막에서 살펴본다.

투자유치로 이제 중국의 신생 기업 알리바바는 세계의 알리바바로 도약하는 발판을 만들었다. 알리바바의 성장은 단순히 한 기업만이 아닌 중국의 경제 구조 전환과 디지털 사회로의 전환에도 크게 기여했다. 중국은 과거 저렴한 노동력에 기댄 세계의 공장에서 탈피해 IT 첨단 산업과 서비스업 중심으로 부상하는 계기가 되었다.

마윈은 온라인 결제 시스템 알리페이를 도입하여 거래의 신뢰성을 높이고, 지속적인 기술 혁신과 빅데이터를 통해 사용자 경험을 개선했다. 우리가 잘 아는 미국의 연중 최대 할인 행사 블랙 프라이데이에 해당하는 중국판 블랙 프라이데이를 '광군제'라고 한다. 광군제는 마윈의 아이디어에서 나왔다. 1990년대에 1이 네 번 겹치는 11월 11일을 '솔로의 날'로 불렀다. 마윈이 이 '솔로의 날'을 중국판 블랙 프라이데이인 '광군제'로 탈바꿈시켰다.

성장의 발판을 마련한 알리바바는 이제 B2B(기업 간 거래)에서 C2C(소비자 간 거래)를 하는 타오바오를 창업하고, B2C(기업과 소비자 간 거래)를 담당하는 티몰을 창업하는 등 타겟에 맞는 유통채널을 확대해 나갔다. 2010년에는 해외 이용자용 알리 익스프레스를 런칭하면서 세계의 알리바바로 확장했다.

2013년 한국을 방문한 마윈은 서울대 초청 강연에서 자신의 성공 비결을 묻는 질문에 '3무(無)'라고 답했다.

"나의 성공은 돈과 기술, 계획이 없었기 때문이다.
사람들이 불평불만을 갖는 곳에 반드시 기회가 있다.
중국의 사회 문제 속에 오히려 미래가 있다. "

"직업이나 진로를 선택할 때,
대기업 아닌 자신을 성장시켜 줄 코치가 있는 곳을 선택하라.
그래야 잘하고 좋아하는 일을 혁신하여 성공할 수 있다."

2014년 알리바바를 뉴욕 증시에 성공적으로 상장하면서, 구글에 이어 2번째로 시가 총액이 큰 IT 회사가 되었다. 알리바바는 더 큰 성장을 위해 공격적인 투자를 감행했다. 인공지능, 빅데이터, 클라우드 컴퓨팅, 블록체인과 같은 첨단 기술 분야에도 대규모로 투자했다. 이러한 첨단 기술들은 결국 알리바바의 사용자 경험을 향상하고, 물류를 최적화하며 개인화된 제품과 서비스 추천을 가능하게 만들어 주었다.

알리바바는 모든 상호작용에서 최대한의 데이터를 생성하고, 모든 비즈니스 활동을 소프트웨어로 중재하며, 머신러닝을 적용하여 실시간으로 데이터를 분석하는 등의 방식으로 의사결정을 자동화하면서 오늘의 알리바바로 만들었다.

최근 마윈은 손정의와 자주 만나 앞으로 다가올 새로운 세상과 새로운 비즈니스에 관해 이야기를 많이 했다. 그들의 새로운 비즈니스 핵심은 인공지능이다. 마윈은 〈2019 스마트 차이나 엑스포〉 기조연설에서 인공지능 시대가 본격적으로 열려도 사람들이 대량으로 일자리를 잃는 일은 없을 것으로 전망했다. 오히려 인공지능을 사람들이 잘 활용해야 한다고 강조하였고 실제로 인공지능과 빅데이터, 인터넷 데이터센터(IDC) 등에 대규모 투자를 감행하였다.

2019년 마윈은 〈도쿄 포럼〉에서 손정의와 다시 만났다. 두 사람은 19년 전 처음 만났을 때를 상기하면서 웃었다. 그리고 미래 사업에 대해 같은 비전과 열정을 가지고 있다고 하였다.

> "AI는 오히려 사람들이
> 더욱 가치 있는 일을 하게 해줄 것이다.
> AI 시대에 사람들이 일자리를 잃어서도 안 되지만
> 그럴 일은 없을 것이며,
> 종국적으로 사람은 더욱 사람답게,
> 기계는 더욱 기계답게 될 것으로,
> 매우 많은 일이 사람들에겐 어렵고 기계에는 쉽고,
> 반대로 매우 많은 일이 기계에는 어렵고,
> 인류에게는 쉬운 일이 될 것이다.
> 컴퓨터는 절대로 사람 뇌의 사고를 모방할 수 없다."

하지만 마윈에게 정치적 위기가 닥쳤다. 중국 전자상거래 80%를 지배하던, 게다가 중국 사회의 디지털 신분증이라고도 할 만큼 대다수의 중국인이 사용하는 알리페이를 주도하던 마윈에게도 할

아버지가 겪었던 것처럼 정치적 사건이 닥쳤다. 2020년 말부터 중국 정부는 빅테크 기업들을 본격적으로 규제하기 시작했다. 상거래 독점 행위와 데이터 보안 등에 대한 우려 때문이라고 했다.

2020년 10월, 마윈은 〈상하이 공개포럼〉에서 중국 금융당국의 핀테크 규제에 대해 "아직도 담보가 있어야 대출해 주는 전당포 영업에서 벗어나지 못하고 있다."라고 공개적으로 비판하였다. 중국 정부를 비판한 것에 대해 가만히 있을 리가 없었다. 정부는 마윈의 비판을 비난하면서 즉각 마윈을 소환하였고, 배후 색출 작업을 대대적으로 벌였다.

그리고 알리바바 그룹의 핀테크 계열사인 앤트그룹의 370억$ 규모의 기업 공개(IPO, Initial Public Offering 기업이 기업 설립 후 처음으로 외부 투자자들에게 주식을 공개하고 매도하는 업무로, 주식시장에 상장함으로써 필요한 자본금을 확보하는 중요한 일이다)를 전면 중단시키고, 중국인민은행으로 하여금 앤트그룹에 대해

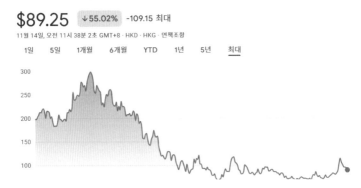

2014년 미국 증시에 상장되었을 때 구글에 이은 2번째 시총을 기록한 알리바바는 1/4토막 났다. 출처: https://www.google.com/finance/quote/9988:HKG?sa=X&ved=2ahUKEwjmjqCS9tqJAxV1klY-BHaVjGhcQ3ecFegQIOBAh&window=MAX

금융지주회사로의 구조조정을 지시했다. 알리바바와 관련된 모든 기업에 대해 전방위적인 압박을 가했다. 이 압박의 이면에는 중국에서 커지는 마윈의 영향력을 없애고, 빅테크와 빅데이터를 정부가 규제하려는 의도가 숨겨져 있었다.

알리바바는 마윈의 비판 발언(CEO 리스크) 이후 당국의 집중 압박을 받으면서 회사가 크게 위축되었다. 한때 아시아 최고 기업으로 평가받으며 2020년에 약 8,300억$에 달했던 알리바바의 시가 총액은 1/4로 감소했다. 마윈은 모든 공개 활동을 중단하고 은둔생활을 하였고, 알리바바의 모든 직함에서 내려와야 했으며, 정부의 소환과 조사가 끝날 때까지 중국을 떠날 수 없었다. 2021년 말에서야 중국을 떠나 일본으로 도피하였다.

2023년 3월 중국 당국에 미운털이 박혀 정치적 탄압을 받았던 마윈이 중국으로 다시 귀국하였다. 중국 경제가 장기 침체하면서 민간 기업의 역할이 중요해졌고, 중국 정부가 빅테크 기업에 대해 규제를 완화하겠다는 신호를 보냈기 때문이다. 그리고 2024년 7월에 중국 국가시장감독관리총국은 알리바바에 대한 반독점 조사를 공식적으로 종료한다고 발표했다.

2023년 마윈은 다시 중국으로 귀국하면서, 알리바바의 개혁을 강조했다.

그러나 중국의 전자상거래 시장은 이제 알리바바의 독무대가 아니다. 2023년 이후에 알리바바, 테무, 쉬인 사이의 경쟁 구도는 중국을 넘어 전 세계에서 더욱 치열해지고 있다. 각 회사가 독특한 전략을 통해 시장 위치를 확고히 하려고 치열한 경쟁을 벌이고 있다.

글로벌 모바일 시장 데이터 분석 기업인 〈센서타워〉는 전 세계 이커머스 앱의 다운로드 성장 추세, 다양한 시장별 주요 이커머스 앱의 다운로드 수와 성장 성과 등을 포함한 '2024년 전 세계 이커머스 앱의 새로운 성장 동력에 대한 인사이트'를 발표했다. 발표에 따르면, 테무와 쉬인이 알리바바를 제치고 전 세계 이커머스 앱 성장 순위뿐만 아니라 미국, 유럽, 중남미, 중동 등에서 1위와 2위에 올랐다.

최근 알리바바는 이에 질세라 AI와 빅데이터를 활용한 맞춤형 쇼핑 경험 제공 및 세계 시장 확대를 통해 시장 지배력을 강화하기 위해 지역화 전략을 중점으로 아시아, 유럽, 북미 지역에 주력하고 있다. 2024년에는 한국에도 3년간 1조 5천억 원을 투자하고 연내에 물류센터를 완공하겠다고 공격적으로 발표하였다.

테무는 저가 상품과 공격적인 마케팅 전략으로 시장 점유율을 확대하고 있는데, 중국에서 브랜드가 없는 저가 상품을 중심으로 높은 가격 경쟁력을 통해 빠르게 성장하고 있다. 쉬인은 초저가 패스트 패션 전략을 통해 세계 시장에서 입지를 다지고 있는데, 빠른 제품 회전을 특징으로 최신 패션 트렌드를 저렴한 가격에 제공하여 패션 플랫폼으로서의 위상을 강화하고 있다. 이와 동시에 소셜 미디어 마케팅을 적극 활용하여 젊은 쇼핑객들의 관심을 끌고 있다.

알리바바, 테무, 쉬인은 각각 차별화된 전략을 바탕으로 경쟁하고 있다. 사실 3개 업체로 인해 막대한 돈을 벌어드리고 있는 회사는 따로 있는데, 3개 업체가 인스타그램과 틱톡 등 SNS 회사에 막대한 광고비를 쏟아붓고 있기 때문이다.

마윈은 알리바바로 다시 복귀하면서 이제 알리바바의 미래는 없다고 하면서 혁신적인 개혁을 위해 다시 정신 차려야 한다고 강조하였다.

"알리바바가 과거에 성공했던 방식은 더 이상 적절하지 않을 수 있으며, 서둘러 개혁해야 한다. 모두가 어느 시점에는 성공할 수 있다. 그러나 미래를 위해 변화하고, 목표를 위해 어떠한 대가도 치를 의지가 있는 자만이 존경받을 수 있다. 우리의 사명과 비전으로 돌아가자. 모든 위대한 기업은 겨울에 태어난다."

그리고 마윈은 늘 남들이 불평할 때, 노력하는 사람만이 기회를 잡고 변화를 주도할 수 있다고 말했다.

"나는 이런 변화의 시대에 감사한다.
많은 사람이 불만을 품는 것에 감사한다.
다른 사람들이 불평 불만할 때가 당신에게는 기회다.
세상이 변할 때 우리는 내가 원하는 것이 무엇인지,
버릴 것이 무엇인지를 확실히 알 수 있다."

"모든 사람이 한 권의 책이다.
동료와 시간을 보내며 주변 사람들로 배워야 한다.
나는 노력하지 않은 사람을 경계하고,
노력하는 대신 불평불만을 갖는 사람을 더 경계한다."

부자들의 성공심리학

① 내적·외적 동기 시너지 효과

☞ 하버드대 화학과의 애머바일 Amabile은 죽어라 공부해서 수석으로 졸업했다. 그러나 정작 화학은 재미가 없었다. 그러던 어느 날, 우연히 교수 식당 앞을 지나던 그녀는 화학과 교수들이 화학에 관해 너무도 즐겁게 웃으면서 얘기하는 걸 보았고, 어떻게 웃으면서 화학을 얘기할 수 있는지가 궁금했다. 그래서 이 궁금증을 해결하기 위해 대학원을 심리학으로 전과하여 사람은 무엇 때문에 행동하는가에 관심을 가지고 '동기'를 공부했다. 지금은 하버드대 심리학과와 경영대학원 교수로 있다.

'동기'란 어떤 일(또는 공부)을 시작하도록 하고, 세운 목표를 잘 달성할 때까지 유지하고, 1차 목표가 달성했을 때 더 나은 2차 목표로 나를 추진시켜 주는 심리적인 에너지를 말한다. 그녀가 심리학을 전공할 때만 해도 동기이론은 '내적, 외적 동기이론의 양극화 이론'과 '금전적 보상이 오히려 창의성을 저해한다'라는 연구 결과가 많았다.

여기서 '내적 동기'란 내 안에서 일어나는 자발적인 흥미와 관심, 열정으로 일을 하는 동기다. 반대로 '외적 동기'란 내가 아닌 외부에서 주어지는 인정, 평가, 칭찬, 승진, 금전적 보상으로 인해 일을 하는 동기다. '내적·외적 동기의 양극화 이론'은 내적, 외적

내적 동기가 높음
외적 동기는 낮음

외적 동기가 높음
내적 동기는 낮음

내적 동기가 낮음
외적 동기는 높음

외적 동기가 낮음
내적 동기는 높음

동기가 서로 양극단에 있다는 것이다. 즉 내적 동기가 높은 사람은 외적 동기는 낮고, 외적 동기가 높은 사람은 내적 동기가 낮다는 의미다.

심리학자 데시와 라이언 Deci & Ryan의 유명한 축구 실험을 보면 이해할 수 있다. 아이들이 학교가 끝나자마자 축구가 좋아서 운동장에 모여 땀 흘리며 공을 차고 있었다. 이때 두 심리학자가 아이들에게 다가가 개인별로 용돈 10$씩을 주었다. 그다음 주에도 또 10$를 주었다. 몇 주를 거듭하자 아이들은 축구는 건성이었고, 10$ 용돈을 주는 심리학자들이 언제 오는지에 더 관심이 있었다.

다시 나타난 심리학자는 오늘은 돈이 없다면서 1$씩을 주었다. 그러자 아이들은 내가 1$ 받으려고 축구하느냐고 하면서 그만두었다는 실험이다. 처음에는 축구 자체가 좋아서 내적 동기로 했지만, 돈이라는 외적 동기가 내적 동기를 떨어뜨렸다는 실험 결과다. "하던 짓도 멍석 깔아주면 안 한다."라는 우리나라 속담과 같다. 열심히 공부하려고 방에 들어가려는데, "가서 공부해!"란 어머니 소리에 공부하려던 마음이 수그러드는 것과 같은 현상이다.

"금전적 보상이 창의성을 저해한다."라는 연구 결과가 많다. 축구 실험에서 보듯이 새롭고 가치 있는 창의적 아이디어를 내는데 돈(금전적 보상)을 내걸면, 자유롭고 개방적이며 즐거운 아이디어가 돈이 목적으로 변질되어 창의적인 아이디어를 저해한다는 것이다.

그러나 심리학자 애머바일의 생각은 달랐다. 사람들은 내적, 외적 동기가 서로 양극단에 있는 것이 아니라 아래 동기모델과 같이 내적 동기도 외적 동기도 다 높은 사람도 있고, 아예 내적 동기도 외적 동기도 다 낮은 사람도 있다는 것이다. 사람들을 이분법적으로 양극 구분하는 것은 위험하다는 주장이다.

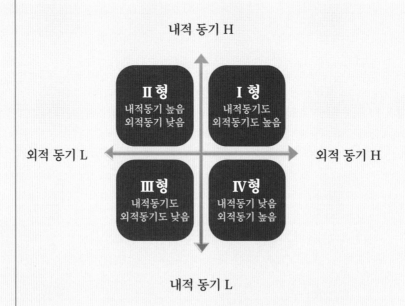

또한, 금전적 보상이 반드시 나쁜 동기만은 아니라고 하였다. 지금 하는 일이 즐겁고, 흥미가 있어서 열심히 하다 보니까 좋은 성과가 나왔고, 그에 대한 평가와 보상으로 돈을 받는 것은 내적

276

동기와 외적 동기가 만나 시너지 효과를 낸다는 연구다. 최근 창의성 연구와 하버드 비즈니스 스쿨에서 많이 인용되고 지지받고 있는 연구다.

② 자기효능감 self-efficacy

☞ 심리학자 알버트 반두라는, 자기효능감이란 어느 특정 상황이나 과제에서 성공적으로 수행할 수 있을 것이라는 신념이고, 나아가 이런 특정 상황이 모여 작은 성공 경험들이 축적하게 되면 자기효능감은 더욱 일반화되고 강화된다고 하였다. 그는 자기효능감을 높이는 4가지 방법을 제시하였는데, 이 책에서도 자주 소개되었던 내용이다.

1) 성공 경험 Mastery Experiences

성공 경험은 자기효능감을 높이는 가장 효과적인 방법이다. 실제로 주어진 과제를 성공적으로 수행해 가면서 얻는 성공 경험이 중요하다. 큰 목표를 작게 세분화하여 시작하면서 점진적으로 난이도를 높여가며 성취감을 쌓아간다. 세분화 방법은 시간을 1일 목표, 1주간 목표로 할 수도 있고, 또는 과제별로 세분화하여 차시별, 단원별, 과목별로 세분화하여 실천하는 것이 좋다. 이런 식으로 축적된 작은 성공 경험은 내 생각과 감정을 변화시키고, 어떠한 새로운 과제나 상황이 닥치더라도 과거의 성공 경험에 관한 생각과 느낌을 떠올리면서 적극적으로 도전하게 되는 힘이 된다.

2) 대리 경험 Vicarious Experiences

반두라의 관찰학습, 또는 모델링 학습이다. 자기에게 좋은 영향을 미치는 사람의 성공을 관찰하고 모델링하는 것도 자기효능감을 높이는 방법이다. 부자로 멋지게 성공하고 싶은 당신이 이 책에서처럼 〈포브스〉의 슈퍼리치와 같은 롤모델을 찾아 그들의 성공 전략을 학습하고 대리 경험함으로써 자기효능감을 높이는 것이다.

3) 언어적 설득 Verbal Persuasion

자신에게 중요한 부모님, 선생님, 멘토의 격려와 지지는 자기효 능감 향상에 큰 도움이 된다. 빌 게이츠, 스티브 잡스, 일론 머스 크, 워런 버핏, 손정의, 마윈 등도 학창 시절이나 창업할 때 늘 곁 에서 인정하고 격려해 주고 함께해 주며 긍정적인 피드백을 준 선생님이나 멘토, 파트너가 있었다. 그들이 있었기에 실패해도 쉽 게 좌절하지 않고, 다시 일어나 멋진 부자로 성공할 수 있는 에너 지가 되었다.

4) 생리적, 정서적 상태 Physiological and Emotional States

사람은 신체적, 정서적 상태도 서로 영향을 주고 자기효능감 에도 영향을 미친다. 신체적으로 건강하지 못하거나 정서적으로 불안하다면 자기효능감이 함께 떨어질 수밖에 없다. 그래서 슈퍼 리치들은 건강한 스트레스 관리와 생산적이고 긍정적인 사고방 식을 기르려고 하고, 규칙적인 운동과 명상을 통해 신체적, 정신 적 건강을 유지하려고 시간을 들여 노력하는 것이다. 냉혹한 직 장 생활에 뛰어든 장그래의 이야기를 그린 tvN의 〈미생〉에 "네 가 이루고 싶은 게 있다면 체력을 먼저 길러라."라는 멋진 대사 가 나온다.

"네가 이루고 싶은 게 있다면 체력을 먼저 길러라.
네가 종종 후반에 무너지는 이유,
데미지를 입은 후에 회복이 더딘 이유,
실수한 후에 복구가 더딘 이유,
다 체력의 한계 때문이다.

체력이 약하면, 빨리 편안함을 찾게 되고,
그러면 인내심이 떨어지고,
피로감을 견디지 못하면
승부 따위는 상관없는 지경에 이르지.

이기고 싶다면,
네 고민을 충분히 견뎌줄 몸을 먼저 만들어.
정신력은 체력의 보호 없이는 구호밖에 안 돼!"

③ 제이콥 Jacob의 법칙

☞ 웹과 앱에서 직관적인 인터페이스를 구성하고 사용자의 학습 부담을 줄이면서 효율적인 정보전달과 탐색을 할 수 있게 만드는 제이콥의 법칙을 알기 위해서는 먼저 게스탈트(형태) 심리학을 이해하면 좋다. 게슈탈트 심리학에서 "전체는 구성 요소들의 합 이상이다."라고 강조하였듯이, 사람들은 개별 요소들을 종합하여 전체적으로 의미 있는 형태로 인식하려는 경향이 높다는

것이다. 전광판이나 모니터는 무의미한 하나하나 LED의 0과 1의 조합이지만, 우리가 그것을 전체적인 동영상이나 그림으로 인식하는 것과 같다.

제이콥은 게스탈트 심리학에서의 주요 원리를 웹과 앱에서 사용자 경험인 UX/UI에 적용하였다. 사람들은 무엇보다 아주 혁신적인 디자인과 정보보다는 기존에 익숙한 것이 심리적 편안함과 새로운 것을 학습해야 하는 부담감을 줄인다는 것이다.

1) 근접성의 법칙

사람들은 공간적으로 가까이 있는 요소들을 하나의 그룹으로 인식하려는 경향이 있기에, 관련 요소들을 가까이에 배치하여야 한다.

2) 유사성의 법칙

비슷한 속성(색상, 크기, 모양 등)을 가진 요소들을 그룹으로 인식하는 경향이 높기에, 이를 활용하여 유사한 기능이나 목적을 가진 UI 요소들을 비슷한 스타일로 표현하면 접근성이 더 높아진다.

3) 폐쇄성의 법칙

사람들은 불완전한 형태를 불안해하기 때문에 완전한 형태로 인식하려고 한다. 이러한 경향은 로고 디자인 등에서 자주 활용되며, 사용자의 상상력을 자극하는 데 효과적이다.

4) 연속성의 법칙

연속된 패턴이나 선을 하나의 흐름으로 인식하려는 경향으로, UI 요소들을 일관된 순서와 유사한 색의 레이아웃으로 구성하면 좋다.

5) 공통 영역의 법칙

같은 영역에 있는 요소들을 하나의 그룹으로 인식하려는 경향으로, 관련 있는 UI 요소들을 하나의 영역으로 정리하는 것이 좋다.

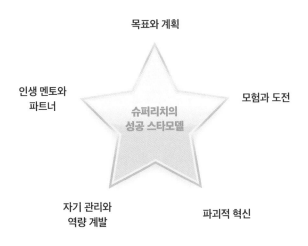

목표와 계획

인생 멘토와
파트너

모험과 도전

슈퍼리치의
성공 스타모델

자기 관리와
역량 계발

파괴적 혁신

지금까지 〈포브스〉가 매년 발표하는 세계적인 슈퍼리치들과 우리나라 슈퍼리치들의 인물과 그 비즈니스 세계를 살펴보았다. 그리고 슈퍼리치 1위를 가장 많이 한 컴퓨터의 황제 빌 게이츠, 상상을 현실로 만드는 일론 머스크, 무조건 최저가 인터넷 서점에서 우주로 향한 제프 베조스, 매일 46억$를 번 투자의 귀재 워런 버핏, 스마트 세상을 개척한 창의적인 완벽주의자 스티브 잡스, 대학 페이스북에서 55억 사용자 메타까지 마크 저커버그, 일본 사장들이 뽑은 닮고 싶은 최고의 사장 손정의, 못난이 흙수저 출신으로 거듭된 실패 끝에 성공한 디지털 혁신가 마윈에 대해 알아보았다.

그들의 어릴 적 가정환경과 초~고등학교의 학창 시절, 대학 시절의 공부와 진로에 대한 고민과 방황, 창업에서 시작하여 오늘날 세계적인 슈퍼리치로 성공하기까지를 탐구하였다. 이들의 성공과 부를 동시에 관통하는 성공 요인은 5가지로 ①목표와 계획, ②모험과 도전, ③파괴적 혁신, ④자기 관리와 역량 계발, ⑤인생 멘토와 파트너였다. 이를 "슈퍼리치의 성공 스타모델"이라고 하였다.

제 3 부

슈퍼리치의
5가지 성공 요인
따라잡기

【1】

목표와 계획

> 슈퍼리치들은 인생의 목표를 일찍 세웠고,
> 목표를 달성하기 위해
> 단계별로 구체적인 계획을 세웠다.

일론 머스크는 치안이 불안한 남아공에서 어린 시절을 보냈고 고등학교 때 친구들에게 학폭도 당했다. 그는 남아공을 떠나 자신의 꿈을 실현할 수 있는 미국으로 가겠다는 목표를 세우고, 구체적인 단계별 계획을 세웠다. 먼저, 캐나다 국적인 어머니의 도움으로 17살에 혼자 남아공을 떠나 캐나다로 갔다. 그러나 캐나다 대학에 입학은 했지만, 돈도 없고 가족도 없었기에 온갖 궂은일을 하며 돈을 벌어야 했다.

다음 단계로 캐나다 대학에서 미국 대학의 편입 조건을 갖추기 위해 학점 관리를 하고 은행 등에서 인턴 생활도 하였다. 그 결과 미국 펜실베이니아대학교 와튼스쿨에 편입할 수 있었다. 1차 목표를 달성한 것이다. 대학에서는 점심시간도 아껴가면서 오로지 전기자동차와 배터리에만 관심을 두고 열정적으로 공부했다. 친구들이 일론 머스크가 보는 책과 리포트는 전기자동차와 배터리뿐이었다고 할 정도였다.

그는 컴퓨터 실력이 있었기에 20대 초반에 '인터넷을 활용하여 무엇을 할 수 있을까?'를 고민하여 인터넷 지도, 인터넷 은행 등을 창업했다. 창업에 성공하고 회사를 매각하여 20대 후반에 이미 억만장자가 되었고 그 돈으로 인생을 편하게 살 수 있었다. 그러나 30대 초반에 대학 때부터 목표를 세우고 공부했던 전기자동차 테슬라에 올인하여 2차 인생 목표를 달성하였다. 그는 10번의 새로운 회사를 창업하였다.

손정의는 어땠는가? 그는 일본에서 차별과 서러움을 당한 재일 한국인 3세로 흙수저 출신이었다. 16살에 쓰러져 가는 집을 뒤로하고 혼자 미국으로 떠났다. 미국에서 먼저 고등학교에 편입하여 3주 만에 고등학교 과정을 마치고 검정고시에 합격했다. 그다음에 홀리 네임즈 칼리지(전문대학) 어학 과정을 수료하고 칼리지에 입학해서 전 과목 A로 졸업하였다. 대학 편입 조건(성적 상위 10% 학생만 편입할 수 있었다.)을 갖춘 것이다.

마지막으로 캘리포니아의 UC버클리대학 경제학부 3학년으로 편입하여 경제학과 컴퓨터공학을 전공하였다. 대학생 때는 돈을 벌기 위해 발명 노트를 매일 5분씩 작성하였고, 발명 노트 중 하나인 전자사전을 개발하여 샤프에 팔면서 떼돈을 벌었다. 19살에 손정의는 '인생 50년 계획'을 10년 단위 계획으로 구분하여 구체화했다.

그는 "미국 유학을 가지 않고 일본에서 학창 시절을 보냈다면 지금의 나는 없었을 것이다."라고 하였다. 일본으로 돌아온 그는 인생

50년 계획을 10년 단위로 성공적으로 성취해 나가면서 일본 최고의 슈퍼리치가 되었다. 그는 "목표와 계획을 세우지 않으면, 당신은 아무것도 할 수 없다."라고 하였다.

2024년 미국과 일본의 최고 슈퍼리치로 선정된 일론 머스크와 손정의는 이런 관점에서 공통점이 있다. 그들은 자기의 인생 목표를 실현하기 위해 10대 후반에 미국 대학으로 진학(편입)하기 위한 단계별 계획을 세웠다. 두 사람 다 집안 배경도, 가진 돈도 없는 흙수저 출신이지만, 혼자서 맨몸으로 미국 대학으로 진학하기 위해 단계적으로 계획을 세워 결국 원하는 대학에 진학하였다. 그들은 미국 대학 시절에 집에서 유학 경비 등 아무런 경제적 도움을 받지 못했다. 든든한 집안 배경도 없고 돈도 없어서 고달팠을 것이고, 아직 어리기에 정신적으로도 외롭고 힘들었을 것이다. 하지만 이를 악물고 미국 대학으로 진출해서 공부할 수 있었던 힘은 인생의 목표와 꿈이 있었기 때문이다. 그들은 혼자 세상의 고난을 이겨낸 강한 정신력과 삶에 대한 독한 태도가 있었기에 슈퍼리치가 될 수 있었다.

워런 버핏의 목표와 계획을 살펴보자. 그는 6살 때부터 할아버지 가게를 보면서 장사로 "돈을 벌어야겠다."라는 목표를 세웠다. 야구장이든 어디든 사람들이 좋아하는 음료수를 싸게 사서 비싸게 팔아 돈을 벌기 시작했다. 또 아버지가 주신 20$로 주식을 시작했고, 인생을 살면서 지금까지 번 돈을 계산해 보면 매일 46억 원을 번 투자의 귀재가 되었다.

중학생 때 워런 버핏은 세계적인 부자가 될 것을 공언하였다. 심지어 30살 때까지 부자가 되지 않으면 오마하의 제일 큰 빌딩에서 뛰어내리겠다고 하였다. 워런 버핏은 엄청난 돈을 벌어들이기만 하는 슈퍼리치가 아니다. 미국 사회에서 '오마하(워런 버핏이 사는 지역 이름)의 현인'이라고 불릴 정도로, 돈을 벌게 한 사회에 다시 환원하는 기부왕이다. 그는 2024년 말에도 11억 5,000만$(한화 약 1조 7천억 원)를 기부했다.

제프 베조스는 고등학교 졸업식 연설에서 "미지의 땅 화성에서 만납시다."라고 외칠 만큼 우주로 향한 인생 목표가 있었다. 30대 초반에 잘 나가던 헤지펀드 부사장이었던 제프 베조스는 인터넷이 고속 성장할 것이라는 사실을 믿고 인터넷을 활용한 전자상거래 아마존으로 슈퍼리치가 되었다. 지금은 그가 고등학생 때 세운 인생 목표인 화성으로 가기 위해 창업한 우주 로켓 회사 블루 오리진에서 2023년부터 우주선을 쏘아 올리기 시작했다.

이렇게 슈퍼리치들은 일찍이 인생을 어떻게 살아가야 할지에 대한 목표를 세웠고, 목표를 달성하기 위한 단계별 계획을 세웠다. 그 계획을 한 단계씩 성취해 가면서 성공하였다. 이렇게 작은 성공 경험들이 축적되어 오늘날 세계적 슈퍼리치라는 성공과 부를 동시에 이루었다.

한편, 저자는 목표와 관련하여 "미국은 우리나라와 관점이 다르구나."를 경험한 적이 있다. 스프링어 국제 교육학 핸드북 Springer International Handbook of Education에 편저자로 참여하면서 연구책임자와 인터뷰를 한 적이 있었다. 그가 이력을 설명해 달라고 하길래 우리나라 이력서 양식대로 학력과 경력에 관해 이야기했다.

그랬더니 그런 학력, 경력이 아니라 "당신의 인생 목표가 무엇인가? 그리고 그 목표를 달성하기 위해 어떤 계획을 세웠고, 어떤 커리어를 쌓아 왔는가?"를 설명해 달라는 것이었다. 이력에 대한 관점이 다르다는 것을 알게 되었다. 그만큼 목표와 그 목표 달성을 위한 단계별 계획과, 목표 달성을 위한 커리어를 쌓아 나가는 것이 중요하다는 점이다.

인생을 살면서 생각지도 않았던 크고 작은 어려움이 닥칠 때마다 우리를 본질에서 벗어나지 않고 흔들림 없이 나아가게 만드는 힘이 '목표'다. 여기서 자기 능력과 현실을 잘 인식하고, 구체적이고 현실적으로 달성할 수 있는 목표인지를 한번 체크해 볼 필요가 있다. 지금 여러분 앞에 새하얀 종이를 놓고, 내 인생의 목표와 그 목표를 달성하기 위한 구체적인 단계별 계획과 커리어를 한 번 그려보는 것도 좋다.

심리학자들이 정상적인 심리 상태인지를 확인하는 방법의 하나가 '현실 검증력'을 보는 것이다. 지금이 언제이며, 여기가 어디며, 내가 누구이며, 옆에 있는 사람이 누군지, 나는 어떤 상황에 있는지 등에 대한 현실을 제대로 인식하는 능력이 현실 검증력이다. 현실 검증력이 높은 사람이 정상적인 사람이다.

3장에서 살펴본 한국 슈퍼리치들의 아침 루틴은 뉴스 보고 이슈 챙기기와 하루 계획(스케줄링)을 세우는 것이 필수였다. 우리도 하루의 계획을 정리하는 것을 습관적인 루틴으로 해야 한다. 계획을 세워야 성취감 높은 충실한 하루를 살고 실수도 줄일 수 있기 때문이다.

계획을 세울 때는 머릿속으로만 막연히 생각하는 것보다는 컴퓨터나 노트에 기록해야 한다. 머릿속에서 떠도는 아이디어를 논리적인 형식으로 하나씩 기록하다 보면 더욱 완성도 높은 아이디어로 정리가 될 수 있기 때문이다. 그리고 체크리스트나 투두리스트 To do list 등의 앱을 활용하여 작성하는 것도 좋다.

이때 공과 사의 영역을 구분하여 공적인 영역에서는 "10:30 부장님께 1/4분기 마케팅 현황 보고(보고 전 데이터 최신화 확인)", "17:00 OO기획서 초안 작성 완료(해외 시장 부분은 챗GPT 활용)" 등과 같이 구체적인 일시와 행동적인 진술(회의 참여, 이사님 보고, 기획서 완료 등) 방식으로 작성하는 것이 좋다. 사적인 부분에서도 "11:00 OO은행 주택담보 대출 확인", "15:30 아이 학원비 입금",

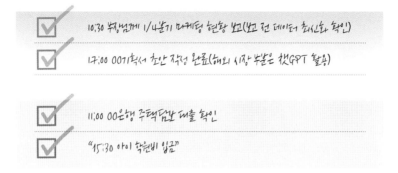

☑ 10:30 부장님께 1/4분기 마케팅 현황 보고(보고 전 데이터 최신화 확인)

☑ 17:00 00기획서 초안 작성 완료(해외 시장 부분은 챗GPT 활용)

☑ 11:00 00은행 주택담보 대출 확인

☑ "15:30 아이 학원비 입금"

"17:30 000와 통화하기" 등으로 기록하는 것이 좋다.

이렇게 기록하는 것이 중요한 이유는 그냥 머릿속에 "○○을 해야지"라고 막연히 담아두고 "뭔가 할 일이 있었는데…"라고 밀린 숙제와 같은 인지적 부담을 줄일 수 있기 때문이다. 그리고 기록을 한번 했다는 것만으로도 그 자체가 미래 기억으로 작용하여 설사 기록을 다시 보지 않더라도 그 시간에 일을 기억할 수 있게 만든다.

마지막으로 하루를 마무리하는 시간에는 오늘 하루의 체크리스트를 보면서 완료된 일(○), 진행 중인 일(△), 못한 일(×)을 구분하는 것이 좋다. 하나하나 체크를 하다 보면 오늘을 어떻게 지냈는지를 알 수 있고, 완성된 일에 대하여 작은 성취감을 느끼게 된다. 특히, 사소한 일이지만 놓치기 쉬운 일에 대해 실수를 줄이게 되는 하루의 체크리스트법은 여러 가지로 좋은 효과가 있다. 기록은 기억을 지배하기 때문이다.

나는 지금 나의 인생 목표와 그 목표를 달성하기 위해 어떤 구체적인 단계별 계획을 세워두고 있는가? 진정으로 소망하는 인생 목표와 꿈이 있다면, 이를 성취하기 위해 구체적인 계획을 세워야 한다. 실력과 스펙을 갖추는 것도 중요하지만, 무엇보다 주변 상황에 쉽게 흔들리거나 포기하지 않는 강한 정신력과 체력, 끝까지 하고야 말겠다는 독한 태도를 갖추는 것도 중요하다.

【 2 】

모험과 도전

> 슈퍼리치들은 안정된 기존 질서에서 벗어나
> 끊임없이 모험하며 도전했고,
> 죽을 고비를 넘기는 실패를 이겨내면서
> 결국 새로운 질서를 창출하고 부의 주도권을 쥐었다.

테슬라의 일론 머스크, 애플의 스티브 잡스, 알리바바의 마윈 공통점은 무엇이라고 생각하는가? 그들 모두 자기가 창업한 회사 CEO 자리에서 쫓겨났다는 점이다. 이후에 그들은 기술력도 중요하지만, 사업상 자기 자본과 지분이 얼마나 중요한지를 깨달았다.

일론 머스크도 대학 졸업반 시절에 모두가 하는 그런 고민을 했다. 안정된 생활의 취업을 할 것인가? 실패할지 모르는 창업을 할 것인가? 그래서 '1$ 프로젝트(한 달 동안 1일 1$로 살아보기)'를 체험한 후에 비록 사업에 실패하더라도 컴퓨터와 하루 1$만 있으면 충분히 살 수 있다고 판단하고 창업에 도전했다.

그는 2000년에 자기가 창업한 인터넷 은행 X.com(지금의 페이팔)의 CEO에서 쫓겨났다. 그것도 이사들이 그가 신혼여행 가는 비행기에 있는 틈을 이용해 이사회를 개최하여 대표이사의 해임을 통보했다. 게다가 해임당한 것도 억울한데, 신혼여행지에서 말라리아에 걸려 6개월 동안 죽을 고비도 넘겼다.

그렇게 젊은 시절 처절한 실패를 겪고 죽을 고비를 넘겼던 일론 머스크는 전기자동차, 휴머노이드 로봇 옵티머스, 우주선 스페이스X, 뉴럴링크, 스타링크, 보링 등 지금까지 없었던 새로운 질서의 비즈니스와 시장을 창출하면서 2024년 세계 1위의 슈퍼리치가 되었다.

아마존의 제프 베조스는 대학을 졸업할 때 대기업들의 스카우트 제안을 모두 거절하고, 자신의 능력을 키워 줄 스타트업에 취직하였다. 그리고 30살에 헤지펀드사의 부사장까지 초고속 최연소 승진을 하였다. 이런 그가 1990년대에 광풍처럼 불어온 인터넷이 급성장할 거라는 한 줄의 기사에 과감히 사표를 던졌다. 고연봉이 보장된 안정된 기존 질서에서 과감히 탈피한 것이다. 그는 인터넷을 활용하여 전자상거래라는 새로운 시장 질서를 창출하였다.

손정의는 무일푼으로 16살에 미국으로 건너왔다. 그는 대학생 때 다국어 전자사전을 개발해 샤프에 매각한 돈(170만$)으로 이미 부자가 되었다. 일본으로 귀국한 후에, 미국이 이미 소프트웨어를 잘 개발하므로 개발보다는 그것을 유통하는 소프트뱅크를 창업하였다. 그러나 창업 초반에 무리한 탓으로 중병이 들어 시한부 인생 판정을 받았다. 그가 병원에서 치료받았던 3년 반 동안 직원들은 떠나고, 100억 엔의 부채만 남았다.

하지만 죽을 고비를 넘긴 그는 소프트뱅크를 다시 일으켜 세웠다. 마침, 세계적으로 불고 있는 인터넷과 소프트웨어 열풍, 그리고 마이크로소프트, 애플과 일본 내 독점 계약 체결에 성공하면서 오늘의 소프트뱅크가 된 것이다. 이후에 미래 성장 가능성이 높은 인공지능 분야에 투자하면서 오늘날 일본 최고의 슈퍼리치가 되었다.

중국의 흙수저 출신 마윈은 더 말할 것도 없었다. 30대 초반까지 공부와 취업은 물론 아르바이트에서도 실패를 거듭했다. 그런 그가 30대 초반에 미국에서 처음으로 인터넷을 알게 된 후에 중국 최초로 전자상거래 알리바바를 창업했을 때만 해도, 열악한 중국 사회의 인터넷 인프라, 사람들의 현금 중시로 전자상거래 시장은 출발조차 어려웠다. 그러나 마윈은 미국으로 건너가 끈질기게 투자유치 설명회를 하였다.

한편, 투자에 냉철하기로 소문난 손정의가 마윈의 열정과 비전을 믿고 6분 만에 투자를 결정했다. 이를 발판으로 마윈은 중국에서 새로운 전자상거래 질서를 창출하기 위해 미친 듯이 뛰어다녔고, 열정을 다해 사람들에게 설명했다. 그의 미친 열정이 오늘의 알리바바를 성공시킨 것이다.

그들도 실패했을 때 다른 사람들과 마찬가지로 나를 알아주지 않는다고 세상을 원망하며, 좌절하고 포기하고 싶었을 것이다. 세계적인 슈퍼리치 1위를 제일 많이 한 빌 게이츠도 고난이 닥쳤을 때마다 "아무도 하지 않았던 비즈니스를 한다는 것은 위험하며, 다른 사람이나 회사의 질투와 시기에 휩싸이고, 좌절하거나 다 포기하고 싶은 마음이 든다."라고 하였다.

어떤 슈퍼리치들은 20대에 이미 엄청난 돈을 벌었었기에 더 이상 고통을 겪지 않고 그냥 안주하면서 번 돈으로 인생을 편안하게 살고 싶었을 것이다. 일반적으로 사람들은 실패하게 되면 심리적으로 한순간에 무너진다. 한 걸음 물러나 감정을 가라앉히고 객관적으로 상황을 인식하면서 실패 원인을 차분히 생각해 보기는 더 더욱 쉽지 않다. 먼저, 나 자신보다는 세상과 타인에 대해 분노하게 된다. 그 분노는 점점 증폭되고 조절이 되지 않아 양극단의 감정으로 행동하게 된다.

다음 단계는 시간이 지나 분노도 약해지게 된다. 그냥 주저앉아 자포자기해 버리거나, 애써 잊고 현실에서 회피하며 다른 선택지(심한 경우, 자살)를 선택하기도 한다. 때로는 현실을 아예 무시하거나 생각하지도 않으려고 애써 억압하려고 한다. 이 또한 실패와 불안에 대응하는 자신의 방어기제 중에 하나다(방어기제에 대해서는 스티브 잡스 편을 참조).

그러나 슈퍼리치들의 방어기제나 회복탄력성은 남달랐다. 손정의가 창업 초기에 시한부 인생으로 병상에 드러눕자, 직원들은 그의 곁을 떠났다. 하지만 독한 그는 다시 책(료마가 간다, 손자병법)을 읽으며 힘든 마음을 다스리고 고독한 결심을 했을 것이다. 내가 만약 손정의처럼 시한부 인생 판정을 받는다면, 어떤 결심을 하고 행동했을까를 생각해 본다.

또한 자기가 창업한 회사의 CEO에서 쫓겨난 스티브 잡스, 일론 머스크, 마윈도 실패를 딛고 다시 일어났기에 슈퍼리치로 부와 성공을 이루어낸 것이다. 그들은 실패에서 교훈을 얻었으며, 다시 일어나 주 100시간을 일하는 워커홀릭으로 더 치열한 인생을 살았다.

심리학에서는 불안한 상태를 안정된 상태로 바꾸려는 방어기제 중에서 성숙하고 성공한 사람들이 주로 하는 것을 '승화'라고 말한다. '승화'는 자신의 에너지를 사회에서 인정받는 쪽으로 쏟아붓는 방어기제다. 미성숙한 사람일수록 모든 잘못과 실패를 타인에게 돌리는 '투사'를 하거나, 애써 실패를 무시하고 억압하려고 한다.

빌 게이츠는 복잡하고 혼돈한 상황일수록 애써 감정을 배제하려고 노력했다고 한다. 일부러 한 걸음 물러나 상황을 객관적으로 그리고 최대한 심플하게 시각화하면 문제 해결법이 보인다고 했다. 그가 활용하는 시각화의 방법 하나는 막연히 여기저기 떠오르는 생각을 어떤 기준을 잡아서 문제해결 지도로 그려나가는 '마인드맵' 기법을 활용하는 것이다.

한편, 30살에 연봉 100만$를 받던 제프 베조스처럼 고연봉과 사회경제적 지위가 안정적으로 보장된 기존 질서를 과감히 벗어던지기란 쉽지 않은 선택이다. 미국 최고의 명문대학 하버드를 다니던 빌 게이츠나 마크 저커버그도 보장된 성공의 길을 박차고 자퇴를 하였다. 심지어 빌 게이츠의 부모님은 그가 바로 실패하고 하버드로 돌아올 줄 알았다.

보장된 기존 질서를 박차고 나가기란 모험이자 도전이다. 그러나 그들은 박차고 나와 새로운 질서를 창출했다. 기존 비즈니스의 질서를 뒤집는 혁신적인 아이디어를 사업화하여 세상의 많은 사람들에게 없어서는 안 될 필수적인 사업, 제품, 서비스 플랫폼을 만들어 냈다. 그리고 성공은 돈으로 직결되었다.

【 3 】

파괴적 혁신

> 슈퍼리치들은 '앙트레프레너'로
> 창의적인 혁신을 통해
> 부를 창출하였다.

케인스와 함께 20세기의 대표 경제학자로 평가받는 이론경제학자 슘페터는 앙트레프레너를 "기술혁신을 통해 창조적 파괴에 앞장서고 혁신을 추구하는 사람"이라고 하였다. 현대 경영학의 창시자라고 하는 피터 드러커도 "변화를 탐구하고 위험을 감수하며 새로운 기회를 포착하여 사업화하려는 모험과 도전 정신이 강한 사람"이라고 정의하였다.

대항해 시대를 거쳐 산업혁명과 과학혁명으로 인류의 문명을 진화시킨 앙트레프레너들은 기존의 질서를 파괴하고, 새롭고 가치 있는 것을 추구한 창의적 혁신가들이다. 여기서 혁명이란 정치적 용어로 기존의 체제를 전복시켜 새로운 체제를 만드는 것을 의미한다.

1990년대 세상의 정보를 연결하는 인터넷은 새로운 비즈니스와 부를 창출하는 원석의 수준이었다. 아마존의 제프 베조스, 테슬라의 일론 머스크, 알리바바의 마윈 등은 새롭게 등장한 인터넷이란 원석을 어떻게 사업화하여 다이아몬드로 바꿀 것인가를 고민하였다. 인터넷을 활용하여 30대의 제프 베조스는 미국에서, 마윈은 중국에서 전자상거래라는 새로운 비즈니스를 창출했다. 무일푼이었던 일론 머스크는 20대에 인터넷으로 지도(Zip2) 사업을 창업하였고, 이어서 인터넷 은행(X.com)을 창업하여 슈퍼리치가 되었다.

3차 산업혁명의 시대에 인터넷으로 새로운 비즈니스와 부를 창출했다. 이를 지금의 인공지능 시대에 대입해 보면, 미래의 비즈니스 패러다임의 변화와 부를 충분히 예측할 수 있을 것이다.

인공지능은 지난 70년간 발전해 오면서 2차례의 겨울과, 모라벡의 역설(사람에게 쉬운 것은 인공지능에게 어렵고, 인공지능에게 쉬운 것은 사람에게는 어렵다) 등을 겪으면서 어렵게 발전해 왔다. 그러다가 2000년 이후에 컴퓨터 성능이 더욱 고도화되고, 논리적인 숫자와 기호로 축적된 데이터들이 빅데이터로 활용되면서 인공지능은 급격하게 발달하였다. 2022년 말 오픈 AI의 생성형 인공지능 chat-GPT의 등장은 인공지능 시장의 판도를 완전히 바꿔버렸다.

AI의 발달은 미래 직업의 변화를 불러왔다. 2016년 제4차 산업혁명의 시대를 선언한 세계경제포럼의 〈직업의 미래〉에서는 우리가 그토록 선호했던 고연봉직의 화이트칼라 사무직과 전문직이 인공지능으로 대체될 것이라고 지적하였다. 2024년 말에 골드만삭스는 "전 세계 기업이 AI를 도입하게 되면 향후 10년간 글로벌 GDP

는 7조$ 이상 증가할 것이다."라고 예측하였다.

현재 인공지능 시장은 매일 새로운 기술들이 쏟아져 나오고 순환 주기가 매우 빠른 뜨거운 시장이다. 기술의 순환 주기가 빠르다는 것은 기존에 관료화한 대기업보다는 기술력과 빅데이터를 갖춘 작은 전문기업이 성공할 기회로 작용할 수 있다.

지금까지의 인공지능은 일반적인 분야(AGI, Artificial General Intelligence) 중심으로 개발되었다. 그러나 최근에는 점점 전문 분야로 특화되어 세무, 회계, 의료, 법률, 연구 등 AI+X(어느 특정 전문 분야)로 발전하고 있다. 특히 국제적으로 통일된 수치와 기호, 논리적인 빅데이터가 축적해 있는 분야인 핀테크, 의료, 생명과학 등의 분야에서 더 빠른 속도로 발전하고 있다. 이와 같이 닥쳐온 인공지능 시대에 우리는 자기 전문 분야에서 AI를 활용하여 무엇을 준비해야 할 것인가를 생각해야 한다. 우리가 현재 인터넷과 스마트폰을 통해 세상의 많은 일을 하고 있듯이, 꼭 AI 개발자가 아니더라도 날로 발전하고 있는 AI를 자신의 분야에서 활용하는 능력을 키워야 한다.

예를 들어, 챗GPT로 기획 아이디어를 생성하거나 발전시키고, Perplexity로 온라인 리서치를 하면서 다양한 자료를 수집하여 생성하거나 정리하면 좋다. 또 Lilys로 관련된 유튜브의 영상을 한눈에 정리하여 자료를 더욱 풍부하게 만들며, Notion을 통해 수집된 각종 자료를 정리하고 문서를 작성하여 데이터베이스를 구축한다. 수집하고 정리된 데이터를 Gamma를 통해 PPT로 생성하고 시각화된 자료를 만들어서 발표하면, 벌써 5명의 아주 똑똑한 AI 보좌진과 함께 실시간으로 작업을 효율적으로 할 수 있게 된다.

스티브 잡스는 기술혁신을 바탕으로 2007년 세상의 모든 것을 초연결, 초융합시킨 i3혁명(i-pod, i-phone, i-pad)을 일으켜 기존 세상의 패러다임을 스마트 세상으로 바꾼 앙트레프레너다. 미국 혁신의 아이콘인 스티브 잡스는 세상을 떠났지만, 그의 "항상 갈망하고, 항상 추구하라 Stay hungry, stay foolish"는 오늘의 나를 깨우고 앞으로 나아가게 하는 강한 메시지다.

기술혁신 분야뿐 아니라 주식 투자 분야에도 새로운 혁신이 일어났다. 미국의 주식시장은 워런 버핏이 나타나기 전과 후로 나눌 수 있다고도 할 수 있다. 그가 나타나기 전의 주식시장은 단타와 데이 트레이딩이 난무하던 시대였다. 그러다가 1980년대 이후 장기적인 가치투자를 추구하는 '워런 버핏식 주식 따라 하기'는 미국 주식시장뿐 아니라 공무원과 소방관 등 많은 직능단체가 운용하는 연금시장을 움직였다. 미국의 많은 연금 운용 기관들이 연간 평균 약 10% 정도 꾸준히 오르는 S&P500지수 추종 ETF에 투자하고 있는 이유는 무엇일까? 사람들은 지금도 워런 버핏의 주식시장에 대한 통찰력과 예측력을 믿기 때문이다.

30~40년 전만 해도 구글, 마이크로소프트, 애플, 페이스북, 엔비디아, 테슬라, 아마존, 알리바바가 지금처럼 빅테크 회사가 될지 누가 예측할 수 있었을까? 이런 빅테크 회사를 창업한 앙트레프레너인 창업주가 막대한 부를 거머쥐게 될 줄 누가 예측이나 할 수 있었을까? 향후 10~20년 뒤에는 또 어떤 새로운 앙트레프레너가 나타나 미래의 부를 거머쥘 것인가?

인공지능 비서들과 함께 작업하는 이미지,
출처: DALL-E3로 생성한 이미지

【 4 】

자기 관리와 역량 계발

> 세상에 저절로 주어지는 기회와 부는 없다.
> 슈퍼리치들은 철저한 자기 관리와
> 역량 계발에 힘썼다.

세상에 공짜는 없다. 목표를 달성하려면 그만큼의 대가를 지불해야 한다. 탄탄한 몸과 건강을 유지하기 위해 시간을 투자한 꾸준한 운동과 다이어트가 중요하다는 것은 다 아는 상식이다. 그러나 사람들은 그에 상응하는 대가를 지불하려는 노력을 하지 않는다. 흔한 핑계로 "맛있게 먹으면 0칼로리", "다이어트는 내일부터…", 1년 치 헬스장을 끊어 놓고 1주일을 지속하지 못한다. 내일부터 운동하고 다이어트를 한다면서 지금 소파에서 야식으로 배달 음식을 시켜 먹는다. 사람들은 정당한 대가를 지불하지도 않으면서 탄탄하고 건강한 몸을 원한다. 그건 도둑

놈 심보다.

세상에 저절로 주어지는 기회와 부는 없다. 슈퍼리치들은 철저한 자기 관리와 성공에 필요한 역량 계발에 많은 시간과 노력을 치열하게 쏟아부었다. 운동을 열심히 해서 신체에 근육과 운동역량을 키우듯, 슈퍼리치들은 쉽게 흔들리거나 쓰러지지 않는 강한 마음 근력을 키우고, 하고 싶은 목표를 달성하기 위해서 실력을 키웠다.

장기 저평가된 가치주에 투자해 많은 돈을 번 워런 버핏은 2024년도에 뱅크오브아메리카와 애플 주식을 매도한 후에 최대 규모의 현금 유동성을 확보했다. 그가 최대 규모의 현금을 확보한다는 소식에 사람들은 의견이 분분했다. 미국 주식이 기대 이상으로 폭등했기 때문에 곧 폭락할 거라는 견해와, 트럼프 정권에서 중시하는 가상화폐와 AI 관련주로 갈아타야 한다는 견해 등으로 술렁댔다. 이처럼 워런 버핏의 주식 행보는 미국뿐 아니라 세계적인 주식시장에 막강한 영향을 미치고 있다.

그는 6살 때부터 돈을 벌기 위해 사람들이 몰리는 곳에서 장사를 시작했다. 어릴 때부터 야구 경기뿐 아니라 주식 현황까지 숫자와 관련된 것이라면 모조리 외웠다. 어린 그는 도서관에서 《1,000$를 버는 1,000가지 방법》등 주식 관련 책을 몇 번이고 완독했고, 심지어 중학교 때 그 책을 다시 읽고 세계적인 부자가 될 구체적인 목표를 세웠다. 어릴 때부터 돈에 관한 독서 습관은 94세가 된 지금도 지속하고 있다. 그가 젊은 날 잠시 월스트리트에서 주식 중개인을 하다가 그만두고 고향 오마하에서 다시 주식을 시작한 이유는 뉴욕에 떠도는 온갖 찌라시가 싫어서였다. 그는 "남을 위해 일하는 지금의 삶은 내가 원하는 삶이 아니다."라고 생각했고, 자신의 투자법으로 결국 성공했다.

지금도 온갖 뉴스와 SNS, 유튜브 등에서는 다양한 주식 투자법과 가상화폐로 성공한 이야기로 넘쳐 난다. 물론 정해진 파이 싸움에서 성공한 사람도 있겠지만, 그 성공의 반대급부로 실패한 사람이 더 많을 텐데 실패한 사람은 아무런 이야기도 하지 못한다. 난무하는 정보의 홍수 속에서 워런 버핏처럼 자신만의 정보력과 통찰력을 소신 있게 갖추어야만 가짜 뉴스에 휘말리지 않고 투자에서 성공할 수 있다. 그가 지금도 매일 5시간 이상 책과 신문을 보고 정보력을 키우고 있다는 점을 기억해야 한다.

빌 게이츠의 부도 저절로 이루어진 것이 아니다. 먼저, 지적 호기심을 채우기 위한 독서가 부자로 성공하는 데 큰 원천이 되었다. 7살 때부터 세상의 지식이 담긴 백과사전을 A~Z까지 다 외울 정도로 책을 봤다. 어릴 적부터 온종일 방문을 잠그고 어머니가 사주신 과학책과 위인전을 비롯해 다양한 책들을 읽곤 하였다. 부모님도 주말에만 TV를 볼 정도로 집안에 책을 맘껏 읽을 수 있는 환경을 만들어주었다.

지금도 그는 "나의 휴식과 도피처는 독서와 지식 공간"이라고 할 정도로 1년에 1주일 이상 몇 차례의 '생각 주간'을 갖는 것으로 유명하다. "하버드대학교 졸업장보다 더 소중한 것은 독서하는 습관이다. 오늘의 나를 있게 한 것은 우리 마을 도서관이었다."라고 하였다.

다음으로, 빌 게이츠를 슈퍼리치로 만든 힘은 끝까지 물고 늘어져서 결국 해내고야 마는 치열한 과제집착력이다. 중학교 때 학교에서 처음 본 컴퓨터에 빠져들어 친구들과 함께 워싱턴대학의 컴퓨터공학과 실험실에 몰래 숨어 들어가 밤을 새웠다. 또 콤팩 회사에 몰래 들어가 쓰레기통까지 뒤져가면서 소스 코드를 찾아낼 정도로 컴퓨터가 너무 좋아서 미칠 정도로 독학했던 빌 게이츠였다.

마이크로소프트 창업자인 빌 게이츠와 폴 앨런은 대학생 때 운영프로그램을 짜기 위해 매일 밤샘했고, 그냥 책상이나 바닥에 엎드려 잠들기 일쑤였다. 어떤 날은 하루 종일 아무도 만나지도, 먹지도 않고 작업에만 몰두하여 결국 5주 만에 프로그램을 완성하고야 말았다. 창업 후 7년간 주말도 휴가도 없이 일했던 그에게 부인이 이혼을 요구할 정도였다. 이렇게 성공한 슈퍼리치의 독한 태도를 '과제집착력'이라고 부른다.

미국 트럼프 2기 정권에서 막강한 영향력을 떨치는 일론 머스크도 마찬가지였다. 그는 지금도 주말도 휴가도 없이 주 100시간 이상을 일하는 워커홀릭이다(우리나라 근로기준법상 주당 근무시간은 40시간이다). 물론 이런 배경에는 20대 후반에 자신이 창업하고 동업한 회사 CEO에서 해고당하기도 하고, 신혼여행지에서 말라리아에 걸려 6개월간 20kg이 빠지면서 치료를 받았던 트라우마가 있었다. 휴가만 가면 해고나 중병 등의 나쁜 일이 생기는 징크스가 있어서 일에 더 매진한다고 밝혔다.

그는 남아공에서 어린 시절과 학창 시절을 보내며 친구들과 놀기보다는(왕따와 학폭을 당했다) 혼자 도서관과 서점에서 하루 10시간 이상 과학과 철학책을 읽으며 시간을 보냈다. 그는 이런 불운한 어린 시절에 대해 "나를 키운 것은 시련이었다. 시련을 이기고 견딜 수 있는 고통의 한계점이 높아질 수밖에 없었다."라고 말했다. 12살 때 독학으로 파스칼과 C++ 언어를 공부해서 게임을 개발하고 게임 소스 코드를 판매할 정도로 컴퓨터 실력을 키웠다.

2023년 슈퍼리치 1위였던 아마존의 제프 베조스도 마찬가지였다. 미혼모인 어머니와 쿠바 난민 출신인 양아버지는 가난했기에 책 사줄 돈이 없었다. 그래서 제프는 늘 책이 가득 찬 도서관에서 과학과 공상과학소설, 컴퓨터, 문학소설 등 다양한 책을 읽었다. 그의 아마존 경영방식은 책의 영향을 많이 받았다고 말했다.

마크 저커버그도 다르지 않았다. 어릴 적부터 스스로 질문하고 답하는 유대인의 전통적인 하브루타 교육을 받았다. 프랑스어 등 7개국 언어를 구사하였고(최근에는 중국어 공부 중), 고등학교 때는 서양 고전학 과목에서 우등할 정도로 인문학에 관한 관심이 높았다. 게다가 초등학교 6학년 때부터 컴퓨터 코딩을 공부했고 전문 과외선생님이 더 이상 가르쳐줄 게 없다 하여 대학에서 청강할 정도로 열정적으로 실력을 쌓았다. 13살 때부터 SW 개발을 시작해서 고등학생 때 시냅스 미디어 플레이어를 개발해 무료로 시장에 배포해 버린 실력자였다(당시 마이크로소프트가 100만$로 인수를 제안했으나 거절했다).

세계적인 빅테크 회사를 창업하고 성공시켜서 막강한 부를 거머쥐고 있는 애플의 스티브 잡스, 마이크로소프트의 빌 게이츠, 아마존의 제프 베조스, 메타의 마크 저커버그, 소프트뱅크의 손정, 알리바바의 마윈 등을 살펴보면 우리에게 시사하는 두 가지 중요한 인사이트가 있다.

첫 번째 인사이트는, 그들은 어린 학창 시절부터 '컴퓨터'에 미친 듯이 빠져들어 실력을 쌓았다는 점이다. 그 당시 컴퓨터는 학교의 정규 교과목도 아니었고 세상에 나온 지 얼마 되지 않았다. 게다가 누가 컴퓨터를 공부하라고 강요하지도 않았지만, 그들은 그저 새로운 것을 아는 것이 즐거운 지적 호기심으로 도서관과 서점에서, 심지어 대학 컴퓨터실에 몰래 들어가 밤을 새웠다. 그들이 그렇게 새로운 컴퓨터 세상에 빠져 미친 열정으로 실력을 쌓은 것이 나중에 스마트 세상에서 새로운 질서의 창출자이자 권력자가 되는데 필수 '도구'가 되었다.

두 번째 인사이트는, 이들은 창의융합형 인물이라는 점이다. 여기서 '창의융합'이란 창의력과 융합력을 합친 용어다. 2016년 4차 산업혁명을 선언한 세계경제포럼 회장 클라우스 슈밥은 4차 산업혁명 시대에 인공지능과 로봇 등의 기술이 아무리 발전하더라도 결국 가장 중요한 생산 요소는 자본이 아닌 인재가 될 것이라고 했다. 그리고 인재가 갖추어야 할 혁신적인 역량이 바로 창의력과 융합력이라는 것이다. 슈퍼리치들은 새롭고 가치 있는 아이디어를 만드는 창의력과 서로 녹이고 합치는 융합력을 갖추었다.

그들은 영재가 갖는 특성 중의 하나인 세상에 대한 관심이 많았다. 그래서 어릴 적부터 다양한 분야의 책을 읽고 독학하면서 열정적으로 공부를 하였다. 인문 사회 분야뿐 아니라 과학기술 분야 등 다양한 분야에 걸쳐 책을 읽었다. 과거에는 자신의 전문 분야 한 곳만을 파는 'I형 인재'가 스페셜리스트로 인정받았다. 그 시절에는 학교에서 자기 분야만 잘 공부해 두면 그걸로 평생 잘 지낼 수 있었다.

그러나 세상이 달라졌다. 세상은 'T형 인재'를 더욱 요구하고 있다. 'T형 인재'란 자기 분야뿐 아니라 다른 분야의 지식과 맥락을 융합하고 창의적인 아이디어를 창출하는 인재다. 학문 영재인 과학 분야 노벨상 수상자만 봐도 'T형 영재'들이다. 2000년도 이후에 노벨상 수상자 중에서 단독 연구로 노벨상을 받은 사람은 단 2명에 불과하다. 수상자 대부분은 자기만의 분야가 아닌 화학과 생물학, 물리학과 생물학 등을 융합하면서 세상의 난제를 해결하고 인류 문명을 진보시켰기에 그 공로를 인정받아 노벨상을 받았다. 예를 들면, 2020년 노벨 화학상을 받은 크리스퍼 유전자 가위를 이용한 난치병 치료제가 2024년에 처음으로 영국에서 승인받았다.

슈퍼리치들도 마찬가지다. 그들의 대학 전공만 살펴봐도 알 수 있다. 그들의 대학 전공은 현재 비즈니스 분야와 크게 연관성이 없는 듯 보이지만, 대학 시절 전공 분야에서 공부했던 것들이 나중에

워런 버핏, 경영학

스티브 잡스, 철학

마윈, 영어교육

빌 게이츠, 법학·수학

제프 베조스, 물리학·컴퓨터공학

일론 머스크, 물리학·경제학

손정의, 경제학·컴퓨터공학

마크 저커버그, 심리학·컴퓨터공학

창업한 다른 분야의 비즈니스에 고스란히 녹아 들어갔음을 알 수 있다.

스티브 잡스의 철학 전공과 서체 수업은 애플의 혁신적인 트루 타입에 반영되었다. 마윈의 영어교육 전공은 이후에 미국에서 인터넷에 눈뜨게 하였고, 중국 최초의 전자상거래 알리바바를 창업하여 중국인으로서는 최초로 〈포브스〉의 슈퍼리치로 선정돼 표지를 장식하였다. 전자상거래 아마존의 제프 베조스의 물리학은 우주로 향한 꿈을, 그리고 컴퓨터공학은 전자상거래 아마존을 창업하는 데 큰 힘이 되었다.

일론 머스크의 물리학 전공은 테슬라의 배터리와 전기자동차, 스페이스X의 우주 로켓을 성공적으로 쏘아 올리는 전공 지식이 되었다. 손정의의 컴퓨터공학과 경제학 전공은 전자사전 등 SW 개발뿐 아니라 이를 유통하는 소프트뱅크를 창업하여 마이크로소프트와 애플의 일본 독점권을 따내는 실력으로 작용하였다.

55억의 사용자를 보유한 메타의 마크 저커버그는 하버드 전공이 심리학과 컴퓨터공학이었다. 심리학은 인간을 이해하고 탐구하는 학문이다. 그는 "사람들이 의외로 가장 흥미를 갖는 것은 다른 사람에 관한 관심이다. 심리학과 컴퓨터 공학의 두 학문은 서로 연결되어 있으며, 컴퓨터는 세상에 무언가를 만드는 도구다."라고 하였다.

이처럼, 슈퍼리치 대부분은 어릴 때부터 과학 분야(SF 포함)뿐 아니라, 언어, 고전, 경제(주식 포함), 경영, 백과사전 등의 인문 사회 분야 책을 도서관이나 서점 등에서 많은 시간을 들여 읽었다. 게다가 그들은 10대 때부터 세상에 처음 나온 컴퓨터에 미친 듯이 빠져들어 독학하면서 실력을 키웠다. 인문 사회와 자연과학을 넘나드는 독서력, 컴퓨터 실력, 대학 전공까지 그들이 창업한 비즈니스에 고스란히 녹아들어 합쳐졌다. 자연스럽게 융합력이 키워졌고, 나아가 자기만의 창의적인 아이디어로 사업화에 성공하였다.

그들이 창의융합력을 키워 성공하였듯이, 우리가 살아오면서 다양하게 경험하고 학습한 모든 것(아르바이트까지 포함)들이 좋든 싫든 지금의 나를 만드는 원천이자 실력이다. 세상을 탓하고 남을 탓하는 것은 내 시간과 감정의 낭비일 뿐이다. 내가 하고 싶은 목표 달성을 위해 지금의 나와 상황을 정확히 인식하고, 오늘 하루를 계획하면서 능력을 키워야 한다. 하늘은 스스로 돕는 자를 돕는다고 하였듯이 오늘의 준비는 내일의 성공을 불러온다.

【 5 】

인생 멘토와 파트너

혼자서 성공하는 세상이 아니다.
세상을 깨치는 인생의 멘토와
함께하는 파트너가 있었기에
그들이 성공할 수 있었다.

사람 '인(人)' 자가 두 사람이 서로 맞대고 서 있는 형상
이듯 사람은 혼자서는 살 수 없는 사회적 존재다. 슈
퍼리치로 성공한 그들도 알고 보면 학창 시절에 인생 멘토를 만났
다. 멘토를 만났기에 과거 인생에서 큰 전환점으로 돌아설 수 있었
다. 멘토의 인정과 격려는 흔들리는 그들을 다시 우뚝 일어서게 하
는 큰 힘이 되었다. 그들의 정신적인 멘토는 부모님, 선생님, 기업의
CEO, 스님, 책 등과 같이 매우 다양했다. 인간의 발달 과정을 주로
연구하는 발달심리학의 관점에서 살펴보자.

한창 발달 과정에 있는 아이들에게 큰 영향을 미치는 사람은 부

모님, 선생님, 친구다. 특히, 가정에서 부모님에게 알게 모르게 가장 많은 영향을 받고 자란다. 아이들은 부모님의 언행뿐 아니라 삶을 살아가는 태도에서도 많은 영향을 받는다.

학교에 가게 되면 선생님과 친구의 영향을 많이 받게 된다. 지금 본인의 학창 시절에 가장 좋았던 선생님과 싫었던 선생님을 떠올려보면 잘 알 수 있다. 학교에서 자기를 알아봐 준 선생님, 따뜻이 칭찬과 격려를 해주신 선생님, 반에서 아이들에게 공정하게 대해 준 선생님이 아이 인생의 큰 모멘텀을 만들어준다. 아이들은 선생님의 가르침뿐 아니라 교실에서 이뤄지는 선생님의 열정적인 태도에 큰 영향을 받는다.

친구도 마찬가지다. 뜻을 같이하는 친구는 평생을 간다. 미국 창의성 연구의 대가인 토랜스 연구에서는 '4학년 슬럼프'라고 하였다. 4학년이 되면 아이들의 창의성이 떨어지는 현상을 의미한다. 남과 달리 독창적이고 창의적이었던 아이들이 친구들과 함께하려는 동조현상으로, 자기 아이디어를 주장하기보다는 친구들의 아이디어에 더 동조한다는 것이다. 그만큼 아이들에게는 친구의 영향이 크다.

슈퍼리치들의 인생 최고 멘토는 부모님이었고, 특히 아버지가 많은 영향을 미쳤다. 그런데 우리나라의 경우는 좀 다르다고 한다. 세간에는 웃기지만 슬픈(웃픈) 이야기로 아이가 좋은 대학에 가려면, '할아버지의 재력 + 아버지의 무관심 + 어머니의 정보력'이라고 할 정도다. 아버지들이 바쁘다는 이유로 아이 교육을 전적으로 어머니나 학교, 학원에만 맡기는 경우가 너무 많다. 슈퍼리치들의 사례에서 살펴보았듯이, 아이들에게는 아버지의 영향이 알게 모르게 크게 작용하기 때문에, 아이 앞에서 함부로 말과 행동을 해서는 안 되며 솔선수범해야 아이도 보고 배운다.

스티브 잡스는 대학원생 미혼 부모에게 버림받고 고등학교 출신의 가난한 양부모에게 입양되었다. 양부모는 입양 당시 생부모와 약속했던 대학 교육까지 받게 해주겠다던 약속을 지켰다. 비록 가난한 집이었지만 스티브 잡스의 과학 꿈을 위해 NASA까지 가서 견학시켜 주고, 집안의 돈을 끌어모아 비싼 사립대학 등록금까지 낼 정도로 최선을 다했다. 스티브 잡스는 "그분들은 1,000% 나의 부모님"이라고 할 정도로 고마워했다. 기계공이었던 아버지 폴 잡스는 나중에 애플의 완벽한 기능과 심플한 디자인에 영향을 주었다. 스티브 잡스는 "아버지로부터 일을 철저히 제대로 하라는 완벽주의를 배웠다."라고 말했다.

제프 베조스의 어머니는 17살의 고등학생 미혼모였다. 어머니는 고등학교도 제대로 나오지 못했고 가난했지만, 아들 교육만큼은 열정적인 분이었다. 어머니는 나중에 가난한 쿠바 난민 출신인 미겔 베조스와 재혼하였다. 제프 베조스는 "아버지는 내 일생의 멘토"라고 말할 정도로 아버지에게 꾸준하고 성실한 태도를 배웠다.

어린 시절 제프 베조스는 국방부 원자력위원회에서 우주공학과 미사일 방어시스템을 개발한 전문가였던 외할아버지에게 우주와 과학기술, 기업가의 자질을 배웠다. 그가 외할아버지에 대해 회상하면서 "세상에서 자신의 똑똑함을 자랑하기보다는, 친절함을 지니는 게 더 소중함을 깨우쳐 주신 분"이라고 하였다.

6살 때 할아버지 가게에서 이윤을 남기는 장사를 처음 배운 투자의 귀재 워런 버핏도 아버지에게 큰 영향을 받았다. 주식 중개인이었던 아버지는 장사를 가르쳐주고 어린 워런 버핏에게 20$의 주식 통장을 개설해 주었다. 일찍이 돈을 벌어 이익을 남기는 장사를 시작한 워런 버핏은 학교에서 가르쳐주지 않은 주식 관련된 많은 책과 신문을 도서관에서 독학하면서 금융 지능을 개발하였다. 아버지는 워런 버핏이 10살이 되었을 때 뉴욕 월스트리트에서 당시 최고의 투자회사인 골드만삭스 CEO 와인버그를 만나게 해주었다. 와인버그와의 30분 대화가 워런 버핏의 인생을 결정지었다 해도 과언이 아니다.

　SNS의 대부 메타의 마크 저커버그 부모님은 의사였다. 유대인인 부모님은 스스로 질문하고 답하며, 자기 주도적 학습을 할 수 있도록 돕는 하브루타 방식으로 교육하였다. 그리고 부모님은 어릴 적부터 저커버그가 어떤 분야든 지적 호기심으로 자유롭게 스스로 주제를 정해 공부하고 탐구할 수 있는 환경을 만들어주었다. 그리고 끊임없이 질문하고 토론식으로 대화를 나누며 스스로 생각하고 판단하여 독립적으로 답을 찾아갈 수 있도록 시간이 걸리더라도 기다려 주었다.

　무엇보다 의사인 아버지는 아들도 의사가 되기를 바랐다. 하지만 아들이 초등학교 6학년 때부터 컴퓨터에 관심이 있는 것을 보고 더 공부할 수 있도록 과외선생님을 붙여주고 대학에서 수업을 청강할 수 있도록 지원해 주었다. 나아가 아버지는 프로그래밍 조기교육뿐 아니라 아버지가 다니는 조찬 경영과 창업세미나에도 저커버그를 데리고 다니면서 경영 관련 교육도 하였다.

　슈퍼리치들에게 학창 시절의 선생님은 그들의 능력을 인정하고 격려해 주며, 세상에 눈을 뜨게 해준 멘토였다. 재일 한국인 3세로 일본 학생들이 던진 돌에 맞기도 하면서 온갖 차별과 수모를 당해야 했던 손정의는 초등학생 때 일본 학생들을 이길 방법은 1등으로 공부하는 방법밖에 없었다. 다행히 그의 지적인 능력을 인정해 주고 열심히 공부하라고 격려해 준 다카시 선생님이 있었기에 가능했다. 자신을 인정해 준 다카시 선생님을 존경하게 된 손정의는 열심히 공부해서 '교사'가 되고 싶어 했었다.

　빌 게이츠가 1968년 레이크사이드 중등학교에서 참전용사 출신의 열정적인 수학 선생님 빌 두걸과의 만남이 없었더라면, 그는 컴퓨터를 늦게 알았거나 몰랐을 수도 있다. 선생님은 "경험 없이 책으로만 공부하는 것은 충분하지 않다. 대학에 가려면 컴퓨터를 알아야 한다."라고 하였다. 선생님은 당시 대학에도 없었던 컴퓨터를 중등학교에 들여오기 위해 학부모회를 설득했다.

당시 컴퓨터는 정규 교과목이 아니었기에 선생님은 복도 끝에 컴퓨터 동아리방을 만들었다. 이때 동아리방으로 모여든 학생이 빌 게이츠와 폴 앨런이었다. 선생님은 컴퓨터를 알려준 멘토였고, 폴 앨런은 마이크로소프트의 공동 창업자이자 평생 파트너가 되었다. 빌 게이츠는 "레이크사이드가 없었더라면 마이크로소프트도 없었을 것"이라고 회상하였다.

빌 게이츠와 30여 년간 글로벌 테크의 선도자이자 애증의 관계였던 스티브 잡스도 빌 게이츠처럼 학창 시절에 2명의 멘토와 파트너를 만났다. 그는 초등학교 4학년 때 폭음탄 사고를 쳐서 학교 징계위원회까지 열릴 정도로 문제아였다. 담임인 힐 선생님 덕분에 그는 개과천선하였다. 힐 선생님은 잡스가 지능이 높아서 전통적이며 반복적인 학교 교육과정에 지루해한다는 것을 알았다. 그래서 그의 지적 수준에 맞는 교재로 맞춤형 공부를 시켰다. 그 결과, 4학년인 스티브 잡스가 고 2수준의 수학능력 평가를 통과하여 5학년으로 월반하였다. 그는 "선생님을 기쁘게 하려고 공부했다."라고 말했다.

그리고 잡스는 실리콘밸리에서 전자공학으로 유명한 맥 콜롬 선생님을 만나면서 컴퓨터 공부를 제대로 할 수 있었다. 맥 콜롬 선생님의 3년 과정 컴퓨터 수업을 잡스는 1년 만에 수료했다. 그리고 맥 콜롬 선생님의 수업에서 파트너이자 애플의 공동 창업자 스티브 워즈니악을 만났다. 잡스와 워즈니악은 컴퓨터와 미래 세상에 관한 이야기로 매일 밤을 새울 정도로 열정적이었다.

또 한 분의 멘토는 잡스가 반항아였던 20대 초반에 그를 불교와 명상의 세계로 인도한 일본인 승려 오토가와 고분이다. 고분은 애플의 혁신적인 아이디어와 단순하면서도 미니멀하고 직관적인 디자인 감각에도 영향을 줄 정도로 잡스의 정신적인 멘토가 되었다.

여기서 흥미로운 인사이트가 있다. 워런 버핏, 손정의 등은 10대 때 당시 해당 분야의 최고 전문가(멘토)를 직접 찾아갔거나 소개를 받아 만났다는 점이다. 그들과의 만남에서 자신의 목표를 확실히 결정짓는 전환점을 만들었다.

워런 버핏에게는 두 명의 멘토가 있었다. 첫 번째 멘토는 골드만삭스 CEO 와인버그였다. 10살 때 첫 멘토 와인버그를 만난 워런 버핏은 "와인버그는 나를 잊었겠지만, 나는 그 순간을 영원히 기억하고 있다."라고 회상하였다. 충격적인 만남이 인생을 결정하는 중요한 터닝 포인트가 되었다.

두 번째 멘토는 콜롬비아 대학원 시절의 벤저민 그레이엄 교수였다. 벤저민 교수의 수업에서 All A+를 받은 학생은 유일하게 버핏이었다. 그는 졸업 후에도 벤저민 교수의 〈현명한 투자자〉 강의를 수강하면서 그의 수제자가 되었다. 이후에 혼란스러운 주식시장 찌라시에 휩쓸리지 않고 자신만의 투자법으로 투자의 귀재가 되었다.

손정의의 멘토는 두 권의 책과 일본 맥도날드 창업자였다. 일본에서 천대받던 재일 한국인 3세인 그가 16살에 미국으로 떠나기로 결심하게 만든 책이 《료마가 간다》와 《유대인의 상술》이다. 특히 《료마가 간다》는 차별과 천대받는 일본을 떠나 더 큰 세상으로 나갈 것을 결심하게 만든 계기가 되었다. 그리고 시골 사가현 도스시에 살았던 고등학생 손정의는 《유대인의 상술》 저자를 만나고 싶었다. 그는 저자이자 일본 맥도날드를 창업한 후지타 덴을 만나러 도쿄로 갔다. 몇 번이고 도전한 끝에 결국 그를 만났다. 후지타 덴은 "미래 산업에 관심을 가져라. 그것이 바로 컴퓨터다."라고 조언하였다. 그 후 손정의는 미국으로 유학해 컴퓨터공학과 경제학을 전공하였고, 대학생 때 샤프 다국어 전자사전을 개발할 정도로 컴퓨터의 실력자가 되었다.

슈퍼리치들은 세상을 혁신한 도구인 컴퓨터와 SW, 그리고 사람-사람, 사람-사물, 사물-사물을 초융합하고 초연결시켜 주는 손안의 스마트폰을 개발하였다. 또 전 세계 소식을 실시간으로 연결하는 SNS, 전 세계 상품을 언제든 사고파는 전자상거래, 전기자동차, 우주선, 휴머노이드 로봇 등을 만들었다. 기존 질서에는 없었으나, 그들은 세상 사람들에게 이제는 없어서는 안 될 필수적인 제품과 서비스 플랫폼을 창업하였다. 그 성공의 대가로 막강한 사회적 영향력과 막대한 부(돈)를 가졌다.

슈퍼 리치들의 성공을 관통하는 공통적인 요인을 알아보니, 그들에게는 ①목표와 계획, ②모험과 도전, ③파괴적 혁신, ④자기 관리와 역량 계발, ⑤인생 멘토와 파트너가 있었다.

슈퍼리치들의 성공요인을 나에게 적용하면, 나는

지금 어디서 무엇을 하고 있는가?

어떤 목표와 계획이 있는가?

모험하고 도전할 각오가 되어있는가?

혁신적인 아이디어로 사업화할 준비가 되어있는가?

어떻게 자기 관리하고 역량을 개발하고 있는가?

실력을 쌓고 강한 정신력으로 추진할 준비가 되어있는가?

그리고 나의 인생 멘토와 파트너는 누구인가?

부자들의 성공심리학

—

초판 1쇄 발행   2025년 2월 24일
초판 2쇄 발행   2025년 3월 4일

지 은 이   이정규
펴 낸 이   김채민

펴 낸 곳   힘찬북스
출판등록   제410-2017-000143호
주   소   서울특별시 마포구 모래내3길 11, 214호
전화번호   02-2272-2554
팩스번호   02-2272-2555
전자우편   hcbooks17@naver.com

—

—

ISBN 979-11-90227-54-4 03190